ESCOLA DA TERRA

Desafios e possibilidades para a formação continuada de professores

Caminhos da
Educação
do Campo

ESCOLA DA TERRA

Desafios e possibilidades para a formação continuada de professores

Maria Isabel Antunes-Rocha
Érica Fernanda Justino
[Orgs.]

autêntica

COORDENADORAS DA COLEÇÃO CAMINHOS DA EDUCAÇÃO DO CAMPO
Maria Isabel Antunes-Rocha (UFMG), Aracy Alves Martins (UFMG)

CONSELHO EDITORIAL
Antônio Júlio de Menezes Neto (UFMG), Antônio Munarim (UFSC), Bernardo Mançano Fernandes (UNESP), Gema Galgani Leite Esmeraldo (UFCE), Miguel Gonzalez Arroyo (Professor Emérito da FaE/UFMG), Mônica Castagna Molina (UnB), Salomão Hage (UFPA), Sonia Meire Santos Azevedo de Jesus (UFS)

APOIO TÉCNICO
Andréia Rosalina Silva

EDITORAS RESPONSÁVEIS
Rejane Dias
Cecília Martins

REVISÃO
Bruni Emanuele Fernandes

CAPA
Alberto Bittencourt
(Sobre imagens de Unsplash)

DIAGRAMAÇÃO
Christiane Morais de Oliveira

BRASIL GOVERNO FEDERAL
UFMG UNIVERSIDADE FEDERAL DE MINAS GERAIS
FaE Faculdade de Educação
NEPCAMPO-UFMG

Universidade de Brasília
FUP | Faculdade de Planaltina

Dados Internacionais de Catalogação na Publicação (CIP)
(Câmara Brasileira do Livro, SP, Brasil)

Escola da Terra : desafios e possibilidades para a formação continuada de professores / organização Maria Isabel Antunes-Rocha , Érica Fernanda Justino. -- Belo Horizonte, MG : Autêntica, 2022. (Coleção Caminhos da Educação do Campo.)

ISBN 978-65-5928-107-7

1. Educação rural 2. Escolas do campo 3. Práticas educacionais 4. Professores - Formação profissional I. Rocha, Maria Isabel Antunes. II. Justino, Érica Fernanda. III. Titulo. IV. Série.

21-78202 CDD-370.71

Índices para catálogo sistemático:
1. Professores : Capacitação profissional : Educação 370.71

Aline Graziele Benitez - Bibliotecária - CRB-1/3129

GRUPO **AUTÊNTICA**

Belo Horizonte
Rua Carlos Turner, 420
Silveira . 31140-520
Belo Horizonte . MG
Tel.: (55 31) 3465 4500

São Paulo
Av. Paulista, 2.073, Conjunto Nacional,
Horsa I . Sala 309 . Cerqueira César
01311-940 . São Paulo . SP
Tel.: (55 11) 3034 4468

www.grupoautentica.com.br
SAC: atendimentoleitor@grupoautentica.com.br

A todas as professoras e todos os professores que atuam nas escolas do campo, pelo compromisso com a formação dos estudantes camponeses!

Sumário

PREFÁCIO

Xavier Carvalho de Sousa Neto

Nesta publicação – *Escola da terra: desafios e possibilidades para a formação continuada de professores* –, professores pesquisadores vinculados à Universidade Federal de Minas Gerais (UFMG) discorrem sobre o Programa Escola da Terra (PET), à luz das experiências desenvolvidas no estado de Minas Gerais. O referido programa é destinado especialmente à promoção de cursos de formação continuada para professores/as das escolas do campo. No processo formativo, elabora e utiliza recursos pedagógicos que estimulam a construção do conhecimento dos professores-cursistas a partir das questões presentes no seu contexto de trabalho e sociocultural. As mediações pedagógicas dos processos formativos do PET ancoram-se na pedagogia/regime de alternância copulativo-integrativa e se efetivam nos tempos universidade e tempo escola/comunidade. Essa política educacional foi instituída pela Portaria MEC n.º 579, de 2 de julho de 2013. Dentre outros aspectos, visa dar concretude ao Pronacampo1 (Port. MEC n.º 86, de 2013) e ao "Decreto da Educação do Campo" (Dec. n.º 7.352, de 2010) no que concerne à formação continuada de professores na Educação Básica. De acordo com a Portaria MEC n.º 579/2013:

> Art. 1º – Fica instituída a Escola da Terra como uma das ações do Programa Nacional de Educação do Campo – Pronacampo, por meio da qual o Ministério da Educação, por meio da Secretaria de Educação Continuada, Alfabetização, Diversidade e Inclusão (SECADI/MEC) e em regime de colaboração com estados, Distrito Federal e com as prefeituras municipais, reafirma e aprofunda o compromisso previsto no Decreto no 7.352, de 4 de novembro de 2010, de ampliar e qualificar a oferta de educação básica e superior às populações do campo.

São componentes da ação, conforme Art. 4º da referida Portaria: I – formação continuada e acompanhada dos professores que atuam em escolas do campo, nas turmas dos anos iniciais do ensino fundamental compostas por estudantes de variadas idades, e em escolas de comunidades quilombolas, bem como daqueles

[1] Programa Nacional de Educação do Campo: conjunto articulado de ações de apoio aos sistemas de ensino para a implementação da política de educação do Campo. Instituído pela Port. MEC/n.º 86/2013, com base no Art. 87, Parágrafo único, inc. II, da CF/88, e Art. 4º, § 2º do Dec. n.º 7.352, de 4 Nov. 2010.

professores responsáveis pela assessoria pedagógica a essas escolas, doravante chamados tutores; II – materiais didáticos e pedagógicos; III – monitoramento e avaliação; e IV – gestão, controle e mobilização social. Dessa forma, pode-se afirmar que o PET é uma das políticas públicas previstas nos eixos[2] I e II do Pronacampo. Nacionalmente, a materialização dessa conjuntura ocorre mediante parcerias constituídas entre a União (MEC e as universidades federais), os estados (secretarias estaduais de educação) e os municípios (secretarias municipais de educação). Está implementado em vinte e três (23) unidades federativas: vinte e dois (22) estados – Amazonas, Pará, Amapá, Tocantins, Rio Grande do Sul, Paraná, Santa Catarina, São Paulo, Rio de Janeiro, Minas Gerais, Espírito Santo, Bahia, Alagoas, Sergipe, Paraíba, Pernambuco, Ceará, Rio Grande do Norte, Piauí, Maranhão, Goiás, Mato Grosso – e no Distrito Federal (DF).

A implementação e execução do PET envolve diretamente vinte e quatro (24) universidades federais. Estima-se que cerca de mil municípios já tenham sido atendidos pelo programa; que nas cinco edições já concluídas foram formados e certificados cerca de 20 mil professores do campo. Considerando a oferta da sexta edição (2020) – que está em andamento –, alcançará a marca de 22.500 professores do campo. A UFMG é uma das parcerias pioneira na trajetória do PET, inclusive participou da concepção e fundamentação da sua criação. A primeira parceria MEC/UFMG/SEDUC/SEMEDs, no âmbito do PET, ocorreu em 2014, e a última, celebrada em 2020 para realização da quarta edição do curso.

Cada capítulo deste livro é constituído dos/nos processos formativos vivenciados pela equipe de professores que atuam/ram no PET e pesquisadores vinculados à UFMG. Essa condição possibilitou aos autores, a partir de investigações, análises e percepções contextualizadas, o desvelo de questões relevantes do programa refletidas dos/nos contextos das políticas públicas de educação, especialmente as destinadas à formação e valorização dos professores, à gestão, à organização, à estrutura curricular e à infraestrutura das escolas, considerando as dimensões pessoal, profissional e social dos professores. Pelo conjunto de questões que apresenta, este livro pode ser considerado uma das mais relevantes publicações que retratam o PET. Dialeticamente, apresenta contribuições fundamentais ao processo de constituição, afirmação, significação, caracterização e ressignificação dessa política pública de formação continuada de professores.

A obra é um convite constante às reflexões e um brinde para todos os leitores, sobretudo para o público ligado à educação do campo: professores e professoras da educação básica, especialmente das escolas do campo (beneficiários diretos do PET), professores das universidades (equipe de formadores do PET), pesquisadores,

[2] Eixo I: Gestão e práticas pedagógicas; Eixo II: Formação de professores.

técnicos, gestores e dirigentes das universidades, das secretarias de educação e de instituições ligadas à temática. Muitas questões que imprimem qualidade a uma produção literária estão presentes nesta produção coletiva e a caracterizam fortemente. Dentre tantas questões, destaca-se o fato dos textos emergirem das pesquisas, das imersões e práxis dos autores – professores formadores, professores cursistas e/ou professores pesquisadores que tiveram (e têm) contato com o Programa Escola da Terra. Dessa forma, eles refletem percepções, significações e sentidos teórico-práticos (resultantes de ações-reflexões e reflexões-ações) dos seus cotidianos acadêmico, pessoal e de trabalho retroalimentados no conjunto de atividades realizadas na execução do curso, sobretudo nas experiências compartilhadas com os professores das redes municipais e estadual de ensino de Minas Gerais.

Nessas direção e perspectiva, os autores – sujeitos ativos do processo de elaboração e sistematização deste livro – contextualizam e sinalizam aspectos da formação de professores apreendidos, compreendidos e verificados dos/nos processos formativos do PET de Minas Gerais, considerando as interfaces com fatores que emergem e/ou norteiam as políticas públicas de educação destinadas/desenvolvidas para as populações do campo. Os capítulos, embora tratem de temas diversificados, dialogam entre si; alinham elementos técnico-pedagógicos e normativo-literários fundamentais a uma obra desta natureza; preservam as peculiaridades das narrativas, dos relatos, das descrições e dos fatos vivenciados/experimentados e refletidos, a partir das percepções particulares dos autores, sem desprendimento da obra conjunta. Em cada capítulo e no conjunto da produção, as ideias e reflexões apresentadas pelos autores estão consubstanciadas do universo acadêmico, pessoal e profissional dos autores. Essas caracterizações atribuem uma qualidade singular a esta obra.

Em boa medida, as diretrizes, as finalidades, os sentidos e as significações dos processos formativos que constituem o PET Nacional e são recomendados para formação dos professores e para promoção do conhecimento – com reconhecimento de questões sociais, educacionais, culturais, econômicas, étnico-territoriais e humanitárias, dentro de um contexto histórico do campo brasileiro – estão configurados nas abordagens dos diversos capítulos deste livro do PET Minas Gerais. A materialização dessas perspectivas de formação do Escola da Terra é favorecida pelas possibilidades e abrangências da alternância pedagógica.

A presente publicação, além de apresentar análises dos achados observados durante as execuções do curso e extraídos das diversas pesquisas, traz um paralelo e discute questões vinculadas a outros eixos relacionados ao processo de formação de professores do campo, a saber: i) riquezas/potencialidades e precariedades das classes multisseriadas (multianos); ii) influência dos aspectos culturais para o processo de formação de professores (ensino e aprendizagem); iii) produção de sentidos e significados acerca das escolas multisseriadas, a partir dos sujeitos;

iv) especificidade, diversidade e necessidades da formação de professores do campo; v) condições materiais e potenciais dos professores e das escolas do campo: plano de carreira/remuneração, carga horária de trabalho, questões de saúde, infraestrutura das escolas, saneamento básico (água, luz, esgoto), disponibilização e acessos a telefone, internet, biblioteca e livros didáticos; vi) fechamento de escolas do campo; vii) transporte escolar; viii) condições de acesso e permanência; ix) qualidade do ensino; x) financiamento e continuidade das políticas públicas para educação do campo.

Ainda que as soluções de tantos problemas pareçam distantes em função dos cenários históricos da educação do Brasil, sobretudo para as populações do campo, reapresentar e discutir essas questões em uma obra desta envergadura é semear esperança em meio às ausências de políticas públicas favorecidas pelo Estado destinadas às populações e, de forma mais específica, apresentar horizontes de possibilidades "do que", "do quando", "do como", "do quanto" é preciso que se faça. E mais! Os resultantes das pesquisas desvelados nesta obra – referenciados e demarcados pelas experiências do PET UFMG no estado de Minas Gerais, expostos de forma dialética e reflexiva – sinalizam claramente o que é preciso fazer, o que não se deve fazer e abre um horizonte de possibilidades para o como fazer...

Acompanho e participo do PET Minas Gerais desde sua primeira edição, em 2014. Essa participação ocorre em três dimensões da minha trajetória enquanto sujeito: 1) *a de trabalho* (atuo diretamente no planejamento, articulação, elaboração, aprovação, avaliação e implementação dos processos técnico-pedagógicos e jurídico-administrativo etc. Isto ocorre também na ação em nível nacional); 2) *a acadêmica* (estudo/pesquiso políticas públicas e tenho observado, nos processos formativos e nos registros do PET da UFMG, uma fonte inesgotável para reflexões, estudos, pesquisas e de possibilidades de aprendizados; 3) *a dimensão pessoal* – desta eu deixo para contar em outro momento – quem sabe? Precisarei de muitas páginas! Adianto que foram muitos desafios. São muitas e intensas as motivações e satisfações dessa ordem. São grandes também os desafios quase diários de sete anos como técnico do PET no MEC para contribuir no desenvolvimento de cada edição do projeto a nível nacional.

O processo formativo promovido do PET é, de certo modo, uno em princípios, finalidades, diretrizes, objetivos gerais, organicidade operacional (jurídico-administrativo). As opções pedagógicas, fundamentadas e/ou ancoradas na alternância pedagógica, são diversificadas. Não obstante, é difícil não se perceber e reconhecer as singularidades, unicidades, diversidades, primazias, organicidades, pluralidades e ineditismos genuínos do PET da UFMG, conduzido, diga-se de passagem, por profissionais altamente qualificados, entre os quais destaco a professora Dra. Maria Isabel Antunes. Os registros que professores-autores fazem nesta obra, à luz das suas pesquisas e práxis, das dimensões e potencialidades do PET, demarcadas/

caracterizadas com as sutilezas e generosas pitadas do jeito "mineirinho" – muito particular – de se fazer as coisas, é uma prova inequívoca da competência e da responsabilidade com os processos educacionais que desenvolvem.

Com muita clareza, as professoras Maria Isabel A. Rocha e Érica Fernanda Justino anunciam, na apresentação deste livro, o propósito da publicação: apresentar e discutir a experiência das três edições do curso de formação continuada desenvolvidas pelo PET na UFMG de 2014 a 2019. Sinalizam a perspectiva do PET Minas Gerais de "pensar a escola desde os seus sujeitos, contextos e experiências, dialogando sempre com a realidade mais ampla e com as grandes questões da educação, da humanidade". Postulam, no sentido da inversão da lógica "de que se estuda para sair do campo, mas [deve-se] fazer da educação nas escolas do campo uma ferramenta para interpretar a realidade e agir sobre ela".

No Capítulo 1, "O Programa Escola da Terra: contextualização das atividades desenvolvidas pela Faculdade de Educação da UFMG", os autores situam o PET dentro do contexto nacional e em Minas Gerais, considerando contextos de ordens pedagógicas e operacionais, como as parcerias históricas do programa. Discorrem sobre as interfaces das escolas com classes multisseriadas e o fechamento de escolas do campo no Brasil e em Minas Gerais, contextualizando essas e outras questões às perspectivas do PET à luz das experiências desenvolvidas pela UFMG em Minas Gerais. Apresentam e discutem, ainda, o PAP (Plano de Ação Pedagógica), caracterizado como metodologia de trabalho do Curso de Formação Escola da Terra.

No Capítulo 2, "O campo do Escola da Terra em Minas Gerais", entre outros aspectos, os autores apresentam e discutem os índices de acesso à escolarização no campo, enfatizando que os baixos índices estão relacionados à escassez da oferta escolar pelo poder público, especialmente a partir das séries finais do ensino fundamental. O fenômeno é ampliado demasiadamente no ensino médio e atinge o ápice no ensino superior. No meio de tudo isso, está o fechamento constante de escolas do campo e a ausência do Estado, que insiste em negar o direito subjetivo que todos os sujeitos têm de estudar e ter condições dignas de acesso a esse bem que deveria ser comum, segundo os estatutos legais.

No Capítulo 3, "Organização da formação por áreas do conhecimento", os autores abordam a proposta de formação por áreas do conhecimento, compreendida, segundo apontam, "tanto como uma proposta de organização curricular quanto como uma metodologia do trabalho pedagógico". Apontam para a possibilidade de "realização de um trabalho pedagógico a partir de práticas interdisciplinares sem, necessariamente, negar o trabalho pedagógico disciplinar". Correlacionam a aplicação da organização curricular por diferentes áreas do conhecimento com a aplicação da Pedagogia da Alternância, sinalizando que são importantes estratégias de democratização do acesso à escolarização para os sujeitos do campo.

No Capítulo 4, "Formação por alternância: desafios para a formação continuada", o autor apresenta reflexões para o entendimento da educação como prática permanente ao longo da vida, partindo do conceito de "ser humano como ser histórico-social, finito, limitado, inconcluso, inacabado, que vive experimentando continuamente a tensão do inédito viável, na busca do ser-mais". Discute essa pedagogia no contexto dos CEFFAs e provoca o leitor com questões do tipo "Quando, onde, com que sujeitos, em que contexto surge a formação por Alternância?" e "O que é uma educação baseada numa metodologia de alternância?".

No Capítulo 5, "A formação continuada de professores no Brasil e as experiências nas escolas do campo", as autoras discutem o processo de constituição, de promoção e de aplicação da formação inicial e continuada de professores e pontuam a necessidade de essa educação "respeitar os modos, tempos e espaços específicos". Evidenciam os papéis fundamentais da atuação dos professores na educação do campo. Discutem o papel do Estado como propulsor dessas políticas e mencionam a existência e a consolidação de uma legislação que aponte para a responsabilidade dos entes na promoção das políticas e que atenda aos anseios e demandas dos cidadãos, em especial do público camponês. Instigam, ainda, o debate, questionando: quais são as prioridades e perspectivas formativas dos formuladores das políticas de formação de professores? Essas prioridades se coadunam aos direitos da população do campo?

No Capítulo 6, "Traçando algumas repercussões do programa de formação de professores do Projeto Escola da Terra no estado de Minas Gerais", as autoras tiveram o desafio de nos contar sobre as repercussões do PET que foram identificadas nos diversos territórios de Minas Gerais, dentro de determinado período. Considerando que elas buscaram reflexões numa música para investigar e nos apresentar seus achados, cabe, neste prefácio, indagar: o que será que ecoou dos "Tambores de Minas"? O que nos contam dessa "travessia" as autoras após suas escutas e análises do "coração do/a estudante"? E de ouvir as "Maria, Maria"?

O Capítulo 7, "Um olhar sobre a experiência de formação no Programa Escola da Terra Minas Gerais – Oferta 2014/2016", descrito pela autora como um relato de experiência, é um texto permeado por reflexões e lembranças do seu olhar analítico quando ela desempenhou a função de coordenadora pedagógica do PET Minas Gerais do período de 2014 a 2015, mas vai além: contempla a perspectiva das vozes coletivas presentes nas etapas de planejamento, formação e avaliação do programa. A autora revela que "em Educação do Campo, a dimensão coletiva é um princípio norteador de reflexões e práticas, estando também presente nas diferentes etapas do processo formativo aqui descrito". Como um curso de formação continuada com poucos recursos financeiros conseguiu impactar em 16.600 alunos de escolas do Campo, em um período de dois anos? Seria isso uma esperança de que tal formação continue reverberando? As respostas estão nas conclusões desse texto, que precisa ser lido, refletido e compartilhado.

No Capítulo 8, "Análise dos PAPs a partir de LAL e Matemática", as autoras apresentam uma análise dos PAPs, uma experiência aplicada ao PET Minas Gerais no período de 2015 a 2019. Tais experiências foram desenvolvidas, de acordo com as autoras, pelos cursistas "por meio de sequências didáticas que articulam os componentes curriculares das áreas do conhecimento de Línguas, Arte, Literatura e Matemática ao contexto campesino". De acordo com as os resultados das experiências relatadas, percebe-se que os PAPs podem ser considerados ferramentas para o fortalecimento da identidade das escolas do campo. Tenho incentivado que essa ferramenta do PET Minas Gerais seja incorporada, bem como testada às formações realizadas pelos PETs de outras universidades e estados.

No Capítulo 9, "Desafios da Educação do Campo no município de Mariana: a experiência do Programa Escola da Terra", os autores apresentam uma experiência desenvolvida no município de Mariana, Minas Gerais. A ação, motivada e orientada pelo PET Minas Gerais no primeiro semestre de 2019, consistiu no envolvimento de professores, dirigentes e pedagogos de escolas municipais para participarem da formação "Água: princípio da vida". O objetivo foi conscientizar a comunidade escolar da importância da água para a manutenção da vida no campo, tanto para fins domésticos quanto para fins de produção.

O Capítulo 10, "A implementação da formação continuada Escola da Terra na comunidade do Vale Bom Jesus: uma proposta investigativa", trata-se de uma análise que as autoras fazem de uma experiência do PET Minas Gerais no município de Esmeraldas, Minas Gerais. A investigação ocorreu em uma classe multisseriada, com alunos do 4º e 5º ano do ensino fundamental da Escola Municipal Olegário Maciel. O texto registra, entre outros aspectos, que a escola pesquisada implementou um projeto denominado "Plantando sementes de água". Afirma, ainda, que as atividades pedagógicas desenvolvidas pelo Programa Escola da Terra Minas Gerais motivaram a iniciativa. Iniciativas e discussões de questões ambientais e de desenvolvimento sustentável precisam ser fomentadas em grande escala nas formações e em outros meios sociais.

Os capítulos têm abordagens estruturadas que permitem ao leitor reflexões contextualizadas. Percebe-se que os autores imprimem aos textos aspectos cotidianos do ambiente escolar, das trajetórias pessoais e de trabalho dos professores, vinculando-os às suas práticas acadêmicas e de produção que refletem e são refletidas, retroalimentando-se, nos/dos contextos sociais. As contribuições estão articuladamente fundamentadas em aspectos histórico-sociológicos, que agregam valores nesta produção científica. Esta obra reflete as diversidades e as adversidades do processo educacional, abre janelas para discussões de tais problemáticas, indica/sinaliza rumos para dirimir erros históricos dos governantes e das governanças no tocante às políticas de educação para os povos do campo. Nas discussões que aqui são desenvolvidas, correlaciona-se perspectivas e potencialidades do PET com as do meio rural – sendo elas sociais, educacionais, organizacionais, culturais, de crenças –, bem como histórias de lutas por conquistas e manutenção de direitos fundamentais. Tal proeza deu leveza aos textos e possibilitou um retrato fidedigno da realidade do PET.

Uma produção acadêmica requer, para ser compreendida e desenvolvida, as revelações materialistas e históricas de seus criadores. Nesse aspecto, entram as trajetórias de ordem pessoal, acadêmica e de trabalho dos autores, que se manifestam de várias formas. Nesta obra, há convergências dos autores com a sua história e com seus trabalhos que estão refletidos na finalidade e nos objetivos pretendidos com esta publicação. Conjuntamente, esta obra apresenta e discute referenciais e cenários sociais, culturais, educacionais e econômicos que norteiam e caracterizam a Educação do Campo, considerando seus diversos aspectos. Além disso, apresenta as potencialidades das experiências educacionais do PET Minas Gerais, da Educação do Campo, dos territórios camponeses, de seus povos, de suas culturas, sem negar e refletir suas precariedades e necessidades objetivas. Nessa direção, evidencia e ressalta os efeitos positivos das parcerias entre os entes federados e as instituições públicas para o êxito das políticas educacionais e sociais e sinaliza a necessidade de continuidade das políticas públicas efetivas.

Prefaciar esta produção coletiva – relevante, oportuna, e necessária ao debate e ao fortalecimento da formação de professores e da Educação do Campo –, referenciada por autores que fazem e conhecem o cotidiano da educação, foi um desafio e um aprendizado. Por ser um trabalho coletivo, considerei as particularidades de cada uma das produções, considerando, sempre, o conjunto da obra. O PET Minas Gerais, com esta produção, cumpre mais uma vez um dos papéis fundamentais dos processos formativos, considerando as perspectivas do ensinar, do aprender e da promoção do conhecimento: realizar cursos de formação de professores, observar, registrar, organizar, relatar e comunicar/publicar.

Neste prefácio, expus um pouco do descoberto, compreendido e aprendido com estes trabalhos, porém, esta obra vai muito além das reflexões que prenuncio aqui. As reflexões e os fundamentos teórico-práticos apresentados neste livro são contribuições relevantes para diversos públicos, tais como pesquisadores, docentes, discentes, governantes, autoridades públicas, técnicos, membros de movimentos sociais, de associações de classe/sindicais e de instituições ligadas à educação, e vão muito, além disso. É, portanto, um manancial para os leitores que tiverem a oportunidade desse encontro aprofundarem seus conhecimentos. Boas leituras!

O Programa Escola da Terra em Minas Gerais: desafios para a formação continuada

Maria Isabel Antunes-Rocha
Érica Fernanda Justino

Este livro tem como propósito apresentar e discutir a experiência desenvolvida em três turmas de formação continuada desenvolvidas no âmbito do Programa Escola da Terra na Universidade Federal de Minas Gerais. No período entre 2015-2019, a UFMG ofertou três turmas em um curso de aperfeiçoamento, contemplando cerca de 2.100 professores que atuam em aproximadamente 260 instituições de ensino de 32 municípios localizados em diferentes regiões do estado de Minas Gerais. Sendo assim, esta apresentação assume a responsabilidade de apresentar as possibilidades e os desafios gerados a partir do acúmulo obtido com essas experiências. A expectativa é que as questões aqui apresentadas possam orientar os leitores na leitura e análise dos artigos apresentados pelos autores ao longo deste livro.

Ao fazer esta publicação, projetamos ser necessário ampliar e fortalecer a produção de conhecimento em torno das práticas desenvolvidas do Programa Escola da Terra (PET). Isto porque a sistematização e a reflexão em torno dessa experiência vêm gerando uma produção que se expressa por meio de dissertações, teses, artigos, capítulos de livros e monografias concluídas (Justino, 2016; Leão, 2016; Santos, 2018; Oliveira, 2019a; Oliveira, 2019b) e cinco dissertações em fase de desenvolvimento no Programa de Mestrado Profissional Educação e Docência da Universidade Federal de Minas Gerais. Levando em consideração que os cursos foram ofertados nos últimos quatro anos, podemos sinalizar que a experiência está provocando os docentes em suas buscas pela articulação teoria-prática.

Consideramos inicialmente que os primeiros desafios se originam no propósito de articular a Educação do Campo como matriz formativa do curso. Assumir a Educação do Campo como referência para organizar o processo formativo de educadores exigiu uma reflexão sobre como traduzir os princípios, conceitos e práticas elaborados pelo Movimento por uma Educação do Campo a partir de 1998 em um conjunto de procedimentos e instrumentos que garantisse a coesão e a consistência da formação.

Partindo desse ponto, consideramos como relevantes na construção do PET UFMG o fato de ele ser resultado de uma luta no âmbito do Movimento por uma Educação do Campo; a vivência com os princípios do protagonismo dos sujeitos e dos seus contextos; as contribuições para o fortalecimento da construção de uma oferta escolar no campo como Escola de Direito; e o compromisso com a produção e a reprodução sustentáveis da vida.

Para fazer tal reflexão, entendemos, apoiadas em Boschetti (2012, p. 6), que para uma análise crítica de uma política pública faz-se necessário "explorar devidamente as contradições inerentes aos processos sociais e, em consequência, reconhecer que as políticas sociais podem ser funcionais quando conseguem garantir ganhos para os trabalhadores e impor limites aos ganhos do capital". Neste sentido, perguntamos como o processo formativo contribuiu para que os professores participantes pudessem compreender a Educação do Campo como um movimento em luta, ver o campo e seus sujeitos em sua diversidade, complexidade e demandas, entender a oferta escolar em sua dinâmica histórica e como realidade passível de mudança e conseguir articular o projeto de escola com um projeto de campo e de sociedade numa perspectiva sustentável. Nesse sentido, é possível perguntar se o PET UFMG conseguiu impor alguns limites às práticas pedagógicas desenvolvidas na perspectiva da Educação Rural e se criou condições para fomentar práticas na perspectiva da Educação do Campo. Se avançamos em um destes caminhos, podemos considerar que estivemos no caminho possível de ser percorrido na atual dinâmica societária que vivenciamos.

Escola da Terra e a pedagogia da luta

O Programa Escola da Terra foi criado em 2013 após quase quinze anos de luta pela Educação do Campo. A Resolução CNE/CEB 1, de 3 de abril de 2002, que institui Diretrizes Operacionais para a Educação Básica nas Escolas do Campo, já indicava em seu artigo 12, parágrafo único, que "Os sistemas de ensino, de acordo com o artigo 67 da LDB, desenvolverão políticas de formação inicial e continuada, habilitando todos os professores leigos e promovendo o aperfeiçoamento permanente dos docentes", sinalizando a necessidade da formação diferenciada de professores do campo. Naquele momento, os conteúdos da referida resolução se ancoravam já no expressivo acúmulo proporcionado pelas práticas desenvolvidas no Programa Nacional de Educação na Reforma Agrária (PRONERA).

Em 2009, a Coordenação Geral de Políticas da Educação do Campo (CGPEC), vinculada à Secretaria de Educação Continuada, Alfabetização, Diversidade e Inclusão (SECADI), atualmente nomeada como Secretaria de Modalidades Especializadas da Educação (SEMESP), apresentou como resposta às demandas uma reformulação no Programa Escola Ativa (PEA), já em desenvolvimento no país desde 1996. Desde a apresentação da proposta, configura-se que o PEA se ancorava em referências incompatíveis com os princípios da Educação do Campo (D'Agostini *et al.*, 2012). O programa foi implantado, com críticas por parte das instituições universitárias e movimentos sociais/sindicais campesinos, notadamente no que diz respeito a sua perspectiva focalizada na oferta de instrumentos metodológicos. A ênfase nesse modelo restringia a compreensão dos desafios vividos pelos docentes ao uso de técnicas. Subordinava-se, assim, o contexto gerador de conhecimentos produzidos pelos professores, pelos alunos e pelos camponeses em diferentes espaços socioculturais (Bicalho; Antunes-Rocha; Ribeiro, 2010). Em 2012, extingue-se o PEA.

A crítica primeira diz respeito à estrutura metodológica da formação. O PEA propunha uma perspectiva multiplicadora, isto é, formava-se, por meio de módulos presenciais, um profissional de cada município, geralmente o supervisor vinculado à Secretaria Municipal de Educação, e cabia a este repassar os conteúdos e as atividades para os professores de sua cidade. Os cursos, via UAB (Universidade Aberta do Brasil), organizavam-se no formato à distância. Havia tutores locais e regionais que atendiam via plataforma digital e por meio de um encontro presencial mensal. Ocorre que o modelo multiplicador (utilizado desde meados do século XX) e a educação à distância, considerada como capaz de resolver os problemas educacionais do país, têm se mostrado ineficazes quando se trata de abordar a questão no contexto campesino. Na oferta do PEA e dos cursos UAB, verificou-se um alto índice de desistência e de baixo aproveitamento em termos da realização das atividades propostas.

Na sequência, a CGPEC buscou, no Programa Universidade Aberta do Brasil, a criação da Rede de Educação para a Diversidade (UAB Diversidade), um caminho possível para garantir essa formação por meio do fomento a cursos de aperfeiçoamento e especialização. Contudo, a proposta foi aos poucos se mostrando pouco eficaz, pois a modalidade à distância não atendeu as necessidades presentes nas formas de organização do trabalho dos docentes, além do fato de exigir acesso à internet em uma velocidade não disponível nas regiões de moradia desses profissionais. Os altos índices de desistência demonstravam que o objetivo de alcançar um número maior de professores por meio de uma política pública massiva não estava sendo alcançado.

Em 2010, o Decreto Presidencial n.º 7.352, que dispõe sobre a política de Educação do Campo e o Programa Nacional de Educação na Reforma Agrária (PRONERA), reafirmava essa necessidade em seu artigo 4º.

> VI – formação inicial e continuada específica de professores que atendam às necessidades de funcionamento da escola do campo;
> VII – formação específica de gestores e profissionais da educação que atendam às necessidades de funcionamento da escola do campo; [...] (Brasil, 2010).

Em 2013, a SECADI demandou a um grupo de universidades apoio no sentido de construir procedimentos conceituais e metodológicos visando formular uma proposta capaz de atender às especificidades das demandas em torno da formação de professores que atuavam nos anos iniciais do ensino fundamental, com especial ênfase nas classes multisseriadas, em escolas que atendiam a população campesina, assumindo os princípios, conceitos e práticas da Educação do Campo como referencial teórico e metodológico. Tal grupo apresentou uma proposta que se transformou na Portaria 579, de 2 de julho de 2013, que criou o Programa Escola da Terra como um dos eixos do Programa Nacional de Educação do Campo (Pronacampo).

A UFMG integrou o Grupo de Trabalho que formulou o PET e, posteriormente, foi convidada para desenvolver o projeto-piloto. O convite se ancorava na experiência acumulada na oferta do PEA e de duas turmas de aperfeiçoamento via UAB, constituindo-se, assim, como uma das instituições que contribuíram para a crítica a esses programas e como uma das propositoras da demanda pela criação de um programa vinculado aos princípios, conceitos e práticas da Educação do Campo. A UFMG, por meio do Núcleo de Estudos e Pesquisas em Educação do Campo (NEPCampo),[1] foi convidada para desenvolver um projeto formativo na experiência-piloto do programa, em 2014.

---

[1] O NEPCAMPO UFMG organiza-se em torno da construção de um conjunto de ações formativas vinculadas ao Movimento por uma Educação do Campo. O Núcleo foi criado em 1999. Desde então, vem atuando nas áreas do ensino (por meio de cursos de Licenciatura em Educação do Campo, de Especialização, inserção nos programas de pós-graduação), de extensão (por meio de cursos de formação continuada, análise de material didático, assessoria às redes públicas de ensino, aos movimentos sociais e sindicais), de pesquisa (por meio da produção de monografias, dissertações, teses e de coordenação de pesquisas em âmbito local, regional e nacional) e de produção acadêmica (por meio da publicação de livros, artigos e materiais didáticos).

Mas o que essa trajetória indica para a organização e os resultados do curso? Esta é talvez uma primeira evidência que se deve buscar para compreender como o PET trabalhou essa dimensão da Educação do Campo como luta. Ver se os relatos apresentam indícios de compreensão que o curso é, em si mesma, uma experiência concreta de aprendizagem de uma pedagogia de luta por direitos.

Escola da Terra e o protagonismo dos sujeitos e de seus contextos

A Educação do Campo emerge das lutas dos povos do campo. Teve como agente principal os movimentos sociais em luta pela terra, nas últimas décadas do século XX, quando depararam com a ausência da escola. Como lutar pelas conquista e permanência na terra se os filhos sairiam rumo à cidade para estudar? Mas há uma história mais longa. Os Centros Familiares de Formação em Alternância, as escolas da roça, as práticas educativas do Movimento dos Trabalhadores Rurais Sem Terra, as lutas dos agricultores familiares por escola, as experiências dos movimentos de educação de base, as diferentes experiências de educação popular, as práticas educativas das comunidades eclesiais de base, entre outras frentes são sementes de onde brotou o Movimento por uma Educação do Campo (Kolling; Néry; Molina, 1999).

O que esse movimento traz de diferente da luta histórica pela educação no meio rural que o faz procurar outro nome para sua prática? O que essa luta informa é a emergência de outra matriz para se discutir, implantar e lutar pela escola. Está comprometida com uma educação construída com a participação efetiva dos sujeitos do campo. Não uma escola *para*, *por* ou *com*, mas *do*, isto é, com vínculos de pertencimento político e cultural. Temos, então, outro princípio importante na construção de um projeto: as formas de participação dos sujeitos do campo no processo de elaboração, execução e avaliação. Aqui vale ressaltar a ênfase nas inúmeras formas através das quais os povos do campo estão se organizando. Para citar algumas: movimentos sociais, sindicais e comunitários; organizações não-governamentais; redes; fóruns; conselhos. Mas como está acontecendo a participação desses sujeitos na pesquisa, nos cursos de formação, na elaboração de projetos para uma rede municipal, para uma escola específica ou para um plano de ensino na sala de aula?

A garantia de um processo onde o protagonismo dos sujeitos e dos seus contextos se constituísse como estruturante foi outro grande desafio. O protagonismo dos sujeitos já se colocava como central já nos momentos iniciais do Movimento da Educação do Campo. No Texto Base da I Conferência Nacional "Por Uma Educação Básica do Campo" se explicitava a referência que doravante iluminaria o Movimento:

> Utilizar-se-á a expressão *campo*, e não a mais usual *meio rural*, com o objetivo de incluir no processo da conferência uma reflexão sobre o sentido atual do *trabalho camponês* e das lutas sociais e culturais dos grupos que hoje tentam garantir a sobrevivência desse trabalho. Mas quando se discutir a educação do campo se estará tratando da educação que se volta ao conjunto dos trabalhadores e das trabalhadoras do campo [...] (Kolling; Néry; Molina, 1999, p. 26).

Até então, se projetava o protagonismo focalizando nos sujeitos do campo e em suas organizações coletivas. Na proposta do curso, foi necessário evidenciar sobre os diferentes tipos de protagonismo, pois havia um que dizia respeito à presença dos sujeitos campesinos e seus contextos no projeto pedagógico da escola, e outro que se anunciava a partir da necessidade de estruturar uma dinâmica em que os participantes do curso pudessem exercitar o protagonismo e, ao mesmo tempo, aprender com e sobre ele. Criar estruturas de gestão baseada em grupos de trabalho vinculados sucessivamente a coletivos mais ampliados se constituiu como um grande desafio na formação, isto porque a experiência prévia dos professores incluía pouca vivência com relação a formas organizativas baseadas na participação e, ao mesmo tempo, estava presente um distanciamento significativo com relação à realidade campesina.

A indicação para o diálogo com sindicatos, associações e movimentos sociais em funcionamento no município foi outra estratégia utilizada para que os docentes pudessem encontrar os estudantes em suas vinculações para além do núcleo familiar. Sendo assim, foram criadas estratégias como a Pesquisa da Realidade e estudos de textos que abordam a temática, bem como a preocupação em garantir as decisões por meio de grupos de trabalho, e seria relevante ver nos textos deste livro como esta vivência foi apropriada pelos professores. Como esses professores vivenciaram a aproximação com o campo enquanto território e com as formas de produção e reprodução de vida no contexto campesino?

A Pesquisa da Realidade foi utilizada como instrumento para que os participantes pudessem se aproximar do entorno da escola visando conhecê-la numa perspectiva problematizadora e contextualizada. Para a realização dessa atividade, os docentes coletaram informações referentes à comunidade, à escola, à região e ao município quanto a aspectos sociais, culturais e econômicos. No momento de sistematização e apresentação das informações obtidas, os docentes recorreram a formatos diversos, de maneira a possibilitar o diálogo com o contexto no qual a escola estava inserida. Nesse sentido, Molina destaca que a problematização da realidade dos educandos deve resgatar, sistematizar e valorizar os espaços de vida como possibilidades de produção de conhecimento significativo (Molina, 2014).

Conhecer para agir sobre aquilo que realmente seja significativo para o educando deve ser o princípio de uma educação emancipatória crítica e reflexiva, na qual o professor coloca-se como mediador de um processo de construção de conhecimento e desenvolvimento dos educandos em diferentes dimensões, por meio de uma prática que mova as populações do campo na busca pelo direito e pelo protagonismo de um projeto de educação pautado nas especificidades campesinas (Ferreira, 2016).

Talvez o exercício de buscar na realidade os elementos potencialmente formativos para orientar a prática docente tenha sido o achado dessa formação, pois ela instiga e insere os professores, num movimento constante de reflexão, como sujeitos que podem construir conhecimento contextualizado historicamente, transformando em Planos de Ação Pedagógica as questões do entorno onde a escola se insere.

Escola da Terra e a luta pela Escola de Direito

A luta pela Escola de Direito deixa evidente um dos sinais mais agudos da desigualdade social e educacional que atinge a população campesina. Para Molina (2008, p. 22), "conhecer as marcas da desigualdade do sistema escolar do campo é condição para compreender os resultados obtidos por suas escolas e, principalmente, para construir caminhos à sua superação". Os dados existentes indicam que o Brasil ainda não conseguiu criar processos que viabilizem a implantação de escolas para o povo camponês.

Como exemplo, podemos citar a situação das classes multisseriadas. É voz corrente no discurso dos gestores, dos educadores e nas políticas públicas que essa se trata de uma prática que precisa ser extinta. Entretanto, a extinção das multisséries encontrou resistências por parte dos movimentos sociais/sindicais do campo, que, em suas lutas por direitos, focalizam a educação como um território a ser ocupado, pois em grande parte do espaço camponês essa é a única forma possível de garantir a existência da escolarização. O Movimento Pela Educação do Campo assume a discussão sobre as classes multisseriadas como um dos seus principais desafios (Fernandes; Cerioli; Caldart, 1998).

A formulação do conceito de Escola de Direito possibilitou novas possibilidades de entendimento. Não se trata de opor série ou multissérie, pois ambas são formas legítimas de organização de classes, mas de garantir formas de organização que garantam o acesso e a permanência das crianças em uma escola que esteja em diálogo com suas realidades, com suas demandas, mas que também crie condições concretas para a sua permanência. Hage (2005, p. 13) anuncia que a Escola de Direito refere-se à transgressão do paradigma multisseriado:

> De fato, é preciso ter a clareza da complexidade que envolve a solução dos problemas que afligem as escolas do campo multisseriadas e saber que as mudanças

> de mentalidade, de cultura que se almeja não são muito rápidas, automáticas e definitivas. De todo modo, a materialização dessas mudanças exigirá o empoderamento dos sujeitos do campo e o empoderamento das escolas, para que possam interferir em sua autodeterminação, formulando e implementando políticas e práticas educacionais [...].

A Educação do Campo luta pela existência concreta da escola. Esta é uma luta fundamental. Torna-se necessário que a escola atenda a todos os níveis de ensino da educação básica – Educação Infantil, Ensino Fundamental, Ensino Médio e Educação de Jovens e Adultos (EJA). Neste instante, a questão da nucleação aliada ao transporte escolar entra em cena. Como administrar o fechamento desenfreado de escolas e o aumento crescente do transporte escolar?

Não basta ter prédios com oferta diferenciada, é preciso ter no campo espaços físicos equipados com laboratórios, bibliotecas, computadores, salas de aula, cantina, sanitários, água, luz, internet, salas para os professores, quadras, televisores, vídeos, gravadores, lousas, carteiras. O sistema de estatística do Instituto Nacional de Pesquisa (Inep) indica que das escolas situadas no meio rural apenas menos de 1% possuem biblioteca, laboratórios, computadores, acesso à internet e quadra de esportes.

Sem esses aportes, ficava difícil questionar a viabilidade ou não dessa forma de organização, pois a precariedade não poderia ser resolvida somente por meio de sua extinção. Foi necessário perguntar pelas causas da situação de abandono em que permaneciam as classes multisseriadas. Os movimentos sociais e pesquisadores empreenderam esforços para conhecer as múltiplas determinações que geravam essa condição (Antunes-Rocha; Hage, 2010), na perspectiva de encontrar caminhos. Aos poucos, vai se desvelando a relação da escola rural com o contexto econômico, político, social e cultural mais amplo. Arroyo (2010, p. 10) sinaliza que "[...] essas imagens tão negativas do campo e de suas escolas tiveram e têm uma intencionalidade política perversa: reduzir o campo, suas formas de existência e de produção de seus povos à inexistência".

Em seu conjunto, a luta pela Educação do Campo vem conquistando políticas públicas. Em 1988, o Movimento pela Educação do Campo conquistou a criação do Programa Nacional de Educação na Reforma Agrária (PRONERA). Em 2001, o Parecer CNE/CEB n.º 36/2001 orientou a publicação da Resolução CNE/CEB n.º 1, de 3 de abril de 2002, instituindo as Diretrizes Operacionais para a Educação Básica nas Escolas do Campo. Em 2006, a elaboração do Parecer CEB/CNE/MEC n.º 1/2006, que expõe motivos e aprova dias considerados letivos na Pedagogia da Alternância, fortaleceu os processos de organização pedagógicas dos Centros Familiares de Formação por Alternância (CEFFAs) e também das práticas de formação de professores no formato Tempo Escola/Tempo Comunidade (Begnami, 2010). A implantação do Programa das Licenciaturas do Campo (Procampo), em 2007, sinalizou a possibilidade da formação de professores. Em 2010 o Decreto n.º 7.352 dispõe sobre a política de Educação do Campo e o Programa Nacional de Educação na Reforma Agrária (PRONERA) e aponta, em seu artigo 4º, para a necessidade de garantir formação inicial e continuada específica para os professores que atendam às necessidades de funcionamento da escola do campo.

Nesta perspectiva, a formulação do conceito de Escola de Direito cria novas possibilidades de entendimento. Isto porque sabemos que a noção de políticas públicas, como característica universal, só é compatível quando lidamos com situações e sujeitos que se encontram em pontos de partida semelhantes. Não é o caso dos povos do campo com relação ao acesso à escola. A extrema situação de desigualdade que essas pessoas vivenciam historicamente exige políticas diferenciadas para que possam adquirir condições para usufruir das políticas generalizantes.

Com o olhar atento a que nos convoca Arroyo (2010, p. 128),

> Uma das tensões que hoje vivemos na defesa dos direitos é serem defendidos apenas como direitos abstratos e serem negados como direitos concretos, direitos tão universais que não vemos gente, não vemos seres humanos neles. Temos que defender o direito à educação como direito universal, mas como direito concreto, histórico, datado, situado num lugar, numa forma de produção, neste caso, da produção familiar no campo. Os movimentos sociais nomeiam sujeitos de direitos. Esses sujeitos têm rosto, tem gênero, tem classe, têm identidade, têm trajetórias de exploração, de opressão. Os movimentos sociais têm cumprido uma função histórica no avanço dos direitos: mostrar seus sujeitos, com seus rostos de camponês, trabalhador, mulher, criança. Sujeitos coletivos concretos, históricos.

Durante a oferta do PET UFMG, convivemos com o aumento do fechamento de escolas, notadamente nas redes municipais de ensino. Em Minas Gerais, de acordo com informações da Diretoria de Assuntos Educacionais da Secretaria de Estado da Educação/MG, entre os anos de 2009 e 2018 foram fechadas ou paralisadas aproximadamente 2.422 escolas, contabilizando as redes estadual e municipais de educação. Esse dado é assustador e preocupante e tem implicações diretas na vida da comunidade. Para Bauman (2013), o fechamento das escolas localizadas nas comunidades rurais provoca o "fechamento" da comunidade: quando uma escola se fecha a comunidade se enfraquece. Os participantes informavam que os gestores adotaram o argumento de diminuição de custos e de melhoria da oferta para justificar o transporte dos estudantes para escolas localizadas em áreas urbanas. A pergunta que se faz é se o curso Escola da Terra contribuiu para ampliar o entendimento dos educadores sobre as causas e consequências da extinção indiscriminada de escolas no/do campo.

Escola da Terra e o compromisso com a produção e a reprodução sustentáveis da vida

Fernandes (2006) anuncia a indissociabilidade entre a Educação do Campo e o compromisso com a produção sustentável da vida, isto é, com um novo modelo de desenvolvimento para o campo e a sociedade. Nesta perspectiva, é uma educação voltada aos interesses da vida no campo, mas alicerçada numa concepção de educação como formação humana e comprometida com uma estratégia específica de produção da vida no campo. O movimento coloca como desafio construir uma "proposta de educação básica que assuma, de fato, a identidade do meio rural, não só como forma cultural diferenciada, mas principalmente como ajuda efetiva no contexto específico de um novo projeto de desenvolvimento do campo" (Kolling; Néry; Molina, 1999).

Neste sentido, a relação com a terra e a natureza, de maneira geral, assume lugar relevante na Educação do Campo. Historicamente, foram sendo construídos ideários em torno da perspectiva de desenvolver o "amor pela terra", "cuidar da terra", entre outras. A introdução de conteúdos relacionados às ciências agrárias no currículo das escolas, o envolvimento dos sujeitos, o compromisso com a qualidade da escola e com a transformação do modelo de sociedade exige um passo a mais. Na Educação do Campo, é preciso refletir tanto sobre a quem pertence à natureza que se ama e se cuida bem quanto a quem pertence os bens materiais e simbólicos produzidos pelo trabalho das mulheres e homens na perspectiva de transformação de valores, práticas e saberes.

Os itinerários formativos construídos e percorridos pelos professores e professoras no PET oportunizou à escola pensar um projeto de campo que, articulado a um projeto de educação, fortalecesse reflexões importantes sobre a forma de viver e reproduzir a vida no campo. Segundo Sousa (2017), nesta perspectiva a Educação do Campo se aproxima da agroecologia, tendo em vista que ambas têm vínculo com a agricultura familiar camponesa e incentivam um novo equilíbrio social e ambiental. O desafio proposto às escolas do campo é incorporar os conhecimentos da agroecologia em suas matrizes de ensino e potenciá-la como conteúdo curricular.

Para Sousa (2015), a dimensão pedagógica da agroecologia assume a defesa de uma produção de conhecimento alicerçada na relação direta entre o conhecimento científico e a sabedoria dos povos do campo, a partir do diálogo de saberes usando a problematização da realidade; a revalorização dos conhecimentos sociais dos camponeses; a geração e a disseminação de tecnologias adaptadas às realidades territoriais, respeitando o conhecimento e não degradando o meio ambiente; a transformação da realidade social das famílias camponesas; e a produção de alimentos saudáveis para seu consumo e o abastecimento dos mercados locais são alguns dos elementos centrais da mudança metodológica e estão inclusos na educação do campo com enfoque agroecológico.

Logo, o desafio de pensar os conhecimentos da agroecologia numa perspectiva curricular nas escolas do campo passa por um comprometimento que envolve mudança de comportamentos e práticas – práticas estas que foram estimuladas durante o percurso formativo do Escola da Terra.

Mais algumas questões

A intenção da formação no PET UFMG foi vincular a prática pedagógica dos professores cursistas aos princípios da Educação do Campo, tendo como ancoragem o protagonismo dos participantes e o compromisso com a construção de uma escola vinculada a um projeto de campo e de sociedade que fortalecesse o modo de vida dos sujeitos que vivem nesse contexto. Nesse sentido, é indispensável a compreensão de que, para a realização desta proposta, é necessário um sujeito capaz de se ver como alguém com condições de alterar suas formas de pensar, sentir e agir em relação à escola, à comunidade e à sociedade nas quais está inserido.

Assim, foi possível ver ao longo da realização dos cursos pelo menos três repercussões que podem ser localizadas na trajetória pessoal e profissional dos participantes e nas esferas público-administrativas. A primeira diz respeito aos vínculos criados entre os participantes. A criação de blogs e grupos em aplicativos criou uma comunidade virtual do Escola da Terra em Minas Gerais que pode ser considerada como a continuidade da formação. São docentes, de diferentes regiões do Estado, conectando-se diariamente para trocar informações, conhecimentos e propostas sobre o assunto, aprendendo e compartilhando experiências. Isso fez com que práticas exitosas que aconteceram nas escolas do campo pudessem ser partilhadas e ganhassem visibilidade.

A segunda diz da construção da identidade da Escola do Campo. Em todos os municípios, foram organizados seminários, rodas de conversa e outras atividades, ampliando o debate da Educação do Campo para fora da escola. Esses momentos foram organizados coletivamente e contaram com a participação de diferentes setores das comunidades que agregavam à escola parcerias nas ações de formação tanto dos professores cursistas quanto dos estudantes das escolas. A Educação do Campo passou a compor o cenário do cotidiano das escolas; estampada nas faixas de boas-vindas, nas falas e práticas dos professores e estudantes, essa identidade foi sendo construída e assumida nas escolas. Algumas conseguiram mobilizar os equipamentos públicos dos municípios e avançar no reconhecimento das especificidades características do contexto campesino. Em alguns municípios, foram criadas coordenações vinculadas às Secretarias Municipais de Educação para atender à pasta da Educação do Campo. Tal fato articula-se à Escola de Direito e revela a tessitura da formação, bem como seus impactos.

A terceira repercussão nos informa sobre o interesse em ampliar essa formação por meio de cursos de pós-graduação. Em um levantamento inicial, foi possível registrar um crescente número de professores que buscaram ampliar a formação por meio de cursos de especialização e de mestrado. Nesse contexto, as práticas desenvolvidas no âmbito do PET, em algumas situações, tornaram-se objetos de estudos, apontando para os impactos da formação em diferentes dimensões.

Os textos deste livro podem contribuir para apontar para como o PET pôde gerar aprendizagem de teorias e práticas que apontam para a construção de novos sujeitos, uma nova escola e uma nova sociedade, afinal "[...] o papel da teoria é oferecer aos professores perspectivas de análise para compreenderem os contextos históricos, sociais, culturais, organizacionais e de si mesmos como profissionais, nos quais se dá sua atividade docente, para neles intervir, transformando-os" (Pimenta; Ghedin, 2002, p. 26).

Kolling, Cerioli e Caldart (2002) afirmam que construir uma escola do campo significa pensar e fazer a escola levando em consideração o projeto educativo dos sujeitos do campo, tendo o cuidado de não projetar para ela o que sua materialidade própria não permite, de cobrir o chão da escola de matrizes pedagógicas ligadas às práticas sociais, de combinar estudo com trabalho, com cultura, com organização coletiva, com postura de transformar o mundo etc. – prestando atenção às tarefas de formação específicas do tempo e do espaço escolar – e de pensar a escola desde os seus sujeitos, contextos e experiências, dialogando sempre com a realidade mais ampla e com as grandes questões da educação, da humanidade. Nesse sentido, visa-se a inverter a lógica de que se estuda para sair do campo e fazer da educação nas escolas do campo uma ferramenta para interpretar a realidade e agir sobre ela.

Referências

ANTUNES-ROCHA, M. I.; HAGE, S. M. (Orgs.). *Escola de Direito: reinventando a escola multisseriada*. Belo Horizonte: Autêntica, 2010.

ARROYO, M. G. Escola: Terra de Direito. In: ANTUNES-ROCHA, M. I.; HAGE, S. M. (Orgs.). *Escola de Direito: reinventando a escola multisseriada*. Belo Horizonte: Autêntica, 2010.

BAUMANN, S. V. Da vida das escolas rurais isoladas a uma escola isolada da vida rural: aprendizagens do processo de nucleação em Santa Rosa de Lima. In: 36ª REUNIÃO NACIONAL DA ANPEd, 29 de setembro a 2 de outubro de 2013, Goiânia, Goiás.

BEGNAMI, J. B. Pedagogia da alternância. *Revista Presença Pedagógica*, Belo Horizonte, v. 16, n. 91, p. 24-47, jan./fev. 2010.

BICALHO, G. B.; ANTUNES-ROCHA, I.; RIBEIRO V. Programa Escola Ativa: um pacote educacional ou uma possibilidade para a escola do campo? In: ANTUNES-ROCHA, M. I.; HAGE, S. M.; ANTUNES-ROCHA, M. I. (Orgs.). *Escola de Direito: reinventando a escola multisseriada*. Belo Horizonte: Autêntica, 2010.

BOSCHETTI, I. Avaliação de políticas, programas e projetos sociais. Curso de Serviço Social. UnB, Brasília. 2012. Disponível em: https://bit.ly/3neZ1x1. Acesso em: 25 ago. 2021.

BRASIL. Ministério da Educação. Decreto n.º 7.352, de 4 de novembro de 2010. Dispõe sobre a política de educação do campo e Programa Nacional de Educação na Reforma Agrária – PRONERA. *Diário Oficial da União*. Brasília: Ministério da Educação, 2010. Disponível em: https://bit.ly/3HPawod. Acesso em: 25 ago. 2021.

D'AGOSTINI, A. A educação do campo na educação brasileira: contradições e perspectivas. *Educação: Revista do centro de educação UFSM*, Santa Maria, v. 37, n. 3, p. 453-467, dez. 2012.

FERNANDES, B. M. Os campos da pesquisa em Educação do Campo: espaço e território como categorias essenciais. In: MOLINA, M. C. (Org.). *Educação do Campo e pesquisa: questões para reflexão*. Brasília: Ministério do Desenvolvimento Agrário, 2006.

FERNANDES, B. M.; CERIOLI, P. R.; CALDART, R. S. Primeira Conferência Nacional "Por uma educação básica do campo": texto preparatório (1998). In: ARROYO, M. G.; CALDART, R. S.; MOLINA, M. C. *Por uma educação do campo*. Petrópolis: Vozes, 2004.

FERREIRA, S. Da S. *Programa Escola da Terra no estado do Amazonas: possibilidades e desafios da formação docente*. 2016. 123 f. Dissertação (Mestrado em Educação) – Faculdade de Educação, Universidade Federal de Juiz de Fora, 2016.

HAGE, S. A. Retratos da realidade das Escolas Multisseriadas na Amazônia Paraense. *Informativo Comunica Geperuaz*, Belém, n. 3 e 4, maio/jun. 2005. Disponível em: https://bit.ly/3nb4ll7. Acesso em: 23 de julho de 2020.

JUSTINO. E. F. *Programa Mais Educação: diálogos a partir da percepção dos pais de estudantes de uma comunidade rural*. 2016. 186 f. Dissertação (Mestrado em Educação) – Faculdade de Educação, Universidade Federal de Minas Gerais, Belo Horizonte, 2016.

KOLLING, E. J.; NÉRY, F. S. C.; MOLINA, M. C. (Orgs.). *Por uma educação básica do campo*. São Paulo: Perez Gráfica e Editora, 1999.

KOLLING, E. J., CERIOLI, P. R.; CALDART, R. S. (Orgs.). *Educação do campo: identidade e políticas públicas*. Brasília: Articulação Nacional por uma Educação Básica do Campo, 2002.

MOLINA, M. C. Análises de práticas contra-hegemônicas na formação de educadores: reflexões a partir do curso de licenciatura em Educação do Campo. In: CUNHA, C. da; SOUSA, J. V. de; SILVA, M. A. da (Orgs.). *O método dialético na pesquisa em educação*.

Campinas, SP: Autores Associados/Brasília, DF: Faculdade de Educação, Universidade de Brasília, UnB, 2014. p. 263-290.

MOLINA, M. C. A Constitucionalidade e a Justicibilidade do Direito à Educação dos Povos do Campo. In: SANTOS, C. A. (Org.). *Por uma educação do campo: campo, políticas públicas, educação*. Brasília, DF: INCRA/MDA, 2008. p. 67-86

LEÃO, A. de J. *Professores e Educação do Campo do município de Francisco Sá-MG: um estudo na perspectiva da Teoria das Representações Sociais*. 2016. Dissertação (Mestrado em Educação) – Programa de Mestrado Profissional em Educação e Docência (Promestre), Faculdade de Educação, Universidade Federal de Minas Gerais, 2016.

OLIVEIRA, C. A. D. *O ensino de Língua Portuguesa em uma escola do campo do município de Francisco Sá/MG: a proposição de uma sequência didática como incentivo para o exercício da participação de jovens educandos camponeses em suas comunidades*. 2019. Dissertação (Mestrado em Educação) – Faculdade de Educação, Universidade Federal de Minas Gerais, Belo Horizonte, 2019a.

OLIVEIRA, M. A. A. *Sentidos políticos sobre a água: discursos e práticas pedagógicas em uma escola do campo no assentamento Craúno/Jequitinhonha-MG*. 2019. 179 f. Dissertação (Mestrado em Educação) – Faculdade de Educação, Universidade Federal de Minas Gerais. Belo Horizonte, 2019b.

PIMENTA, S. G.; GHEDIN, E. (Orgs.). *Professor reflexivo no Brasil: gênese e crítica de um conceito*. São Paulo: Cortez, 2002.

SANTOS, E. V. *Representações sociais de egressos da Licenciatura em Educação do Campo da FaE/UFMG sobre o campo*. 2018. Dissertação (Mestrado em Educação e Docência) – Programa de Mestrado Profissional em Educação e Docência (Promestre), Faculdade de Educação, Universidade Federal de Minas Gerais, Belo Horizonte, 2018.

SOUSA, R. da P. Educación profesional y sabidurías de los jóvenes campesinos en la Amazonía: una reflexión desde la agroecología política. Tese (Doutorado em Sociedade e Meio Ambiente) – Universidad Pablo de Olavide, Sevilha, 2015. In: SOUSA, R. da P. Agroecologia e Educação do Campo: desafios da institucionalização no Brasil. *Educ. Soc.*, Campinas, v. 38, n. 140, p. 631-648, jul./set, 2017.

ZEICHNER, K. M. Para além da divisão entre professor-pesquisador e pesquisador acadêmico. In: GERALDI, C. M. G.; FIORENTINI, Dario; PEREIRA, E. M. de A. (Orgs.). *Cartografias do trabalho docente: professor(a) pesquisador(a)*. Campinas, Mercado das Letras: Associação de Leitura no Brasil, 1998.

CAPÍTULO 1

O Programa Escola da Terra: contextualização das atividades desenvolvidas pela Faculdade de Educação da UFMG

Vanessa Aparecida da Silva Cruz
Luiz Paulo Ribeiro

Introdução

O Escola da Terra é uma das ações do Pronacampo, uma política do Governo Federal que se insere também no projeto político-pedagógico elaborado no estado de Minas Gerais para cumprir uma das atividades da formação continuada dos professores do campo. Este programa está alinhado ao Movimento de Luta pela Educação do Campo, que historicamente, junto aos movimentos sociais e sindicais, têm buscado formas de garantir o direito de acesso das populações campesinas à educação gratuita e de qualidade.

De modo específico, a materialidade do programa está sobre as classes multisseriadas no Brasil e em Minas Gerais, modalidade da Educação do Campo que reúne estudantes de diferentes idades e níveis de aprendizagem em uma mesma turma, com um único professor como responsável pela condução do trabalho pedagógico.

A saber, as classes multisseriadas surgiram em decorrência do fechamento sequencial de escolas do campo, a baixa densidade populacional no campo e o consequente processo de nucleação das escolas, entendido como medida necessária e eficaz por muitos gestores municipais. Por sua vez, o fechamento das escolas do campo acarreta uma série de dificuldades para a vida dos estudantes:

> Devido às distâncias entre os moradores e as próprias comunidades onde passa o transporte escolar, os educandos são obrigados a levantar muitas vezes de madrugada e/ou ficarem horas no trajeto entre sua casa e a escola. Assim, ficam

> à margem do cotidiano da vida e dos valores do campo. Quando educandos são retirados do seu contexto para estudar (por meio da nuclearização na cidade), são afastados de suas raízes culturais, de sua identidade (Schwendler, 2005, p. 35).

Atento a estas questões, o Movimento de Educação do Campo considera que o processo de ensino-aprendizagem precisa ser conduzido a partir do contexto dos sujeitos, fortalecendo suas identidades e sua cultura a partir de uma escolarização no lugar em que essas pessoas vivem. Nesse sentido, Hage (2006, p. 5) destaca que as

> escolas multisseriadas oportunizam aos sujeitos o acesso à escolarização em sua própria comunidade, fator que poderia contribuir significativamente para a permanência dos sujeitos no campo, com o fortalecimento dos laços de pertencimentos e a afirmação de suas identidades culturais, não fossem todas as mazelas que envolvem sua dinâmica educativa.

Por outro lado, sabe-se que ao longo da história professores de classes multisseriadas acumulam um vasto repertório de saberes e práticas que podem ser resgatadas, compartilhadas e analisadas, visando à apropriação na (re)organização do trabalho pedagógico sob a perspectiva da Educação do Campo. Neste caminho, o Programa Escola da Terra tem como referência a prática de uma educação integrada ao sujeito protagonista que vive e trabalha no campo. Dessa forma, todo o processo se dá à luz das concepções apresentadas nas Diretrizes Operacionais para a Educação Básica nas Escolas do Campo (Resolução CNE/CEB n.º 1, de 3 de abril de 2002) e das Diretrizes Complementares: Normas e Princípios para o Desenvolvimento de Políticas Públicas de Atendimento à Educação Básica do Campo (Resolução n.º 2, de 28 de abril de 2008) (Brasil, 2010).

Com o objetivo de estabelecer as bases e os fundamentos para orientar e possibilitar o aperfeiçoamento da prática docente, o programa vem nacionalmente capacitando educadores e gestores para atuar no contexto da Educação do Campo. Nesse sentido, o trabalho de formação traz ainda como propósito orientar a prática dos professores no sentido de uma compreensão mais abrangente das escolas do campo e dos processos de ensino e aprendizagem que nesse contexto se revelam, buscando a efetivação de uma política pública que se baseie na história de organização e movimentos sociais dos povos do campo (Brasil, 2010).

Contextualmente, os dados do Censo Escolar indicam que no ano de 2016 existiam 44.900 escolas no campo, representando 33,9% das escolas brasileiras. Desse percentual, 7,2% dessas escolas têm um único docente e 13,4% funcionam em apenas uma sala de aula. Noventa e oito por cento dessas escolas está sob responsabilidades dos municípios e 95,1% delas se localizam na zona rural, ou seja, 19,9 mil escolas que oferecem anos iniciais têm apenas um docente atuando nessa etapa. Vemos que quase a totalidade encontra-se na zona rural (95,1%) e que 2.456.976 alunos estão matriculados nos anos iniciais do Ensino Fundamental. Nessas escolas, há uma deficiência de infraestrutura e de formação específica para os professores que atuam nessa forma de organização do ensino.

Dessa forma, programas como o Escola da Terra tentam minimizar o déficit nacional de professores no contexto da Educação do Campo, buscando a promoção da formação desses profissionais, munindo-os de ferramentas para enfrentar os desafios e potencializando diferentes estratégias que envolvem a Educação do Campo.

A portaria n.º 579, de 2 de julho de 2013, instituiu a implantação do Programa Escola da Terra, com a adesão de quinze entes federados. No contexto do estado de Minas Gerais, a implementação do Programa Escola da Terra foi desenvolvido pelo Núcleo de Estudos e Pesquisa em Educação do Campo (NEPCampo) da Faculdade de Educação (FaE) da Universidade Federal de Minas Gerais (UFMG) em parceria com a Secretaria do Estado de Educação de Minas Gerais e a Coordenação Geral de Políticas de Educação do Campo (CGPEC), Diretoria de Políticas de Educação do Campo, Indígenas e para as Relações Étnico-raciais (DPECIRER), Secretaria de Educação Continuada, Alfabetização, Diversidade e Inclusão (SECADI), Ministério da Educação (MEC).

Diante de estudos e pesquisas desenvolvidos pelo NEPCampo, chegamos à demanda das turmas multisseriadas, as quais nos trazem o desafio da práxis educativa, quando se faz necessário repensar a escola em seus aspectos práticos e teóricos, compreendendo a organização curricular, as metodologias, os objetivos e as avaliações. Dessa maneira, o Escola da Terra traduz mais um passo no avanço histórico da construção de uma proposta teórico-metodológica para classes multisseriadas, que certamente não se encerra aqui.

Histórico do Projeto Escola da Terra em Minas Gerais

No início do século XX, os movimentos sociais do campo avançaram em suas conquistas e, de modo especial, no viés educacional. Dessa forma, no plano das políticas públicas se consolidou um conjunto de demandas históricas de um projeto educacional que se propõe a levar em consideração uma população de cerca de 30 milhões de trabalhadores que produzem e vivem no campo (Brasil, 2010).

Fortalecido pelos movimentos sociais no Brasil, o Movimento pela Educação do Campo buscou junto ao Governo Federal condições para criar uma aproximação com o universo das turmas multisseriadas. Uma primeira tentativa de efetivação de uma Política Pública de formação de professores do campo deu-se com uma oferta, por parte do Ministério da Educação, no sentido de reformular e ampliar o Programa Escola Ativa (PEA), já em desenvolvimento no país desde 1996. Já no início da implantação, o PEA ancorava-se em referências políticas e educacionais incompatíveis com os princípios do Movimento de luta pela Educação do Campo (D'Agostini *et al.*, 2012, p. 315).

O programa foi implantado com críticas por parte de instituições universitárias e movimentos sociais, notadamente no que diz respeito à sua perspectiva focalizada na oferta de instrumentos metodológicos. A ênfase nesse modelo restringia a compreensão dos desafios vividos pelos docentes ao uso de técnicas. Subordinava-se, assim, o contexto gerador de conhecimentos produzidos pelos professores, pelos alunos e pelos camponeses em diferentes espaços socioculturais (Gonçalvez *et al.*, 2010). Em 2012, extingue-se o PEA, iniciando-se a formulação do Programa Escola da Terra como um dos eixos do Programa Nacional de Educação do Campo (Pronacampo). Juntamente com o Programa Escola da Terra, foi elaborado em 2013 o Programa Nacional do Livro Didático – Campo (PNLD Campo) com foco nos anos iniciais, priorizando a organização seriada e multisseriada. Já em duas versões (2011 e 2014), observa-se que o PNLD Campo ainda não conseguiu aprovar uma coleção com formato para multisséries.

Por meio dessas ações dos movimentos sociais, do Ministério da Educação, por intermédio da Secretaria de Educação Continuada, Alfabetização, Diversidade e Inclusão (SECADI) e em regime de colaboração com estados, Distrito Federal e prefeituras municipais, foi instituído, através da Portaria do MEC n.º 579, de 2 de julho de 2013, e nos termos da Resolução n.º 38, de 8 de outubro de 2013 MEC/FNDE, o Programa Escola da Terra. A partir de 2014, deu-se início à construção das bases teórico-metodológicas do Programa Escola da Terra no estado de Minas Gerais como um projeto de natureza experimental (Antunes-Rocha, 2015).

O Programa Escola da Terra é uma ação prevista no eixo n.º 1 do Pronacampo, lançado pelo Governo Federal em 20 de março de 2012, Portaria n.º 86 de 2 de fevereiro de 2013, que define ações específicas de apoio à efetivação do direito à educação dos povos do campo e quilombolas, considerando as reivindicações históricas oriundas dessas populações.

O Pronacampo caracteriza-se como uma política de educação específica para o campo e, neste sentido, o Ministério da Educação assumiu o desafio de, juntamente com os sistemas públicos de ensino e os movimentos sociais e sindicais do campo, proceder à efetivação de suas ações, na medida em que compreende a educação como um direito público, direito este por décadas negado aos povos do campo. O programa é dividido em quatro eixos, que vão desde as questões de gestão até a infraestrutura das escolas do campo. Por sua vez, o Programa Escola da Terra se enquadra no eixo II, orientado para a formação inicial e continuada de professores em conjunto com as Licenciaturas em Educação do Campo (Antunes-Rocha, 2016).

Como desafio, o programa trouxe para o foco do trabalho a necessidade de refletir sobre a realidade do campo e superar uma visão reducionista e estigmatizada perpetuada a respeito dos sujeitos do campo e seus modos de vida. Além disso, houve a necessidade de reconhecer o campo como um espaço no qual circulam demandas e interesses próprios, com uma política educacional específica.

Assim, a proposta desse programa não se resume em opor série e multissérie, pois ambas são formas possíveis de organização de classes, mas visa garantir o acesso e a permanência das crianças em uma escola que esteja em diálogo com suas realidades e suas demandas. Antunes-Rocha e Hage (2010) anunciam que é preciso ter a clareza da complexidade que envolve a solução dos problemas que afligem as classes multisseriadas e saber que as mudanças de mentalidade e de cultura almejadas não são muito rápidas, automáticas e definitivas.

Quanto aos objetivos do Programa Escola da Terra, pode-se citar: a) a promoção de uma formação continuada de professores que considere a realidade específica das escolas do campo; b) o oferecimento de recursos didáticos e pedagógicos que atendam às demandas das classes multisseriadas, como a heterogeneidade presente nessas turmas.

Até o presente momento, o Programa Escola da Terra foi desenvolvido em 37 municípios, segundo dados do Sistema de Gestão e Monitoramento do Ministério da Educação (SISFOR/MEC) quanto à adesão ao programa entre 2014 e 2019, com aproximadamente 2.200 concluintes, entre professores, gestores e analistas. O objetivo da coordenação do programa no âmbito da Secretaria de Estado de Educação de Minas Gerais e da Universidade Federal de Minas Gerais foi o de promover o acesso dos professores e gestores aos recursos de natureza pedagógica, para que seja possível, junto às escolas participantes, possibilitar o aprimoramento e auxiliar o trabalho de educadores(as) que atuam em escolas do campo e quilombolas, especialmente em classes multisseriadas.

Figura 1: Municípios de Minas Gerais que participaram do Programa Escola da Terra (2016 a 2019)

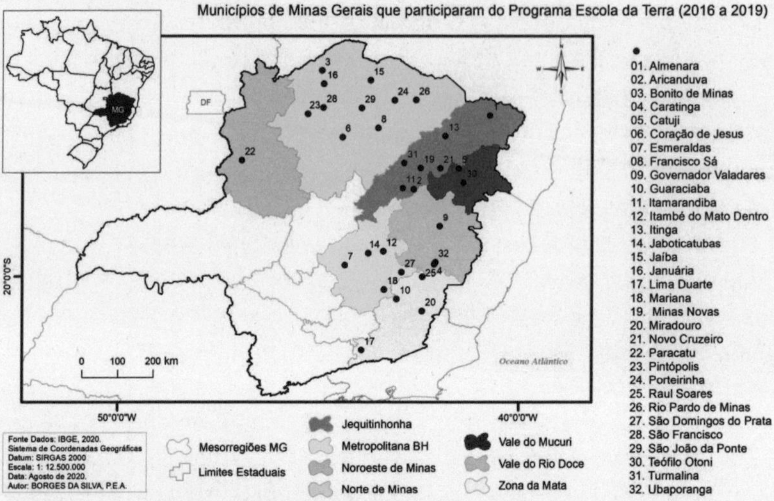

Fonte: Borges da Silva, 2020.

Elementos estruturantes e metodologia

Com ações específicas para a formação de profissionais da educação básica do campo, o Escola da Terra promove ações que favorecem o trabalho dos educadores para atuar em classes multisseriadas e seriadas nos anos iniciais do Ensino Fundamental das redes estadual e municipais de ensino do estado de Minas Gerais, a partir de três características básicas: protagonismo dos sujeitos e dos seus contextos de produção de vida; formação por área do conhecimento; e organização dos tempos e espaços em alternância (Antunes-Rocha, 2016).

A formação continuada dos professores que participam do Programa Escola da Terra caracteriza-se pela oferta de curso de aperfeiçoamento composto de 180 horas, organizadas em períodos formativos, denominados, respectivamente:

- *Tempo Universidade*, que se constitui em encontros presenciais executados pelas instituições formadoras.
- *Tempo Comunidade*, que é composto por períodos formativos, realizados em atividades práticas e acompanhados por tutores.

Considerando a práxis docente como elemento essencial à formação continuada, adotou-se a perspectiva da Pedagogia da Alternância, buscando a articulação entre o fazer docente e o aprimoramento do conhecimento nas diversas áreas do conhecimento. Para além desse tratamento, a Pedagogia da Alternância propicia ainda uma organização temporal que atende às necessidades específicas dos professores do campo em processo de formação. A alternância entre Tempo Universidade e Tempo Comunidade permitiu ao cursista o desenvolvimento de seu trabalho nas escolas do campo em paralelo a momentos por ele dedicados a estudos, às discussões e ao planejamento junto a seus pares, com trocas de experiências que trouxeram contribuições para a integração dos princípios da Educação do Campo à prática docente.

A proposta do programa se baseia numa rede de atribuições em que cada sujeito terá a oportunidade de exercer seu protagonismo enquanto sujeito que constrói, significa e ressignifica seus espaços e suas aprendizagens. O monitoramento e a avaliação se efetivam através de visitas e acompanhamento pedagógico realizados por tutores que, pelo menos uma vez ao mês, acompanham presencialmente o desenvolvimento do trabalho dos professores junto às turmas. Nesses momentos de formação, os tutores acompanham a evolução da aprendizagem dos estudantes, o uso dos materiais e a promoção de estratégias que visam o aperfeiçoamento das práticas de ensino com base nos conhecimentos adquiridos no Tempo Universidade. Para isso, esses tutores elaboram relatórios mensais de acompanhamento para cada uma de suas turmas do Programa Escola da Terra.

A gestão, o controle e a mobilização sociais se caracterizam pela constituição de uma organização institucional para gestão das ações, articulando a Comissão Nacional de Educação do Campo e a Coordenação Nacional das Comunidades Negras Rurais Quilombolas com as instâncias colegiadas dos estados, do Distrito Federal e dos municípios para o acompanhamento e o monitoramento das ações vinculadas à Escola da Terra. Cada curso é organizado município a município, respeitando as peculiaridades da cultura local. O material didático e de apoio pedagógico será disponibilizado pelo MEC/FNDE e distribuído em kits compostos por jogos, mapas, recursos para alfabetização/letramento e matemática, para uso em turmas dos anos iniciais do ensino fundamental, compostas por estudantes de variadas idades e anos escolares, em unidades de ensino do campo e de comunidades quilombolas.

A UFMG, como instituição de Ensino Superior responsável pela formação, elaborou materiais didáticos que subsidiaram todo o processo formativo. No que se refere às atribuições, ficou assim organizado:

- Aos coordenadores estaduais e distritais, foi delegada a sistematização, o acompanhamento e a orientações para a articulação entre a proposta de formação da Escola da Terra e a prática operacionalizada pelos tutores nos municípios de sua responsabilidade e, mensalmente, a validação dos relatórios dos tutores da sua área de abrangência de acordo com calendário previamente estabelecido. Na sequência, encaminharam, por meio do sistema de gestão e monitoramento da Escola da Terra, os relatórios mensais sistematizados pelos tutores das redes municipais e estadual, comunicando à SECADI/MEC e à IPES qualquer irregularidade que venha a ocorrer.

- Aos tutores estaduais e municipais coube o acompanhamento pedagógico do professor cursista no Tempo Escola-Comunidade, assim como as orientações que subsidiaram a articulação entre a proposta pedagógica e a prática operacionalizada pelos docentes.
- À coordenação da instituição formadora, uma instituição pública de ensino superior, coube designar o coordenador do curso, o supervisor, professores pesquisadores, professores formadores e tutores para a execução e o acompanhamento da formação continuada no âmbito da instituição.

O Programa Escola da Terra constituiu-se como um espaço de constantes movimentos educativos, oportunizando a dialética e a valorização dos saberes locais, pressupondo uma educação que fomenta a emancipação dos sujeitos.

Figura 2: Estrutura e dinâmica de gestão da Escola da Terra (Minas Gerais)

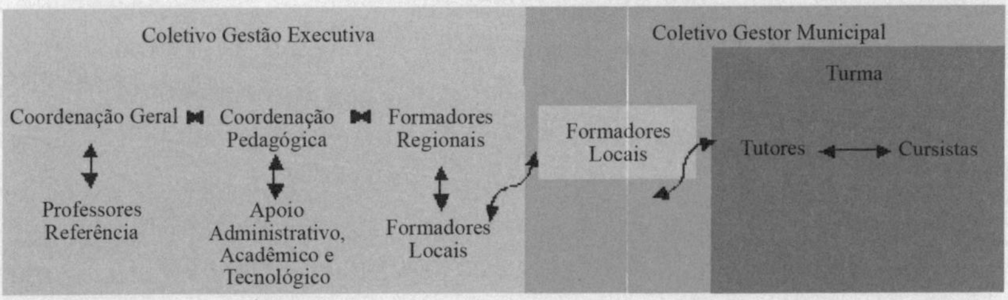

Fonte: Projeto Político-Pedagógico da Escola da Terra, 2014.

Para o desenvolvimento do trabalho de acompanhamento e avaliação das ações do Programa Escola da Terra, foram realizadas visitas de acompanhamento pedagógico às escolas do campo e quilombolas participantes, pelo menos uma vez ao mês, pelos tutores responsáveis pela assessoria pedagógica para acompanhar o desenvolvimento do trabalho dos professores junto às turmas, a evolução da aprendizagem dos estudantes, o uso dos materiais, bem como para contribuir para o aperfeiçoamento das estratégias de ensino articuladas com os conhecimentos adquiridos no Tempo Universidade, produzindo relatórios mensais de acompanhamento pedagógico referente a cada uma das turmas da Escola da Terra, de acordo com modelo oferecido pelo Ministério da Educação.

Aos agentes envolvidos no processo, cabem as seguintes responsabilidades:

- À SECADI/MEC: entre as ações dessa secretaria, destacam-se o monitoramento, a implantação e a consolidação da Escola da Terra em âmbito nacional, designando um coordenador nacional para a ação, a atualização e a manutenção de um sistema informatizado para gestão, atualização de dados e garantia dos recursos orçamentários e financeiros; encaminhar e acompanhar a gerência das bolsas; monitorar e avaliar as ações realizadas.
- Ao Ministério da Educação: cabe a análise e a validação de cadastros que lhe sejam encaminhados, bem como a efetivação do pagamento e o acompanhamento das bolsas.
- As Secretarias de Educação dos Estados e do Distrito Federal: têm como funções assinar o termo de adesão ao programa, designar o coordenador estadual/distrital, realizar a seleção dos tutores, o acompanhamento das atividades e a validação das bolsas dos tutores, encaminhar os relatórios mensais dos trabalhos realizados, manter atualizado o banco de dados sobre os tutores e professores cursistas, garantir a participação e condições dos tutores e dos professores cursistas em todas as atividades da formação.
- As Instituições Públicas de Ensino Superior (IPES): devem encaminhar à SECADI/MEC a proposta pedagógica do curso, a planilha financeira, a previsão e liberação de bolsas aos seus professores, apresentar relatórios de execução das atividades e certificar os cursistas que concluírem a formação.

A proposta de formação continuada do Programa Escola da Terra deve contribuir para a valoração dos saberes locais como recurso de ensino, de reconhecimento e de formação emancipatória dos sujeitos.

Proposta formativa: formação por área do conhecimento

A proposta de realizar uma formação por área do conhecimento ganhou força e legitimidade à medida que se compreendia a formação multidisciplinar como um caminho para garantir o funcionamento de salas de segundo segmento do Ensino Fundamental (anos iniciais), constituindo-se, assim, como alternativa em um cenário em que a nucleação e o transporte dos alunos para escolas distantes de suas residências têm sido as únicas possibilidades para a escolarização da população do campo. Dessa maneira, nasceu a proposta de construir um agrupamento em quatro áreas: Ciências Sociais e Humanidades; Ciências da Vida e da Natureza; Línguas, Artes e Literatura; e Matemática.

A formação e a titulação a serem ofertadas deveriam criar condições para o atendimento aos diferentes contextos de educação escolar, buscando viabilizar as configurações institucionais que existem e que podem vir a existir. A dispersão espacial das moradias dos alunos e a centralidade das relações com as comunidades de pertencimento geram, por vezes, exigências na organização da escola que estão muito distantes da organização padrão que caracteriza as escolas urbanas. Por exemplo, é comum a exigência de um professor multidisciplinar, cuja formação o prepare para desenvolver suas atividades em diferentes níveis do Ensino Fundamental, e cujo conhecimento lhe permita realizar um trabalho articulado entre as diferentes áreas disciplinares, independentemente do fato de sua atuação ser ou não concentrada em alguma dessas áreas.

O Programa Escola da Terra começa a ser desenvolvido no estado em 2015, depois de aproximadamente três anos de negociações. Conforme anunciado, a gestão compartilhada do programa exige a interlocução dos atores envolvidos numa relação de diálogos e parcerias. A primeira iniciativa tratava da seleção dos municípios que comporiam a primeira etapa da formação. Esse processo foi subsidiado sob critérios como adesão ao programa, quantitativos de escolas do campo e organização territorial.

Os contatos foram feitos via telefonemas, e-mails e, posteriormente, por meio de reuniões com representantes das redes estadual e municipais de ensino e o Núcleo de Estudos e Pesquisas em Educação do Campo vinculado à Faculdade de Educação da Universidade Federal de Minas Gerais, responsável pela execução da formação.

Em sua primeira versão (2015), o curso disponibilizou mil vagas e atendeu dezessete municípios mineiros, sendo eles: Aricanduva; Itamarandiba; Minas Novas; Turmalina; Porteirinha; São Francisco; Teófilo Otoni; Catuji; Governador Valadares; Francisco Sá; Itinga; Januária; Rio Pardo; São João da Ponte; Jaboticatubas; Miradouro; e Almenara. Foram aproximadamente 1.200 professores concluintes.

A segunda versão (2016) sofreu uma queda no quantitativo da oferta, sendo disponibilizadas pelo MEC trezentas vagas. Concluíram aproximadamente quinhentos professores dos municípios de Caratinga, Francisco Sá, Itamarandiba, Ubaporanga, Bonito de Minas, Coração de Jesus, Januária, Novo Cruzeiro, Minas Novas e Teófilo Otoni. Em 2017, houve uma formação pelo programa em parceria com a Universidade Federal de Uberlândia, atendendo os municípios de Uberlândia, Monte Alegre de Minas, Campina Verde, Araguari e Santa Vitória. Já a terceira versão (2018), executada pela UFMG, atuou nos municípios de Pintópolis, Itambé do Mato Dentro, São Domingos da Prata, Mariana, Guaraciaba,

Jaíba, Esmeraldas, Paracatu, Lima Duarte e Raul Soares. A formação foi oferecida por alternância, de forma a garantir acesso mais amplo.

Durante os anos de execução do Programa Escola da Terra em Minas Gerais, muitas experiências foram tecidas do ponto de vista pedagógico, de gestão e de indução da política de Educação do Campo. A formação aproximou atores nos diversos processos educativos, envolvendo gestores e professores num processo colaborativo de aprendizagens. Gestores ligados às SMEs e SREs puderam experienciar a proposta formativa elaborando projetos de ação pedagógica nos quais as realidades dos estudantes, das escolas e das comunidades do campo foram vistas em sua concretude. As problemáticas que envolveram essa realidade se tornaram pesquisa na gestão pública educacional e ganharam espaço nas agendas dos debates coletivos públicos, em SMEs, SREs, câmaras de vereadores, sindicatos, tomando proporções ainda mais efetivas quando adentraram a estrutura pública.

Foram criadas nas estruturas educacionais dos municípios coordenações para refletir sobre questões específicas das escolas do campo, apontamentos para a regulação de planos de carreiras específicas. Municípios repensaram o processo de fechamento e nucleação dessas estruturas, bem como a valorização da formação específica para atuar nas escolas do campo. O sucesso do curso demandou a mobilização de professores e a garantia das condições elementares previstas.

O Plano de Ação Pedagógica

O PAP (Plano de Ação Pedagógica) é a metodologia de trabalho do Curso de Formação Escola da Terra, tendo sua base estruturante na Educação do Campo como paradigma teórico-metodológico que orienta o percurso formativo. A proposta inicial considerou o conhecimento e a análise da realidade do cursista na construção de práticas transformadoras a partir dos princípios que estruturam a Educação do Campo. Além disso, como objetivo mais amplo, buscou-se a aproximação da escola com seu contexto, com seu processo de ensino-aprendizagem sob uma perspectiva problematizadora e emancipadora, propondo ações coletivas à comunidade escolar. Para tanto, foram princípios estruturantes da Educação do Campo: i) o protagonismo dos sujeitos participantes; ii) o compromisso com a construção de uma escola vinculada a um projeto de campo e de sociedade; bem como iii) a compreensão de que se faz necessário um sujeito capaz de se ver como alguém com condições de alterar a si mesmo, à escola, à comunidade e à sociedade nas quais está inserido.

Partindo dessa perspectiva, o curso trabalhou na construção de fundamentos para a organização do trabalho pedagógico nas classes multisseriadas, focalizando a prática e a reflexão ao longo de todo o percurso formativo. A utilização da experiência para subsidiar o percurso formativo está alicerçada em pelo menos quatro referências. A primeira delas diz respeito ao acúmulo histórico de práticas desenvolvidas nas classes multisseriadas. Quase sempre ridicularizadas ou consideradas como inócuas, como pela técnica de dividir alunos em filas com a referência seriada, no curso foram consideradas como referências metodológicas que comportam, por sua vez, referências teóricas.

A segunda referência vincula-se às referências teóricas de ensino-aprendizagem propostas pela abordagem histórico-cultural. Iniciar o processo formativo pelo nível de desenvolvimento real, trabalhar a partir desse ponto, na perspectiva de alcançar um desenvolvimento potencial, fertilizará o projeto em sua dimensão formativa. Denominamos esses momentos como prática inicial, prática em reelaboração e prática final. O diálogo com L. S. Vygotsky (1995) vem se construindo e fortalecendo a partir das ações de educadores que consideram o autor como uma referência teórica próxima dos princípios que iluminam a Educação do Campo.

Já a terceira ancora-se no contexto de discussões e proposições sobre a formação docente. As reflexões sobre a formação do professor pesquisador reflexivo e/ou crítico se constituem como relevantes contribuições à medida que aparecem como críticas ao modelo de formação baseado na racionalidade técnica. Nesse sentido, o diálogo com a experiência do educador assume relevância, visto que sua habilidade como produtor de conhecimento requer a compreensão analítica de sua prática.

A quarta referência ancora-se no paradigma da Educação do Campo quando sinaliza a necessidade de articular a atuação em sala de aula com um projeto de escola que por sua vez se vincula a um projeto de campo. Nesta perspectiva, estaremos focalizando os diferentes contextos que na atualidade configuram o campo brasileiro (Antunes-Rocha; Carvalho, 2016).

Aproximadamente 2.000 PAPs foram produzidos nas três versões do Programa Escola da Terra. O PAP foi produzido com o intuito de promover a materialização do objetivo pedagógico central da formação: tornar a Educação do Campo e seus princípios presentes no cotidiano da prática dos professores do campo, em vez de compor a transversalidade dos conteúdos curriculares. Como tema transversal, a Educação do Campo aparece em momentos pontuais dos planejamentos escolares e, muitas vezes, não é mais trabalhada ao longo do ano.

A Educação do Campo, pensada como educação para a cidadania, requer um tratamento didático ininterrupto ao longo do planejamento anual, buscando a reflexão contínua dos alunos diante dessa sociedade em constante transformação. Além disso, a proposta interdisciplinar do PAP busca a flexibilidade ao mesmo tempo que prioriza os contextos de acordo com as diferentes realidades locais e regionais aos diferentes conteúdos curriculares.

A avaliação

A avaliação se deu processualmente, contemplando a participação dos sujeitos em termos quantitativos e qualitativos. Essa avaliação foi quantitativa em relação à participação nos fóruns e nos encontros presenciais, bem como na realização das atividades. Em termos de frequência, os sujeitos tiveram de 75% das atividades previstas (presenciais e virtuais), correspondendo a 135 horas.

A certificação foi feita pela Universidade Federal de Minas Gerais por meio Pró-Reitoria de Extensão, com emissão do Certificado de Conclusão de Curso de Aperfeiçoamento Escola da Terra: Formação de Educadores(as) dos Anos Iniciais do Ensino Fundamental na Perspectiva da Educação do Campo aos tutores devidamente inscritos no curso que frequentaram pelo menos 75% da carga horária total e obtiveram no mínimo 60% de aproveitamento, de acordo com a orientação da Lei de Diretrizes e Bases (LDB), em consonância com as normas vigentes na instituição.

Análises e conclusões

As salas de aula multisseriadas se apresentam como um desafio para repensar o modelo de escola, suas disciplinas e sistemas de avaliação. Desse modo, acreditamos que um aporte teórico que se baseie nos princípios políticos e pedagógicos da Educação do Campo, considerando os sujeitos do campo por meio de suas múltiplas relações globais, sugere uma maior aproximação entre os conhecimentos escolares e as práticas sociais desses sujeitos.

Acreditamos que o Programa Escola da Terra em Minas Gerais contribuiu e contribui para a ampliação do olhar sobre a escola, tratando-a não em si mesma, mas como direito de todas as pessoas. Compreendemos que a escola assumiu um papel ressignificado que conduz a um trabalho integrado com os conteúdos da economia política, da história, da sociologia, da antropologia, entre outros tantos, que articuladamente, a partir de um intenso trabalho interdisciplinar, contribuem para o aprimoramento da prática dos educadores que participam da formação.

A definição dos princípios que integram o Projeto Político-Pedagógico do Programa Escola da Terra deu-se a partir de uma ampla reflexão sobre quais deveriam ser as funções sociais da escola e especialmente a partir das relações de produção no campo. Nesse sentido, considerando os processos de produção do conhecimento, uma das principais intenções das escolas do campo deve ser a de desenvolver uma prática pedagógica integrada aos contextos socioeconômico, cultural e político dos sujeitos do campo, trazendo para dentro da escola suas condições de produção material da vida. A intenção de materializar os princípios da Educação do Campo nas práticas pedagógicas implica que o professor conheça esse contexto dos povos do campo, pois é possível que o professor trabalhe no sentido de superação da visão pejorativa que se tem dos sujeitos do campo.

É justamente nesses desafios que o professor, por meio da formação continuada, cria possibilidades de superação utilizando de estratégias curriculares que vinculem o ensino dos conhecimentos historicamente acumulados à compreensão dos problemas da atualidade. Sendo assim, o Programa Escola da Terra coloca em evidência a importância de uma prática docente que estimule o protagonismo dos alunos em outros espaços, na tentativa de transformar as relações sociais da escola, vinculando-as aos movimentos de resistência dos camponeses na luta pela terra, tendo como fio condutor melhores condições de vida aos sujeitos do campo.

Referências

ANTUNES-ROCHA, M. I.; HAGE, S. M. (Orgs.). *Escola de Direito: reinventando a escola multisseriada*. Belo Horizonte: Autêntica Editora, 2010.

ANTUNES-ROCHA, M. I. *et al.* (Orgs.). *Caderno I Escola da Terra – Minas Gerais: Programa de Educação Continuada em Educação do Campo*. Belo Horizonte: FaE/UFMG, 2016. (Coleção Formação em Educação do Campo.)

ANTUNES-ROCHA, M. I; CARVALHO, C. A. S. (Orgs.). *Caderno II Escola da Terra: Educação do Campo: históricos, princípios, conceitos e práticas*. Belo Horizonte: FaE/UFMG, 2014. (Coleção Formação em Educação do Campo.)

ARROYO, M. G. O que temos a aprender. *Presença Pedagógica*, Belo Horizonte, v. 15, n. 90, p. 36-41, nov./dez. 2009.

BRASIL. Decreto n.º 7.352, de 4 de novembro de 2010. Dispõe sobre a política de educação do campo e Programa Nacional de Educação na Reforma Agrária – PRONERA – e institui o Programa Nacional de Educação do Campo (Pronacampo). *Diário Oficial da União*. Brasília: Ministério da Educação, 2010.

BORGES DA SILVA, P. E. A. *Municípios de Minas Gerais que participaram do Programa Escola da Terra (2016-2019)*. Belo Horizonte, ago. 2020.

GONÇALVEZ, F. C.; GARCEZ, E. S. C.; ARAUJO, P. H. A.; ALVES, L. K. T.; SOARES, M. H. B.; MESQUITA, N. A. S. *Planejamento e desenvolvimento de uma disciplina optativa na escola campo: o estágio como espaço de construção de saberes*. Atas do VIII Encontro Nacional de Pesquisa em Educação em Ciências (ENPEC). Campinas, 2011.

D'AGOSTINI, A. A educação do campo na educação brasileira: contradições e perspectivas. *Revista do Centro de Educação*, Santa Maria, v. 37, n. 3, set./dez. 2012.

SCHWENDLER, S. F. Principais problemas e desafios da educação do campo no Brasil e no Paraná. In: *Cadernos temáticos: Educação do Campo*. Paraná: Secretaria de Estado da Educação; Superintendência da Educação; Departamento de Ensino Fundamental. Curitiba: SEED, 2005.

VYGOTSKY, L. S. *Obras Escogidas*. Madrid: Visor, 1995. V. 3.

CAPÍTULO 2

O campo do Escola da Terra em Minas Gerais

Nayara Carneiro
Bruno César Resende

Introdução

O Brasil convive com baixos índices de acesso à escolarização no campo. De acordo com o Anuário Rural 2010-2011 (Dieese, 2011), o número de pessoas sem instrução ou com até um ano de instrução representava 20,3% da população rural. Já a porcentagem que contava com quinze anos ou mais de estudos representava 1,4%. Pessoas que tinham ou estavam frequentando o Ensino Superior somaram 2%. No caso da Reforma Agrária, esse mesmo anuário destacou que era de 38,8% o percentual de assentados que frequentavam a escola. Os anos iniciais e finais do ensino fundamental eram os mais atendidos nessa realidade, representando respectivamente 84,1% e 26,9%. Já os menores índices foram verificados em relação ao acesso à educação infantil, com 3,5% de atendimento, e o acesso a cursos superiores, com 0,1%. A mais significativa informação da pesquisa disse respeito às dificuldades para a obtenção de dados sobre a educação rural numa perspectiva que permita uma compreensão sistematizada de sua estrutura, de sua organização e de sua dinâmica partindo de informações produzidas no cotidiano dos municípios e das escolas.

Em Minas Gerais, a intrincada teia que tece a educação rural exige uma leitura cuidadosa dos dados estatísticos. Existem situações que não podem ser apreendidas pelos números e que, no entanto, se constituem como uma questão relevante. Podemos citar como exemplo os dados sobre a relação moradia/local de trabalho dos professores. Os longos trajetos, a necessidade de residir na escola, as distâncias física e simbólica entre a casa e a escola, entre outros, são aspectos que não estão presentes nos bancos de dados, mas que poderiam estar, visto que, a relação dos professores com a escola e o meio rural é apontada como um dos principais fatores que produzem a precariedade da escola nesse meio (Resende; Antunes-Rocha; Alves; 2011, p. 14).

Nesse contexto, o Programa Escola da Terra foi desenvolvido, em três edições, em 32 municípios de Minas Gerais. A seleção desses municípios foi baseada em critérios referentes às relações de produção e trabalho predominantes nos municípios e/ou devido à presença marcante de sindicatos, movimentos sociais de luta pela terra e conflitos agrários.

Dos 853 municípios do estado de Minas Gerais, aproximadamente 70% possuem uma população inferior a 15 mil habitantes (IBGE, 2012). Nesses municípios, as atividades ligadas à agricultura são a base produtiva da economia, pois a presença de indústrias é ínfima, e o comércio é diretamente vinculado à essa produção agrícola. Nessas condições, programas que atendam a essa demanda da população por serviços, educação e investimentos, que valorizem e criem condições para a manifestação cultural e popular dessa gente são fundamentais para o respeito e a preservação da grande diversidade presente no campo.

Para que se possa compreender um pouco mais sobre a necessidade de formação de professores na educação e no projeto de campo, de acordo com Caixeta (2013, p. 283), no Censo 2010 do Instituto Brasileiro de Geografia Estatística (IBGE) existiam mais de 30 milhões de brasileiros vivendo em áreas rurais ou em situações de vida e de escolarização bem próximas às desses habitantes. Entre eles, agricultores familiares, pescadores, quilombolas, sem-terra, extrativistas e populações ribeirinhas. Pensar na formação de professores e professoras das escolas do campo nos impele a pensar necessariamente em questões socioterritoriais.

Quando falamos em educação, é importante considerar que a LDB (Leis de Diretrizes e Bases da Educação) n.º 9.394/1996, já prevê, em seu artigo 28, a valorização dos tempos de vida e trabalho diferenciados da população que vive no campo. E, para isso, adaptações podem ser feitas em relação ao currículo, às metodologias de ensino e aos tempos de aula presentes em escolas classificadas como rurais. Além disso, concordamos com Molina e Sá (2011, p. 39) quanto à concepção de educação, da expressão Educação do Campo não poder abrir mão da necessária ligação com o contexto do qual se desenvolvem os processos educativos "com os graves conflitos que ocorrem no meio rural brasileiro, em função dos diferentes interesses econômicos e sociais para utilização deste território".

Para Molina e Antunes-Rocha (2014, p. 245), a formação de educadores do campo é também uma luta de resistência: o vínculo entre escola, campo e sociedade, em oposição ao agronegócio, "vem se constituindo como um caminho que permite articular a escola e a materialidade concreta da luta pela terra e por direitos forjados pelos povos do campo".

É a partir dessas condições que o Programa de Formação de Educadores do Campo: Escola da Terra se assenta, reconhecendo a necessidade de metodologias adequadas às relações de produção e trabalho no campo. Conhecer o campo é parte fundamental para a aplicação eficaz do programa, e é sobre esse assunto, a questão agrária, que será apresentada como suporte para o entendimento da importância do Programa Escola da Terra em Minas Gerais.

O campo da Educação do Campo

Hoje, no campo brasileiro, temos dois projetos sociais: o campesinato e o agronegócio, e a primeira chave de compreensão consiste em entender o campo como território. O território enquanto referência analítica nos faz compreender que estas são organizações espaciais e produtivas distintas, fruto de relações e classes sociais diferentes e que consequentemente (re)produzem interesses, significados e ideologias divergentes.

O campesinato diz respeito ao conjunto de famílias camponesas e a seu modo operante de vida em um dado território. Tem suas raízes no trabalho familiar, no cooperativismo, na diversificação da produção, na pequena propriedade e na cultura de subsistência. Já o conceito de agronegócio foi desenvolvido por dois professores de Harvard, John Davis e Ray Goldberg, na década de 1950, e segundo eles pode ser compreendido como a soma total das operações de produção e distribuição de suprimentos agrícolas, perpassando pelo armazenamento, o processamento e da distribuição dos produtos agrícolas e dos itens produzidos por meio deles. No Brasil, é o modelo agrícola hegemônico, com sua base técnico-científica centrada na Revolução Verde e tendo como algumas de suas características o latifúndio, a monocultura, a tecnologia agrícola em massa, as exportações e o uso de agroquímicos.

Essa materialização do conflito entre a agricultura familiar camponesa e o agronegócio pode ser observada em diversas dimensões. No caso da estrutura fundiária, observamos nos gráficos 1 e 2 a relação entre a área ocupada pelas pequenas, médias e grandes propriedades no país, evidenciando a concentração de terras em posse dos grandes proprietários.

Gráfico 1: Área ocupada, em ha, por pequenas, médias e grandes propriedades no Brasil (2014)

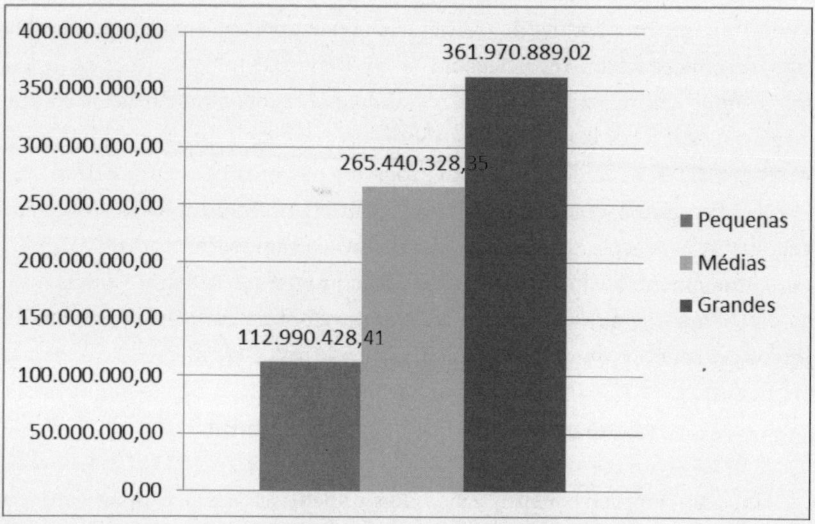

Fonte: Nera, 2015.

Gráfico 2: Número de pequenas, médias e grandes propriedades no Brasil (2014)

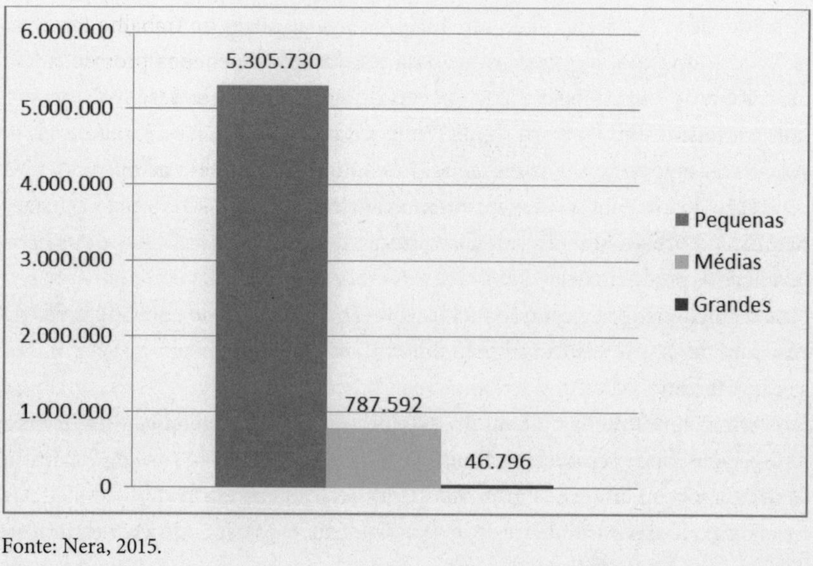

Fonte: Nera, 2015.

O campesinato, segundo Fernandes (2004), está entre os tipos de organizações sociais mais antigos da história da humanidade. Esse território, segundo o autor, é construído por relações sociais marcadas pelo trabalho familiar, pelo cooperativismo e/ou associativismo, pela concepção de comunitário que são fundamentais para sua reprodução.

É importante reforçar que o campesinato não é apenas um modo de produção e sim uma forma de organização social complexa, multidimensional, o que lhe permite existir em diferentes sistemas sociais. O livro *Campesinatos e territórios em disputa* (2008), de Paulino e Fabrini, mostra como o campesinato tem se recriado frente à reprodução do capital em diferentes países, como Colômbia, Argentina, Estados Unidos, Alemanha, Turquia, Inglaterra, França e Brasil.

Marcos (2008) indica a capacidade da economia familiar de se adaptar a diferentes cenários de crise e subsistir diante das adversidades. Isso ocorre em razão de a capacidade produtiva e organizacional das famílias camponesas ser mais eficiente e barata. Em períodos de escassez financeira, ela pode se tornar mais viável do que as organizações estatais e comerciais do campo. Como observamos na realidade brasileira, essa lógica produtiva é, de fato, mais eficiente diante da falta de recursos financeiros. Mesmo em períodos em que a agricultura familiar recebeu poucos incentivos, especialmente durante a modernização da agricultura brasileira na década de 1970, ela se manteve relevante e produtiva.

Em 1998, existiu por parte dos movimentos sociais uma preocupação em resgatar o conceito de camponês, "um conceito histórico e político" que denomina o homem e a mulher que trabalha na terra, e, na sua diversidade, diz respeito aos sujeitos dos quais falamos anteriormente. A identidade desses camponeses abrange, entre outras questões, uma especificidade territorial: "[...] não há como definir o indivíduo, o grupo, a comunidade, sem ao mesmo tempo inseri-los num determinado contexto geográfico, territorial" (Haesbaert, 2004, p. 20). Quando vinculamos identidade e território, estamos dizendo sobre as marcas, materiais e imateriais, constituídas a partir da relação desses sujeitos – famílias de pequenos agricultores, quilombolas, indígenas, assentados, ribeirinhos, camponeses, lavradores, sem-terra, caiçaras, povos das florestas, etc. – com o campo, com a terra. A preocupação em resgatar o conceito de camponês se deu em decorrência das mudanças desencadeadas pelo capitalismo e da necessidade de reconhecer que se mantém vivo o modo de organização e de produção do campesinato no país, e que este se reproduz no interior das sociedades capitalistas modernas, em resistências e contradições.

No modo de produção camponês, a biodiversidade, o trabalho familiar e a produção em pequena escala são algumas das principais referências. Os territórios camponeses são predominantemente voltados para a agropecuária e responsáveis por grande parte da produção de alimentos consumidos no mercado interno. Um adendo, a fim de melhorar a compreensão: existe um extenso debate sobre o uso da nomenclatura "agricultor familiar" para se referir ao camponês. Para fins de definição, associaremos as pequenas propriedades (de até 100 hectares) à agricultura familiar, e as grandes propriedades (acima de 2.000 hectares) ao agronegócio, tal como Oliveira (2003). Segundo o Ministério do Desenvolvimento Agrário, a agricultura familiar é a base da economia de 90% dos municípios brasileiros com até 20 mil habitantes, além de ser responsável por mais de 70% dos brasileiros ocupados no campo. Além disso, a agricultura familiar produz 70% do feijão nacional, 34% do arroz, 87% da mandioca, 46% do milho, 38% do café e 21% do trigo e é também responsável por 60% da produção de leite e por 59% do rebanho suíno, 50% das aves e 30% dos bovinos (Agricultura, 2018).

Apesar de o campesinato buscar reproduzir o seu modo de vida, não tendo como princípio a acumulação, uma das questões a serem pontuadas diz respeito à subordinação dessa produção ao mercado capitalista. Queremos dizer com isso que, mesmo o sistema agrícola camponês não sendo parte do agronegócio, este, acaba se tornando subordinado a esse modelo de produção, uma vez que o agronegócio controla a tecnologia, o conhecimento, o mercado, as políticas agrícolas, etc. (Fernandes; Welch, 2008).

Junto com o campesinato convive o agronegócio. Mesmo visando à produção agrícola, não podemos homogeneizar os territórios e as formas de organização do campo brasileiro. Tal produção ocorre de maneira desigual em relação aos meios e aos modos, além de se configurar como conflitante, gerando disputas territoriais permanentes.

Gráfico 3: A agricultura camponesa e o agronegócio

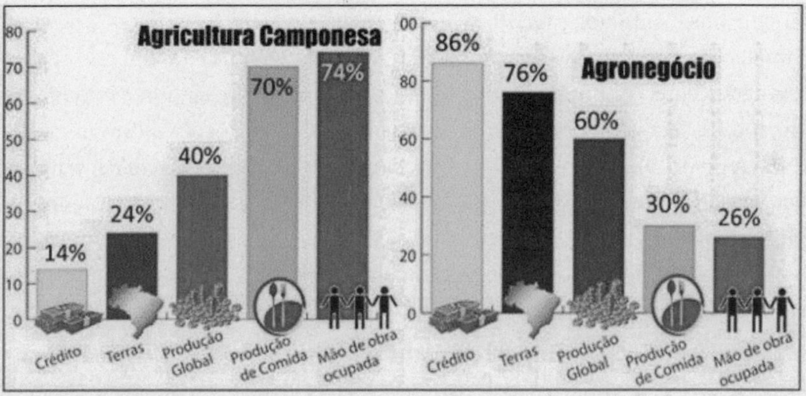

Fonte: Serenini, 2015.

De forma reducionista, o agronegócio é, no cenário da economia agropecuária, a soma de todas as cadeias produtivas, desde o crédito à produção, à distribuição de insumos e à comercialização de alimentos, fibras e energia. Ganhou materialidade no Brasil, em 1993, após a fundação da Associação Brasileira de Agribusiness (ABAG), mas na verdade o agronegócio tem suas raízes nas *plantations* (um tipo de sistema agrícola baseado em latifúndios, mão de obra escravizada, monocultura e exportação) e diz respeito a um novo modelo de desenvolvimento econômico da agropecuária capitalista. "É um novo tipo de latifúndio e ainda mais amplo, agora não concentra e domina apenas terra, mas também a tecnologia de produção e as políticas de desenvolvimento" (Fernandes; Molina, 2004, p. 41). Entre as suas principais características, estão: a monocultura; o trabalho assalariado; o uso de agroquímicos; a alta estrutura tecnológica; e a produção em grande escala voltada para o mercado externo.

O agronegócio é um modelo homogeneizador, imediatista e insustentável. A imagem do agronegócio foi construída tentando ocultar seu caráter que concentra riquezas, predadores e é excludente, evidenciando seu caráter produtivista. Dessa forma, há a tentativa de desconectar o agronegócio do latifúndio e do sistema de *plantation*, conferindo-lhe um ar de modernidade. Entretanto, a lógica de (re)produção permanece a mesma, ou seja, as questões estruturais como a concentração de terras, a expropriação do campesinato, a violência e o trabalho escravo não foram eliminadas. É a chamada modernização conservadora. Segundo Fernandes e Molina (2004, p. 41), "[...] houve aperfeiçoamento do processo, mas não a solução de problemas socioeconômicos e políticos". Para os autores, o conhecimento é produzido visando à maximização dos lucros e à deslegitimação de outras formas de produção e organização, como a agricultura familiar.

Com o agronegócio, principalmente a partir da década de 1990, a aquisição de terras no Brasil deixa de ter um papel apenas especulativo e ganha um papel produtivo. As empresas do setor agropecuário tomam a frente do processo na corrida desenfreada pela conquista de territórios.

As disputas territoriais não se limitam à dimensão econômica. Pelo fato de um território ser uma totalidade, e multidimensional, as disputas territoriais se desdobram em todas as dimensões, portanto, as disputas ocorrem também nos âmbitos político, teórico e ideológico, o que nos possibilita compreender os territórios materiais e imateriais. As políticas de dominação e de resistência utilizam o conceito de territórios tanto para delimitar os espaços geográficos disputados quanto para demarcar aqueles requeridos.

Fernandes (2004, p. 9) utiliza o conceito de conflitualidade para compreender a questão agrária: "A conflitualidade é um processo constante alimentado pelas contradições e desigualdades do capitalismo". No movimento paradoxal da conflitualidade, a territorialização-desterritorialização-reterritorialização acontece de forma simultânea entre o campesinato e agronegócio:

> De um lado, o capital destrói e recria o campesinato, a partir de sua lógica e princípios. De outro lado, o campesinato também se recria, rompendo com a lógica e com os princípios do capital. A reprodução de ambas as formas de organização social é incongruente, mas realiza-se no mesmo espaço, disputando territórios, gerando *conflitualidade*, promovendo *desenvolvimentos* (Fernandes, 2004, p. 9).

A territorialização do agronegócio tem promovido profundos impactos socioeconômicos: a reconfiguração do espaço é dada mediante uma lógica produtiva, as empresas integram/lideram os produtores, unem-se ao Estado e inserem suas pautas no planejamento público, implantam infraestruturas e usam estratégias de ampliação de controle do território (Cavalcante; Fernandes, 2008, p. 23). O agronegócio ainda suscita debates em torno dos transgênicos, do trabalho escravo, da repressão e da violência no campo, de danos ambientais, de saúde pública etc.

Como resultado da expansão do agronegócio, a conflitualidade entre os modelos de produção do campo desencadeia eventos de violência. A Comissão Pastoral da Terra (CPT) divulgou os dados de assassinatos em conflitos no campo ocorridos no Brasil em 2017. Foram 70 mortes, entre elas, de quilombolas, lideranças camponesas, sem-terra, índios, posseiros e assentados. O Brasil é o país com mais assassinatos no campo desde 2003 (Figura 1). A maior parte dos casos está na região Norte, justamente a região que possui mais áreas litigiosas e onde os conflitos entre latifundiários e agricultores familiares são mais intensos.

Figura 1: Assassinatos no campo (mundo)

Fonte: Global Witness, 2018.

Observamos também no Gráfico 3 que essa violência no campo é uma constante. As principais vítimas dessa violência são pequenos produtores, ativistas ambientais e integrantes de movimentos sociais de luta pela terra. Como agravante desse quadro, a violência não é somente comandada por grandes latifundiários, a presença do Estado como agente violento é comum, especialmente na Região Norte, como observado nos casos de Eldorado dos Carajás (1996) e em Pau D'arco (2017), ambos no Pará e com a ação de forças policiais.

Gráfico 4: Assassinatos em conflitos do campo de 2003 a 2017

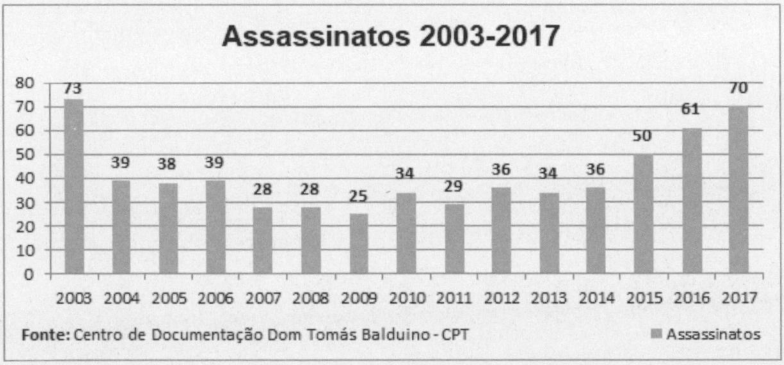

Fonte: CPT, 2018.

A variação dos assassinatos retratados no Gráfico 3 demonstra a ineficiência em solucionar os conflitos. O intervalo entre 2004 e 2014 apresenta os menores índices da série e marca um período de relativa estabilidade política e diálogo entre Estado, movimentos sociais, camponeses e grandes produtores. Esse cenário começa a sofrer alterações no ano de 2015, e abre uma nova série ascendente de assassinatos no campo, retratando bem a instabilidade política pela qual o país tem passado. A impunidade também é um fator que contribui para que essa taxa seja mantida elevada. Segundo a CPT, entre os anos de 1985 e 2017, foram assassinadas 1.904 pessoas no campo, das quais somente 113 casos foram julgados. A CPT, ao caracterizar os assassinatos, registra que aproximadamente 75% deles se dão em razão de conflitos por terra.

A Educação do Campo em Minas Gerais

Minas Gerais se destaca na construção da Educação do Campo no país. Isso se deve à representatividade e à postura ativa da população camponesa, dos sindicatos, das universidades e dos movimentos sociais que estão presentes no estado.

A construção da Educação do Campo em Minas Gerais ocorre com a formação da Rede Mineira de Educação do Campo. Criada em meados dos anos 1990, a rede congrega diversos grupos de sujeitos e coletivos que têm como principal objetivo a construção de uma educação para os povos do campo que congregue a construção dos saberes, a valorização da cultura camponesa e a oferta de uma educação no campo e para o campo.

O espaço da Rede Mineira, em dias atuais, é um fórum de discussões e formação de lideranças para a construção da Educação do Campo no estado, tanto no aspecto pedagógico quanto na articulação entre os sujeitos e coletivos do campo. É uma forma de construir coletivamente ações concretas e projetos que fortaleçam a Educação do Campo em Minas Gerais (Horácio, 2015).

A primeira reunião para as discussões sobre uma política para a Educação do Campo em que a Rede Mineira se tornou mais organizada e articulada ocorreu no I Encontro Estadual "Por uma Educação Básica para o Campo", realizado em junho de 1998. Esse encontro foi organizado pelos sujeitos e coletivos que formam a base da rede: o MST (Movimento dos Trabalhadores Rurais Sem Terra), a FETAEMG (Federação dos Trabalhadores na Agricultura do Estado de Minas Gerais), a AMEFA (Associação das Escolas Família Agrícolas) e o CEDEFES (Centro de Documentação Eloy Mendes Ferreira). Atualmente, a Rede Mineira conta com cerca de vinte entidades/organizações em suas fileiras no estado. Esse coletivo é composto por movimentos sociais de luta pela terra, sindicatos de trabalhadores rurais, secretarias municipais de educação, universidades, entre outros (Horácio, 2015).

Como resultado dessa articulação no estado, foram criados vários projetos, entre o final da década de 1990 e meados da década de 2010, coordenados pelo PRONERA (Programa Nacional para Educação na Reforma Agrária). O PRONERA apoia projetos de educação desenvolvidos em assentamentos da reforma agrária. Ao longo dos anos, vários projetos de alfabetização foram criados e desenvolvidos em todo o país. No caso de Minas Gerais, foram instalados vinte cursos até 2011, sendo que dez destes tinham como objetivo a alfabetização de jovens e adultos. Por estarem vinculados à questão da Reforma Agrária, os projetos do PRONERA ocorreram em regiões do estado nas quais a presença de projetos dessa reforma já estivessem em vigor (figuras 2 e 3).

Figura 2: Assentamentos rurais Reforma Agrária – Minas Gerais, 1985-2011

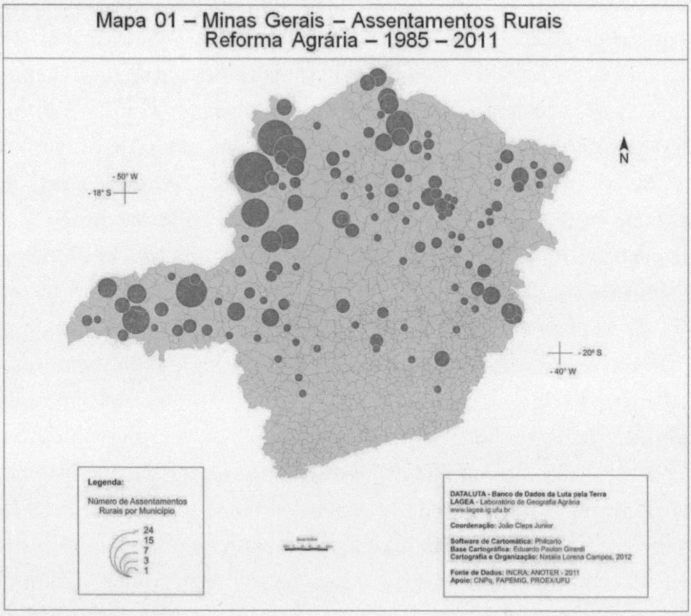

Fonte: Freitas, 2012.

Figura 3: Cursos do PRONERA realizados por município (1998-2011)

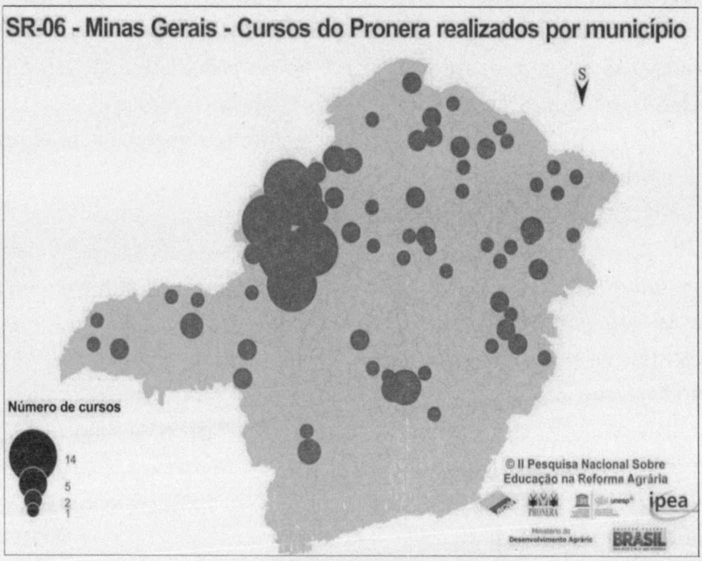

Fonte: Brasil, 2015.

Os resultados dessa experiência possibilitaram alguns avanços para a educação da população camponesa. No ano de 2001, a população não alfabetizada no campo em Minas Gerais era de 33,42%; em 2015, esse percentual era de 17,35%. A atuação do PRONERA, desde 1999 desenvolvendo projetos de alfabetização em parceria com universidades em Minas Gerais – principalmente com UFMG (Universidade Federal de Minas Gerais), UEMG (Universidade do Estado de Minas Gerais) e Unimontes (Universidade Estadual de Montes Claros) –, pode ser colocada como um elemento importante para esse avanço apontado (Resende, 2015).

Além dos projetos de alfabetização, o PRONERA ofertou em Minas Gerais cursos técnicos e a primeira experiência de uma graduação em Educação do Campo, a Pedagogia da Terra, um projeto-piloto construído em Minas Gerais pela UFMG em associação com outras organizações e movimentos, como a Rede Mineira e o MST.

O fortalecimento da Educação do Campo em âmbito nacional, a promulgação da Resolução CNE/CEB 2002, que instituía as diretrizes operacionais para a Educação Básica nas Escolas do Campo, a criação da SECADI (Secretaria de Educação Continuada, Alfabetização e Diversidade) e o Procampo (Programa de Apoio à Formação Superior em Licenciatura em Educação do Campo) contribuíram para a expansão da Educação do Campo no país. Em Minas Gerais, foi criada a Comissão Permanente de Educação do Campo em 2013, vinculada à SEE (Secretaria de Estado de Educação), e também foi promulgada a Resolução n.º 2.820/2015, que instituía as Diretrizes para a Educação Básica nas escolas do campo de Minas Gerais.

Ainda beneficiando-se do Procampo, houve a continuidade do curso de Licenciatura em Educação do Campo, ofertado pela UFMG, e do Escola Ativa, embrião do Escola da Terra, na busca por melhorar a qualidade de ensino em classes multisseriadas.

O programa Escola da Terra vem se juntar a vários outros projetos que foram desenvolvidos no campo em Minas Gerais no âmbito da Educação do Campo. Como projeto e metodologia de processos de ensino-aprendizagem ainda relativamente recente, a Educação do Campo foi buscando abarcar regiões e municípios do território mineiro que trouxessem de maneira mais latente a questão agrária. Como observamos nas figuras 2 e 3, as regiões atendidas pelo PRONERA estavam em áreas nas quais os assentamentos de Reforma Agrária eram presentes. Um dos desafios do Escola da Terra seria ampliar a presença de projetos de Educação do Campo sendo condizente com a realidade dos municípios onde seria instalada.

Na Tabela 1, observamos a proporção da população considerada rural nos municípios que participaram do Escola da Terra I, II e III.

Tabela 1: Escola da Terra – municípios participantes

Municípios	Pop. Total	Pop. Rural	Pop. Urbana	% rural
Almenara	38.775	7.025	31.750	18,12
Aricanduva	4.770	3.075	1.695	64,47
Bonito de Minas	9.673	7.464	2.209	77,16
Caratinga	85.239	14.765	70.474	17,32
Catuji	6.708	5.016	1.692	74,78
Coração de Jesus	26.033	11.202	14.831	43,03
Esmeraldas	60.271	4.056	56.215	6,73
Francisco Sá	24.912	10.015	14.897	40,20
Governador Valadares	263.689	10.389	253.300	3,94
Guaraciaba	10.223	7.005	3.218	68,52
Itamarandiba	32.175	10.187	21.988	31,66
Itambé do Mato Dentro	2.283	1.375	908	60,23
Itinga	14.407	7.853	6.554	54,51
Jaboticatubas	17.134	6.394	10.740	37,32
Jaíba	33.587	15.952	17.635	47,49
Januária	65.463	24.141	41.322	36,88
Lima Duarte	16.149	3.786	12.363	23,44
Mariana	54.219	6.577	47.642	12,13
Minas Novas	30.794	18.210	12.584	59,13
Miradouro	10.251	4.580	5.671	44,68
Novo Cruzeiro	30.725	20.203	10.522	65,75
Paracatu	84.718	10.946	73.772	12,92
Pintópolis	7.211	4.679	2.532	64,89
Porteirinha	37.627	18.289	19.338	48,61
Raul Soares	23.818	8.334	15.484	34,99
Rio Pardo de Minas	29.099	17.407	11.692	59,82
São Domingos do Prata	17.357	6.852	10.505	39,48
São Francisco	53.828	19.624	34.204	36,46
São João da Ponte	25.358	16.702	8.656	65,86
Teófilo Otoni	134.745	24.669	110.076	18,31
Turmalina	18.055	5.129	12.926	28,41
Ubaporanga	12.040	5.606	6.434	46,56
Minas Gerais	**19.597.330**	**2.882.114**	**16.715.216**	**14,7**

Fonte: Censo 2010 (IBGE, 2012).

A observação desses dados nos mostra a relevância da população rural nos municípios selecionados. Os municípios que receberam uma das três versões do Programa Escola da Terra em Minas Gerais estão distribuídos pelo estado de acordo com a demanda produzida pelas condições da população do campo nos municípios. A maior parte dos municípios participantes está localizada nas regiões Norte, Jequitinhonha e Rio Doce (Figura 4), devido à relevância da população classificada como rural no total da população desses municípios.

Figura 4: Escola da Terra I, II e III – municípios participantes

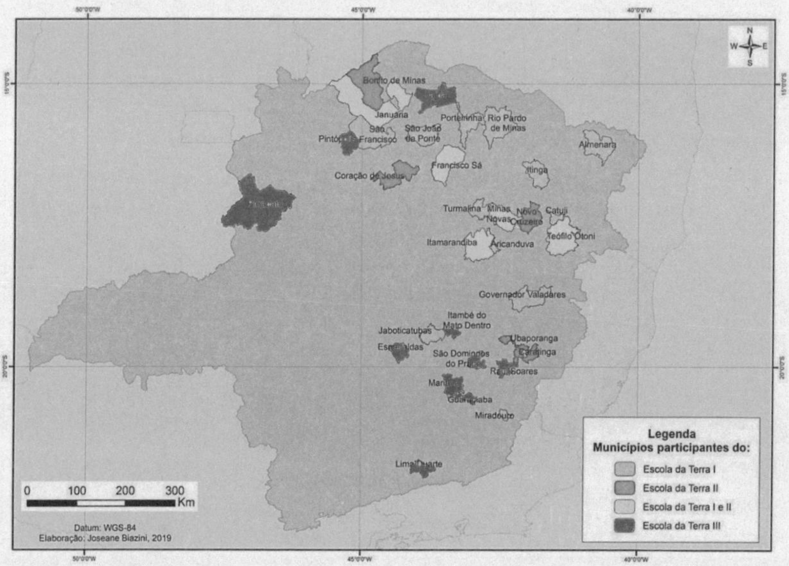

Fonte: Escola da Terra – Minas Gerais, 2019.

Como anteriormente citado, em Minas Gerais 70% dos municípios possuem até 15 mil habitantes, com uma forte presença de atividades ligadas ao setor primário da economia. As regiões nas quais o programa foi aplicado possuem essa característica, além da população significativa classificada como rural pelo IBGE – 10 dos 32 municípios possuem a maioria da população vivendo no campo, enquanto outros 12 possuem um percentual acima de 30%.

Quando falamos sobre esses percentuais apresentados na Tabela 1, é importante fazer algumas ressalvas sobre o que é considerado rural e urbano de acordo com a classificação do IBGE, fonte da qual foram extraídos os dados sobre a população de Minas Gerais. O critério adotado para a determinação do que é rural e urbano no Brasil é calcado no decreto-lei 311, datado de 1938, ainda durante o período de Estado Novo getulista, e, portanto apresenta-se como anacrônico ao ser adotado como responsável pela delimitação do rural e do urbano no Brasil.

De acordo com esse decreto-lei, será considerada como urbana toda sede de município, e cada prefeitura será responsável por delimitar o perímetro urbano de seu município. Sendo assim, independentemente dos serviços ofertados, das relações de trabalho e produção ou da população residente, a sede do município será sempre considerada como urbana.

A adoção de tal legislação deixa margens para que delimitação do perímetro urbano seja efetuada atendendo a interesses políticos e tributários, como a cobrança de IPTU (Imposto sobre a Propriedade Predial e Territorial Urbana) ou o não fornecimento de certos benefícios direcionados às populações rurais.

A legislação adotada para a delimitação das áreas urbanas e rurais no país o deixa como um dos mais atrasados em relação ao assunto. Grande parte dos países de industrialização significativa nos dias atuais – como Estados Unidos, China, Canadá, Japão, Inglaterra – e também a OCDE (Organização para Cooperação e Desenvolvimento Econômico) adotam critérios baseados em sua densidade demográfica, quantidade absoluta da população e/ou densidade predial para a determinação de suas áreas urbanas e rurais. Mesmo que não sejam ideais para a correta determinação das áreas urbanas, esses são critérios bem mais pertinentes do que os utilizados no Brasil (IBGE, 2017).

O IBGE busca modernizar sua classificação para se aproximar dos parâmetros utilizados pelos países citados. Isso seria uma forma de apresentar dados mais próximos da realidade do campo no Brasil. As mudanças propostas podem aparecer no próximo Censo Demográfico, em 2020. As transformações ocorridas no campo e nas cidades nos últimos 50 anos demandam, nos dias de hoje, abordagens multidimensionais na classificação territorial. O estudo realizado pelo instituto em 2017 chama a atenção para a relação simbiótica entre esses espaços: no meio rural, destacam-se elementos como o "aumento das atividades não agrícolas, a mecanização, a intensificação da pluriatividade, a valorização da biodiversidade, a expansão do setor terciário e a intensificação de fluxos materiais e imateriais na caracterização e maior compreensão de suas dinâmicas" (IBGE, 2017, p. 8).

Ao considerarmos essa situação, é importante salientar a complexidade socioespacial que muitas vezes fica mascarada pela apresentação fria dos números. A realidade do mundo rural no Brasil pode estar camuflada por metodologias que não consideram as múltiplas dimensões da vida do campo brasileira. Por essa razão, a Educação do Campo busca suprimir a denominação "rural" para falar sobre a (re)produção de modos de vida e de trabalho camponês. Para a construção da Educação do Campo, importa resgatar, para além de categorizações, o conceito de campo e suas relações históricas com o conceito de rural:

> Utilizar-se-á a expressão campo, e não mais a usual meio rural, com o objetivo de incluir no processo de conferência uma reflexão sobre o sentido atual do trabalho camponês e das lutas sociais e culturais dos grupos que hoje tentam garantir a sobrevivência desse trabalho (Kolling; Néry; Molina, 1999, p. 238).

Essa proposição transcende os aspectos de uma delimitação administrativa, transcendendo também o espaço escolar. A Educação do Campo e para o campo visa construir não somente um espaço escolar que contextualize os processos de ensino-aprendizagem para a população camponesa, mas um que também valorize seus aspectos culturais, suas relações de trabalho e produção, seus sujeitos e coletivos e transcenda os muros da escola. Que a Educação do Campo não promova uma nova forma de escola no campo, mas também de uma sociedade mais inclusiva que garanta direitos e justiça social para todos dos povos, tanto no campo quanto na cidade. Por essa razão que o objetivo da Educação do Campo e, por conseguinte, do Escola da Terra é construir um novo projeto de escola e de sociedade mais solidária e inclusiva.

Projeto campo-sociedade

Ao pensarmos em um projeto de campo e em um projeto de sociedade, estamos pensando em dois elementos diferentes? E quando pensamos nesse ou nesses projetos, que dimensões podemos considerar? Com que campo e com que sociedade pretendemos dialogar? Essas questões podem nos conduzir ao entendimento das relações sociais que estão presentes na articulação de um projeto de sociedade vigente e às proposições referentes a esse projeto que são desenhadas no corpo da Educação do Campo. Sobre o modelo de sociedade para o qual se empenhariam os esforços formativos, Menezes Neto (2009, p. 36) nos diz que "projetos político-pedagógicos vinculados às classes populares devem demarcar suas diferenças em relação ao projeto capitalista para o campo, representado pelo agronegócio", e demarca o que se entende como eixo matricial deste projeto, ao afirmar que "Educação do Campo é indissociável da luta pela terra, da luta pela Reforma Agrária. Democratização da terra, com a democratização do acesso ao conhecimento".

Desse modo, a proposta da formação de educadores do campo alia-se ao propósito de construção de um modelo de sociedade e de campo comprometido com a sustentabilidade econômica, social, política e cultural. Considerando esses aspectos, observamos que um novo projeto de campo pressupõe um novo projeto de sociedade, e esses projetos estão vinculados a diversas dimensões da vida, sendo a escola uma das dimensões institucionais centrais para essas construções. A importância da escola nesse processo ocorre pela abrangência que ela tem na sociedade e pelas possibilidades que ela oferece, tanto para a prática de uma educação transformadora quanto para a prática de uma educação que propõe a manutenção das estruturas vigentes. É a partir dessa dualidade que estruturamos as condições para o entendimento da Educação do Campo.

Durante grande parte do século XX e no início do século XXI, a educação fornecida no campo era insuficiente para atender a população camponesa e era predominantemente utilizada como instrumento de manutenção da ordem hegemônica vigente, uma ordem que promoveu, e ainda promove, a intensificação das desigualdades socioespaciais. Essa educação foi constituída como parte de um processo de modernização conduzido pelas elites agrário-exportadora e urbana-industrial do país e referendado pelo Estado. A educação fornecida no campo nada mais era do que uma extensão da educação fornecida nas cidades, uma educação distante da realidade camponesa. Nesse modelo educacional, denominado Educação Rural, o campo era sinônimo de atraso.

Ao longo do século XX, as relações de produção e trabalho no campo foram sendo modificadas para a consolidação dessa modernização que atendia aos interesses das elites. Durante esse processo de modernização, a introdução do capital e suas relações de trabalho no campo foram cada vez mais intensificadas. Nessas condições, a natureza desse capital em (re)produzir desigualdades provocou a intensificação da concentração de terras e o êxodo rural entre a população camponesa. A própria diversidade cultural camponesa foi suprimida por um modelo de educação que depreciava essa cultura, apontando-a como inferior à nascente cultura urbana. Obviamente, para desenvolver esse processo, as elites agrárias e urbanas se ancoraram em instituições que garantissem a disseminação e a legitimação de suas visões de mundo, com o objetivo de manter e aprofundar sua condição hegemônica na sociedade brasileira. A escola compõe de modo significativo esse conjunto de instituições por ser espacialmente abrangente e parte fundamental da formação social e humana dos sujeitos. Foi nessas condições que a Educação Rural proliferou e deu subsídios para a manutenção da organização social hegemônica vigente.

Em contraposição a essa Educação Rural, já no final do século XX, movimentos ligados ao campo intensificaram suas mobilizações para garantir o direito à escola, que, mesmo nos moldes da Educação Rural, era insuficiente. Assim, o direito à educação foi mais intensamente incorporado às lutas camponesas, somando-se às lutas pela terra já em curso. O referencial que ilumina a Educação do Campo germina, nasce e frutifica na luta pela terra, pelo direito a uma vida digna, pela relação igualitária entre homens e mulheres, pelo respeito às diversidades sexual e religiosa, pela distribuição da renda e dos bens produzidos pela sociedade de forma justa.

A Educação do Campo é uma luta que os movimentos sociais contemporâneos resgatam, (res)significam e atualizam diante da permanência e do aumento da desigualdade social, econômica e política do país. Neste sentido, a escola do campo demandada pelos movimentos sociais e sindicais vai além da escola das primeiras letras, da escola da palavra, da escola dos livros didáticos. É um projeto de escola que se articula com os projetos sociais e econômicos do campo, que cria uma conexão direta entre formação e produção, entre educação e compromisso político. Uma escola que, em seus processos de ensino e de aprendizagem, considera o universo cultural e as formas próprias de aprendizagem dos povos do campo, reconhece e legitima esses saberes construídos a partir de suas experiências de vida. Uma escola que se transforma em ferramenta de luta para a conquista de seus direitos como cidadãos (Kolling; Néry; Molina, 1999).

Assim, podemos observar que o pensamento nos processos educacionais transcende os muros da escola e também está ligado às situações socioeconômicas da sociedade. Por essa razão, Fernandes (2008), ao discorrer sobre a composição e a construção da Educação do Campo, propõe uma análise comparativa com a Educação Rural e os respectivos modelos de desenvolvimento e paradigmas aos quais estão associados. Nessa perspectiva, essa construção transita pela organização coletiva dos sujeitos do campo e a luta pela ocupação de espaços públicos e políticos. Essas ações constroem e são construídas nas bases da Educação do Campo.

Esse movimento de ocupação e protagonismo dos sujeitos do campo promove uma luta não só por espaços materiais, que são as escolas *no campo*, mas também pela ocupação de espaços imateriais, que são as escolas *do campo*, ou seja, as escolas em que o projeto da Educação do Campo se consubstancia. Nesse sentido, as necessidades presentes na escola do campo exigem um profissional com uma formação mais ampliada, mais abrangente, já que ele tem que dar conta de uma série de dimensões educativas presentes nessa realidade. Para tanto, precisa de uma formação que o habilite a refletir sobre sua experiência. O educador do campo precisa ter a compreensão da dimensão do seu papel na construção de alternativas de organização do trabalho escolar, em uma atuação que entenda a educação como prática social.

Nesse sentido, a formação não se fecha em torno de uma proposta homogênea, visto que o educador do campo deverá necessariamente organizar suas práticas no sentido de promover rupturas, estranhar o que aparece como natural e legal, fazer perguntas, investigar, problematizar e propor. Enfim, a formação deve contribuir para que o educador seja capaz de propor e implementar as transformações político-pedagógicas necessárias à rede de escolas que hoje atendem a população que trabalha e vive no e do campo. Um educador do povo do campo, para muito além do papel da educação escolar. Um educador que assume seu papel como agente de transformação das suas realidades pessoal e social.

A partir desse contexto, o Escola da Terra surge como um programa formativo não somente no âmbito escolar, mas na multiplicidade das dimensões espaciais e temporais da vida do campo. Assim, além da aproximação com a realidade de cada comunidade em que as escolas estão instaladas, busca-se também o resgate e a (re)construção de suas histórias, sujeitos e identidades. O programa assume, além da formação docente, a formação de sujeitos do campo que se reconheçam como tal e reconheçam suas escolas como Escolas do Campo.

A materialização do projeto da Educação do Campo como um projeto para além dos muros da escola enfrenta, e enfrentará, resistência por parte dos poderes e relações hegemônicas já consolidadas. Mas, como a própria metodologia de ensino-aprendizagem defendida pela Educação do Campo, a penetração nas variadas dimensões da vida camponesa ocorre em conjunto com os sujeitos e coletivos do campo, observando os obstáculos para sua concretização.

O cenário construído pela expansão da Educação do Campo possibilitou alguns avanços concretos. No âmbito nacional, podemos citar o PNAE (Programa Nacional de Alimentação Escolar), que garante o uso de, pelo menos, 30% do valor repassado pelo FNDE (Fundo Nacional para o Desenvolvimento da Educação) para a aquisição de alimentos da agricultura familiar, priorizando assentamentos da reforma agrária e comunidades tradicionais/quilombolas. Esse programa cria possibilidades para a aproximação entre a escola e a comunidade, além de fornecer alimentos regionais e de qualidade. É um exemplo material de que a relação entre escola e comunidade é possível e pode contribuir para a integração entre esses espaços, tal como o movimento pela Educação do Campo anseia.

Referências

AGRICULTURA familiar do Brasil é 8ª maior produtora de alimentos do mundo. CEDEFES – Centro de Documentação Eloy Ferreira da Silva, 2018. Disponível em: https://bit.ly/3nh12Zs. Acesso em: 24 jun. 2022.

BRASIL. II PNERA: Relatório da II Pesquisa Nacional sobre a Educação na Reforma Agrária. Brasília: MDA, 2015.

BRASIL. *Fundo Nacional de Desenvolvimento da Educação: Alimentação escolar*. Disponível em: https://bit.ly/39Ns2N6. Acesso em: 20 ago. 2019.

CAIXETA, M. E. Educação do Campo e construção do conhecimento: tensões inevitáveis no trato com as diferenças. *Educação em Revista*, Belo Horizonte, v. 29, n. 1, p. 273-301, mar. 2013.

CAVALCANTE, M.; FERNANDES, B. M. Territorialização do agronegócio e da concentração fundiária. *Revista Nera*, ano 11, n. 13, p. 16-25, 2008.

CPT – Comissão Pastoral da Terra. Assassinatos conflitos no campo 2017. Goiânia: CPT Nacional, 2018. Disponível em: https://bit.ly/3Nih0gK. Acesso em: 14 jun. 2019.

DIEESE – Estatísticas do meio rural 2010-2011. 4. ed. Departamento Intersindical de Estatística e Estudos Socioeconômicos; Núcleo de Estudos Agrários e Desenvolvimento Rural; Ministério do Desenvolvimento Agrário. São Paulo: DIEESE; NEAD; MDA, 201.

ESCOLA DA TERRA (Minas Gerais). Projeto Escola da Terra. Belo Horizonte, FaE/UFMG, 2019.

FERNANDES, B. M. Questão agrária: conflitualidade e desenvolvimento territorial. 2004. Disponível em: https://bit.ly/3bkd69D. Acesso em: 24 jun. 2022.

FERNANDES, B. M.; MOLINA, M. C. O campo da Educação do Campo. In: JESUS, S. M. S. A. *Contribuições para a construção de um projeto de Educação do Campo*. Brasília: Editora Universidade de Brasília, 2004.

FERNANDES, B. M.; WELCH, C. A. In: FERNANDES, B. M. (Org.). *Campesinato e agronegócio na América Latina: a questão agrária atual.* 1. ed. São Paulo: Expressão Popular, 2008.

FREITAS, Ricardo Luis de; VICTOR, Fabiana Borges. Atualidade da Reforma Agrária em Minas Gerais: uma análise dos tipos de assentamentos rurais. In: XXI ENCONTRO NACIONAL DE GEOGRAFIA AGRÁRIA. Uberlândia, UFU/LAGEA, 2012. Disponível em: https://bit.ly/3zXArZ7. Acesso em: 24 dez. 2013.

GLOBAL WITNESS. Assassinatos no campo. *BBC News*, 2017. Disponível em: https://bbc.in/3OlEJOk. Acesso em: 24 nov. 2019.

HAESBAERT, R. Dos múltiplos territórios à multiterritorialidade. Porto Alegre, set. 2004. Disponível em: https://bit.ly/3u1ESOF. Acesso em: 12 ago. 2019.

HORÁCIO, A. S. *Licenciatura em Educação do Campo e movimentos sociais: análise do curso da Universidade Federal de Minas Gerais*. 2015. 156 f. Dissertação (Mestrado em Educação) – Faculdade de Educação, Universidade Federal de Viçosa, Viçosa, 2015.

IBGE – INSTITUTO BRASILEIRO DE GEOGRAFIA E ESTATÍSTICA. Censo Brasileiro de 2010. Rio de Janeiro: IBGE, 2012.

IBGE. Classificação e caracterização dos espaços rurais e urbanos do Brasil: uma primeira aproximação. IBGE, Coordenação de Geografia. Rio de Janeiro: IBGE, 2017. Disponível em: https://bit.ly/3NjVUOM. Acesso em: 24 jun. 2022.

KOLLING, E.; NÉRY, I.; MOLINA, M. (Orgs.). *A educação básica e o movimento social do campo*. Brasília: Fundação Universidade de Brasília, 1999.

MARCOS, V. Agricultura e mercado: impasses e perspectivas para o agronegócio. In: PAULINO, E. T.; FABRINI, J. E. (Orgs.). *Campesinato e territórios em disputa*. São Paulo: Expressão Popular, 2008. p. 191-213.

MENEZES NETO, A. J. M. Formação de Professores para a Educação do Campo: projetos sociais em disputa. In: ANTUNES-ROCHA, M. I.; MARTINS, A. A. (Orgs.). *Educação do*

Campo: desafios para a formação de professores. Belo Horizonte: Autêntica, 2009. (Coleção Caminhos da Educação do Campo, v. 1.)

MOLINA, M. C. S L. M. A Licenciatura em Educação do Campo da Universidade de Brasília: Estratégias Político-Pedagógicas na Formação de Educadores do Campo. In: MOLINA, M. C.; SÁ, L. M. (Orgs.). *Licenciaturas em Educação do Campo*. Belo Horizonte: Autêntica Editora, 2011. p. 35-61.

MOLINA, M. C.; ANTUNES-ROCHA, M. I. Educação do Campo, história, práticas e desafios no âmbito das políticas de formação de educadores: reflexões sobre o PRONERA e o Procampo. *Revista Reflexão e Ação*, Santa Cruz do Sul, v. 22, n. 2, p. 220-253, jul./dez. 2014.

NERA – Núcleo de Estudos, Pesquisas e Projetos de Reforma Agrária. *DATALUTA 2015*. Disponível em: http://www2.fct.unesp.br/nera/index.php. Acesso em: 25 ago. 2021.

OLIVEIRA, A. U. *Modo de produção capitalista, agricultura e reforma agrária*. São Paulo: Labur Edições, 2007.

OLIVEIRA, F. *Crítica à razão dualista: o ornitorrinco*. São Paulo: Boitempo, 2003.

RESENDE, B. C.; ANTUNES-ROCHA, M. I.; ALVES, I. R. A. *Cartografia da Educação Rural em Minas Gerais*. In: I Encontro de Pesquisas e Práticas em Educação do Campo da Paraíba, 2011, João Pessoa. Anais [...]. João Pessoa: UFPB, 2011.

RESENDE, B. C. *O livro didático de geografia no Ensino Médio: tensões e possibilidades para a Educação do Campo na Região Metropolitana de Belo Horizonte*. 2015. 181 f. Dissertação (Mestrado em Educação) – Faculdade de Educação, Universidade Federal de Minas Gerais, Belo Horizonte, 2015.

SERENINI, M. J. A importância da agricultura familiar na produção de alimentos. In: *Os desafios da escola pública paraense na perspectiva do professor de PDE: produção didático-pedagógicas*. Campo Mourão: SEED/UNESPAR/PDE, 2015. Disponível em: https://bit.ly/3yiqvs0. Acesso em: 15 ago. 2019. v. 2.

CAPÍTULO 3

Organização da formação por áreas do conhecimento

Ana Paula da Silva Rodrigues
Filipe Santos Fernandes
Maria de Fátima Almeida Martins
Penha das Dores Souza Silva

Introdução

Neste capítulo, abordamos a proposta de formação por áreas do conhecimento que faz parte da organização da maior parte dos cursos de Educação do Campo e pode ser entendida tanto como uma proposta de organização curricular quanto como uma metodologia do trabalho pedagógico.

Organizar o currículo por áreas, em vez de por disciplinas, significa realizar um trabalho pedagógico a partir de práticas interdisciplinares sem, necessariamente, negar o trabalho pedagógico disciplinar. Ou seja, a formação por áreas do conhecimento relaciona-se a um modo diferente e mais eficiente de agrupar os conteúdos de ensino, de forma menos fragmentada.

A seguir, apresentamos a proposta de cada uma dessas áreas: 1) CVN – Ciências da Vida e da Natureza; 2) CSH – Ciências Sociais e Humanidades; 3) LAL – Língua, Arte e Literatura; e 4) MAT – Matemática.

Ciências da Vida e da Natureza (CVN)

Propor um curso que vai ao encontro da desejada superação da fragmentação do conhecimento – tão discutida e teorizada por vários pesquisadores das áreas de ciências – não é uma tarefa fácil. Como pensar uma proposta interdisciplinar que possa realmente contribuir para a formação de professores/educadores e que esteja alinhada às diversas pesquisas que apontam para a necessidade de se pensar novos currículos? E, ainda, como contribuir de uma forma mais prática para uma formação mais específica para o educador do campo?

Assim, consideramos que o mais importante é promover ações interdisciplinares baseadas no real/concreto, de forma que os professores sejam munidos de conhecimento científico que os auxilie na compreensão mais ampla de fenômenos presentes na sua realidade de forma a colocar a escola como uma parceira significativa na busca de soluções para os problemas identificados na e pela comunidade.

Portanto, é nesta perspectiva que apresentamos a organização por área de conhecimento para as Ciências da Vida e da Natureza (CVN).

Uma breve reflexão sobre o Ensino de Ciências

Nas últimas décadas, tem-se questionado sobre quais as reais contribuições do ensino de Ciências para os estudantes e para a sociedade, de forma a atender aos interesses demandados pelo mundo globalizado. A posição, antes assumida pela escola, de preparar os grupos elitizados para estudos posteriores específicos foi projetada para a socialização dos estudantes, considerando a formação da cidadania nos mundos científico e social em uma perspectiva ética.

O que podemos afirmar é que a escola reflete as mudanças na sociedade relacionadas a questões sociais e econômicas preponderantes em diferentes épocas e que atingem elementos envolvidos nos processos de ensino, como: componentes curriculares (temáticas e conteúdos), modalidades didáticas, recursos e processos de avaliação. Na busca pela minimização desses efeitos e pela regulamentação dos conteúdos curriculares nacionais, em 1996 foi aprovada a Lei de Diretrizes e Bases da Educação (LDB), n.º 9.394/1996, estabelecendo, em seu artigo 1º, parágrafo 2º, que "a educação escolar deverá vincular-se ao mundo do trabalho e à prática social", e no artigo 26, que "os currículos do ensino fundamental e médio devem ter uma base nacional comum, a ser complementada pelos demais conteúdos curriculares especificados nesta Lei e em cada sistema de ensino" (Brasil, 1996).

Segundo a Lei de Diretrizes e Bases da Educação (LDB) n.º 9.394/1996, a formação básica do cidadão na escola fundamental exige que ele tenha pleno domínio da leitura, da escrita e do cálculo, compreensão do ambiente material e social, do sistema político, da tecnologia, das artes e dos valores em que se fundamenta a sociedade. No que se refere ao ensino de Ciências, o documento volta-se para a alfabetização científica. Nessa perspectiva, percebe-se a necessidade de se abordar, em sala de aula, práticas sociais que usem a escrita e a tecnologia em determinados contextos, buscando atingir objetivos específicos para essa realidade.

Diante da discussão sobre o ensino de Ciências e a abordagem contextualizada e interdisciplinar dos conteúdos ocorrida com a publicação dos Parâmetros Curriculares Nacionais (PCN) (Brasil, 1997), fez-se necessário repensar o processo do ensino-aprendizagem, a organização dos conteúdos escolares, a prática docente, bem como o papel e o uso do livro didático e a relevância dos conhecimentos ali relacionados, buscando superar o ensino reducionista, a-histórico, com ênfase na memorização de informações.

Em contrapartida, o papel do professor é orientar o processo de desenvolvimento do estudante, criando situações interessantes e significativas, fornecendo informações que permitam a reelaboração e a ampliação dos conhecimentos prévios, propondo articulações entre os conceitos construídos para organizá-los em um corpo de conhecimentos sistematizados (Brasil, 1997). É importante que o educador crie oportunidades para que a sala de aula seja palco de discussões relacionadas às consequências sociais (ambiental, política, ética, cultural e economicamente) que tais conhecimentos apresentam.

É facilmente perceptível na sociedade contemporânea o papel central que a ciência e a tecnologia ocupam no que se refere às mudanças relacionadas aos meios de comunicação e de transporte, na produção de alimentos e medicamentos e de artefatos tecnológicos. Inserido nesse contexto de modernidade, o ensino de Ciências assume uma posição de destaque, pois é por meio dele que os estudantes podem "compreender os processos de produção científica, os produtos da ciência, sua forma de ver o mundo, seus valores e mesmo a linguagem específica" (Gouw, 2013, p. 33).

É evidente que a pesquisa em ensino de Ciências nas duas últimas décadas tem enfatizado a necessidade de valorização da experiência do estudante, da resolução de situações-problema, da aprendizagem por investigação, da interdisciplinaridade, do uso da História e da Filosofia da Ciência, da contextualização, da discussão sobre visão de ciência, do uso da experimentação e da linguagem em sala de aula (Caixeta; Santos, 2011; Pozo; Crespo, 2009; Carlsen, 2007; Czerniak, 2007).

Por outro lado, os estudos sobre a prática docente no Brasil e em outros países evidenciam a presença de um ensino de Ciências baseado no modelo transmissão-recepção em uma perspectiva diretiva e descontextualizada. Nessa perspectiva, são propostas atividades que não contemplam a realidade imediata dos estudantes, perpetua-se o distanciamento entre eles e o conhecimento e o uso da ciência como confirmação e valorização do modelo societário vigente. Formam-se, então, indivíduos treinados para repetir conceitos, aplicar fórmulas e armazenar termos, sem, no entanto, reconhecer possibilidades de associá-los ao seu cotidiano. O conhecimento não é construído, e ao estudante relega-se uma posição secundária no processo de ensino-aprendizagem (Maldaner, 2000; Anderson, 2007; Pozo; Crespo, 2009).

Considerando estes aspectos, como articular o que têm apontado as pesquisas sobre o ensino de Ciências com as demandas dos povos do campo?

Uma proposta para a área de Ciências da Vida e da Natureza

Na proposição deste currículo, consideramos que a escola do campo deve ser aquela que trabalha com os interesses, a política, a cultura e a economia dos diversos grupos e com trabalhadores e trabalhadoras do campo, nas suas mais diversas formas de trabalho e de organização, na sua dimensão de permanente processo, produzindo valores, conhecimentos e tecnologias na perspectiva do desenvolvimento social e econômico igualitário para todos.

Nesse sentido, a construção de um currículo por área de conhecimento exige muito mais que uma ação coletiva (seja ela pedagógica ou epistemológica). Ela exige mais rigor nas proposições que permitem articular os diferentes recortes, naturalmente emanados das ciências disciplinares, como forma de compreender os fenômenos nas mais diversas condições em que se apresentam, seja na natureza, seja na vida em sociedade, onde a complexidade da vida se faz presente.

Nesta proposta, temos como orientação fundamental trabalhar em uma perspectiva de escola do campo que busque transformar a situação que o povo vive considerando os sujeitos como coletivos de mudança. Para isso, o currículo para a área de Ciências da Vida e da Natureza é organizado a partir de temáticas que contemplam os conceitos e as ideias-chave das ciências a partir de três eixos. Um deles resulta da organização do currículo a partir de temáticas que contemplem os principais conceitos das ciências e que se apresentem como sendo de grande relevância social. Assim, são discutidos temas relacionados a questões de saúde, diversidade e correção do solo, alimentação, disponibilidade e uso da água, acessibilidade aos meios de comunicação e informação, aproveitamento dos recursos energéticos etc. O segundo eixo está comprometido com a discussão dos conceitos em uma abordagem curricular CTSA (Ciência-Tecnologia-Sociedade-Ambiente) de forma que o professor compreenda os conceitos científicos nos contextos de sua aplicação e ainda desenvolva a competência para realizar as discussões relacionadas aos aspectos sociais e ambientais decorrentes do uso da tecnologia. Já o terceiro eixo articula o conhecimento científico com o conhecimento pedagógico dos conteúdos.

Considera-se que é necessário fazer a abordagem do conteúdo científico de forma que o professor tenha condições de tratá-lo, considerando os primeiro e segundo eixos. Para Carvalho e Gil-Pérez (1995), é importante a apropriação dos saberes formais que compõem as ciências e as tecnologias pelos professores de ciências em formação. Ressalta-se também que, em um trabalho de tutoria e assessoramento a professores de ciências, Tobin e Espinet (1989) demonstraram que a falta de conhecimentos científicos constitui a principal dificuldade para que os professores se envolvam em atividades inovadoras. Segundo esses autores, com pouco conhecimento do conteúdo o professor se transforma em um mero transmissor de conteúdos do livro-texto. Nesse sentido, é importante que a abordagem do conteúdo seja feita considerando as ideias-chave que organizam os conceitos científicos de Química, Biologia, Física etc. Por exemplo, as ideias-chave de transformação, conservação, evolução e energia são apresentadas em diferentes momentos do curso, sendo retomadas e, paulatinamente, aprofundadas em termos de relações e abrangência. Esta estratégia foi inspirada no trabalho de Doll Jr. (2002) e tem sido denominada *recursividade*. Para Lima, Paula e Santos (2009), a recursividade é um instrumento de promoção de aprendizagem e desenvolvimento progressivo do estudante em seus processos de socialização.

O projeto curricular de Ciências deve, pois, ser capaz de estabelecer pontes entre fenômenos e processos naturais ou tecnológicos, de um lado, e conceitos, modelos e teorias científicas, de outro. Na verdade, para, por exemplo, entender a formação dos solos e sua recuperação em áreas degradadas, é importante compreender os modelos de decomposição de matéria orgânica e de ação de microrganismos. Outros tópicos do currículo envolvem questões de ordem filosófica – como: qual é nosso lugar no universo? Do que é formada a matéria? O que é vida? – que parecem estar mais distantes das vivências dos estudantes. A presença delas no currículo justifica-se pela necessidade de promover uma compreensão do que é a Ciência e como o conhecimento científico interfere em nossas relações com o mundo natural, com o mundo construído e com as outras pessoas (Martins *et al.*, 2006).

Ciências Sociais e Humanidades (CSH)

A prática pedagógica por área de conhecimento em Ciências Sociais e Humanidades tem como perspectiva abordar os diferentes problemas relativos à sociedade e à natureza de um modo mais integrado que o que tem sido usual na formação dos docentes originários das diferentes disciplinas – afinal, eles se apresentam como um todo interligado não apenas na vida como também nas elaborações produzidas sobre os próprios conhecimentos específicos. Essa prática pedagógica tem como proposta uma abordagem que alcance o conjunto das questões que envolvem o homem e a natureza, que seja consistente do ponto de vista epistemológico – isto é, fundamentada num método de interpretação da realidade de maneira integrada – e também que seja dialógica, no sentido de reunir e acolher preocupações procedentes dos diferentes campos do conhecimento. Consideramos, além disso, que uma prática de ensino na área de Ciências Sociais e Humanidades deve favorecer o desenvolvimento de discussões sobre temas nos quais os sujeitos educandos possam se (re)conhecer, pois essa organização dos conteúdos permite relacioná-los às práticas cotidianas, possibilitando a compreensão do que está presente na vivência imediata.

Nesse sentido, a prática docente para a Educação do Campo exige, necessariamente, que nela sejam incorporados elementos do cotidiano da vida do campo, com seus saberes e práticas, para que estes possam ser ressignificados no seu processo formativo. Portanto, torna-se importante, nesse debate, levar em conta os sujeitos dessa prática na formação por área do conhecimento. Como ressalta Corsino (2007, p. 35), é preciso considerar que

> trabalhar com os conhecimentos das Ciências Sociais nessa etapa de ensino reside, especialmente, no desenvolvimento da reflexão crítica sobre os grupos humanos, suas relações, suas histórias, suas formas de organização de resolver problemas e de viver em diferentes épocas e locais. Assim, a família, a escola, a religião, o entorno social (bairro, comunidade, povoado), o campo, a cidade, o país e o mundo, que são esferas da vida humana, comportam inúmeras relações, configurações e organizações. Para construir possibilidades que sejam valorativas para o processo da aprendizagem, é importante propor atividades em que as crianças e adolescentes possam ampliar a compreensão da sua própria história, da sua forma de viver e de se relacionar. Assim, como identificar diferenças e semelhanças entre as histórias vividas pelos colegas e por outras pessoas e grupos sociais próximos ou distantes, que conhecem pessoalmente ou que conheceram pelas histórias ouvidas, lidas, vistas na televisão, em filmes, em livros etc. Histórias individuais e coletivas que participam da construção da história da sociedade. O trabalho com a área das Ciências Sociais também objetiva ajudar a criança a pensar e a desenvolver atitudes de observação, de estudo e de comparação das paisagens, do lugar onde habita, das relações entre o homem, o espaço e a natureza.

Para ensinar Ciências Sociais e Humanidades, é preciso falar sobre o homem e sua relação com a natureza, e por meio desta conhecer as transformações realizadas a partir dessa ação humana, seja na construção da comunidade, no povoamento e na urbanização das diferentes regiões do planeta. É importante perceber que a maneira como o homem lida com a natureza interfere na paisagem e, consequentemente, na forma e na qualidade de vida das pessoas.

A partir dessa premissa, o ensino nesta e desta área deve desenvolver e propor atividades por meio das quais as crianças, os adolescentes e os jovens possam investigar e intervir sobre a realidade, reconhecendo-se como parte integrante da natureza e da cultura como um trabalho importante na formação do sujeito na área das Ciências Sociais e Humanas. Na Educação do Campo, como a compreendemos e como já foi referido anteriormente, torna-se essencial tratar a área das Ciências Sociais e Humanidades a partir de uma leitura da relação sociedade e natureza numa perspectiva dialética, destacando a ação humana na transformação da natureza. Reiteramos aqui os conceitos de espaço, tempo, identidade, trabalho e ética como fundamentais para serem trabalhados na escola, por meio dos conteúdos, respectivamente, das disciplinas Geografia, História, Sociologia e Filosofia.

Assim, no contexto social, escolar e pedagógico das escolas do campo, discutir o conceito de espaço adquire uma significação especial, tendo em vista a necessidade de conquista de espaço não apenas para a fixação dos camponeses no campo, mas também para a construção do saber sob o enfoque das áreas de conhecimento. Ao mesmo tempo, é essencial aprender a fazer uma leitura da sociedade, da natureza, do Estado, dos movimentos sociais, dos sujeitos que vivenciam esse contexto de relações de poder, de pertencimento e de afetividade, em suas temporalidades, para que tais relações sejam compreendidas como importantes nos espaços da reprodução da vida.

Nas séries iniciais, trabalha-se a construção da identidade e da cidadania, de modo que os alunos possam se reconhecer como sujeitos de direitos e se desenvolver de forma autônoma, conhecendo e atuando em seus meios, tanto geográfico como histórico e social. Para isto, paralelamente à alfabetização na língua materna e ao aprendizado da leitura de textos – inicialmente construídos pela área de Língua, Artes e Literatura –, é importante que, na área de Ciências Sociais e Humanidades, os alunos sejam também iniciados na compreensão do contexto social, ou, em outras palavras, aprendam a fazer uma leitura do universo social, que possam reconhecer a grafia e significado da "palavra-mundo", como nos adverte Paulo Freire (1993), que o conhecimento do mundo se inicie e tenha como referência o lugar. Como também assinalam Déry, Gingras e Pellerin (2011, p. 136, tradução livre), que "o agrupamento dessas disciplinas [Geografia, História e Educação da Cidadania, no caso] deve permitir a construção de uma consciência social no aluno, a fim de que ele possa agir como um cidadão responsável e esclarecido". As autoras destacam ainda a importância da área de Ciências Sociais e Humanidades no desenvolvimento da "função crítica e interpretativa" dos conhecimentos históricos e geográficos, não podendo, portanto, se restringir à memorização de fatos.

Questões metodológicas da área de Ciências Sociais e Humanidades e o diálogo com a Educação do Campo

O desenvolvimento metodológico na área de Ciências Sociais e Humanidades tem sua centralidade na construção do conhecimento sobre a diversidade de realidades sociais, culturais, geográficas e históricas, visando à convivência participativa em sociedade, na perspectiva dos valores humanos. Para isto, o professor, em suas estratégias metodológicas, deve direcionar o trabalho para o desenvolvimento das noções de tempo e espaço, pautado pelo conhecimento histórico e geográfico produzido na relação entre a sociedade e a natureza, em interface com outros conhecimentos, como os de Filosofia, Antropologia, Economia e Artes. Essa ampliação das experiências dos alunos propicia a construção de conhecimentos diversificados sobre o meio social e natural, por exemplo, quanto à pluralidade dos fenômenos e situações acontecidos, estimulando a capacidade de observação dos alunos para a elaboração de análise reflexiva e conclusões próprias, além de ampliar a percepção do tempo e do espaço na construção da visão de mundo.

A articulação, portanto, da área com a Educação do Campo passa a ser, ela mesma, um elemento importante na transformação da prática e do sujeito, por serem eles centrais nas discussões conceituais. Pensar a Educação do Campo é compreender que esta "vem sendo construída nos movimentos que lutam pela terra de trabalho, organizados na Via – Campesina Brasil" (Ribeiro, 2012, p. 41). Isso significa dizer que tal conceito não constitui uma negação da escola, pois se compreende que esta cumpre papel fundamental na própria implementação da Educação do Campo. De fato, o que se pretende é remeter a uma concepção ampliada de Educação, que vá além do próprio processo de escolarização. Assim, inclui a escola, mas a extrapola, evidenciando a dimensão da vivência na família, no movimento social e na relação com a terra. O território do campo, onde se produz a experiência seminal da Educação do Campo, é constituído na luta pela terra,

> onde se realizam as diversas formas de organização do campesinato e também as formas de organização da agricultura capitalista [...] Enquanto o agronegócio organiza o seu território para a produção de mercadorias [...], o campesinato organiza o seu território para a realização de sua existência, necessitando desenvolver todas as dimensões territoriais [...] Exatamente porque o território possui limites, possui fronteiras, é um espaço de conflitualidade (Fernandes, 2006, p. 28, 29 e 33).

Na concepção de Fernandes (2006), a Educação do Campo nasceu da luta dos camponeses e, hoje, se constitui como um território imaterial e como território de luta. Contudo, esta consiste num conjunto de práticas, princípios e políticas que vêm sendo formuladas desde o final dos anos 1990 por sujeitos envolvidos na construção de um projeto de escola articulado a um projeto de campo e de sociedade.

Para essa construção – a da educação para os povos do campo –, foram as organizações coletivas dos povos campesinos as principais agentes dessa proposta, a partir da mobilização e da criação do que acabou sendo denominado de Movimento da Educação do Campo.

Para ganhar concretude e base institucional, a construção de uma proposta de educação para os povos camponeses exigiu o diálogo entre as demandas provenientes da Educação do Campo e os documentos curriculares nacionais de História e Geografia mais recentes, que são o nosso ponto de partida para traçar novos desafios e apresentar algumas possibilidades do trabalho pedagógico da área de Ciências Sociais e Humanidades nas escolas do campo. Nesse sentido, a área ganha por ter como elementos centrais e fundamentais diferentes dimensões da relação sociedade-natureza. Tais dimensões são articuladas/aproximadas a partir de reflexões (de âmbito filosófico, antropológico, sociológico, histórico e geográfico) sobre conhecimento, ética, cidadania, cultura, interações sociais e relações humanas com o espaço e com a natureza. O objetivo é debater por meio do trabalho com os conceitos e as temáticas pertinentes à área, possibilitando ao educando uma melhor aproximação e compreensão dos processos e formas de organização alcançados pela sociedade na contemporaneidade. Para isto, selecionamos três eixos:

1) A relação homem e natureza no contexto das práticas sociais.

Abordagem da relação sociedade-natureza na modernidade. O tema da água na contemporaneidade é muito significativo pela importância que tem, como bem da natureza e essencial para a existência da vida na terra. Na sociedade contemporânea, a água é, cada vez mais, um bem apropriado pelo homem com usos, finalidades e intencionalidades nos diferentes setores da produção, e apresenta percentuais bastante diferenciados.

Outro ponto importante para discussão é o trabalho como mediação da relação do homem com a natureza: a divisão social do trabalho, a relação campo-cidade, a divisão técnica do trabalho e a formação dos diferentes contextos da transformação social e suas consequências ambientais.

2) Dimensões das relações e das práticas sociais no/do campo na modernidade.

O campo e seu contexto histórico e político; o campo e a cidade como diferentes formas da produção do espaço na sociedade moderna; a urbanização brasileira como um processo social que não se restringe ao espaço da cidade; as transformações no campo; a interpretação geográfica da dinâmica socioespacial brasileira.

3) Produção e organização do/no campo.

O trabalho no campo e sua relação com a cidade; formas de produção; sistemas de produção; formação e processos da espacialidade do campo brasileiro.

Língua, Arte e Literatura (LAL)

Na área da LAL (Língua, Arte e Literatura), são organizados conteúdos que contextualizam práticas reais da vida cotidiana do sujeito do campo em consonância com o conhecimento científico acumulado sobre as diversas linguagens (usos da língua, práticas artísticas e literárias).

Quando pensamos na seleção de conteúdos de Língua Portuguesa, Arte e Literatura para a formação de professores e de alunos do campo, não devemos nunca perder de vista que a luta exige que os sujeitos saibam se comunicar em diversas instâncias, se apropriar dos conhecimentos tidos como válidos e reelaborar criticamente sua própria episteme.

Importante problematizar, por exemplo, a postura do professor quanto ao ensino de conhecimentos linguísticos em escolas do campo e em escolas nucleadas que recebem alunos do campo. Para isso, é importante compreendermos o percurso histórico da Língua Portuguesa enquanto disciplina curricular para entendermos a presença dos eixos de ensino e da relação entre eles nos currículos e nos materiais didáticos.

Soares (2014) relaciona o desenvolvimento da disciplina de Língua Portuguesa com o contexto histórico de escolarização do Brasil, tomando a escola como uma instituição fundamentalmente burocrática, o que significa que o conhecimento é transfigurado em currículo, ou seja, pelas seleção e exclusão de conteúdos. Ainda segundo Soares, até meados do século XVIII, a Língua Portuguesa não era um componente curricular nas escolas (que só atendiam alguns poucos meninos privilegiados), mas apenas instrumento de alfabetização e comunicação. Mas, com as reformas implantadas por Marquês de Pombal, entre elas a proibição do uso de qualquer outra língua que não a portuguesa, a língua portuguesa foi gradativamente se tornando uma disciplina curricular. E, até o fim do Império, essa disciplina era dividida basicamente entre Retórica, Poética e Gramática. A partir de 1950, Retórica e Poética começaram a perder lugar com a perspectiva de um ensino mais utilitarista, consequência da ampliação do ensino público e, obviamente, dos interesses de grupos dominantes. Naquela época, os livros didáticos passaram a protagonizar a cena da sala de aula.

A partir de 1980, o desenvolvimento das ciências linguísticas chega de forma aplicada às aulas de Língua Portuguesa, oportunizando a "Virada Pragmática". Esse percurso contou com a publicação da LDB, dos PCNs, com a consolidação (ou não) do PNLD, do PNBE e do PNLD Literário, e, mais recentemente, da BNCC, com seus avanços e retrocessos.

Um fato importante é que, com a decaída/desvalorização da Retórica enquanto componente curricular, a oralidade ficou em segundo plano ao longo desses últimos anos de ensino de Língua Portuguesa. Apesar da disseminação da organização do ensino de Língua Portuguesa por meio de eixos - Oralidade; Escrita (produção de textos); Leitura (literária e não literária); Conhecimentos linguísticos –, estes, em grande parte das vezes, são hierarquizados, colocando a gramática normativa como o fim principal.

A partir de uma perspectiva sociocultural de letramento, observamos que, ao contrário do que acontecia há até bem pouco tempo, tendo o ensino da gramática normativa como o eixo central e mais valorizado, hoje, considera-se que esses eixos não são hierárquicos, devendo, portanto, ocupar espaços equitativos nas atividades de sala de aula.

Uma temática cara na área de Linguagens, por exemplo, é o ensino de Variação Linguística nas escolas do campo e, mais especificamente, o trabalho com gêneros orais em sala de aula de Língua Portuguesa. A língua não é usada de modo homogêneo pelos falantes, e não há hierarquia entre os usos variados da língua, assim como não há uso linguisticamente melhor que outro. Em uma mesma comunidade linguística, portanto, coexistem usos diferentes, não havendo um padrão de linguagem que possa ser considerado superior. O que determina a escolha de uma ou outra variedade é a situação concreta de comunicação. O desafio tem sido que a escola não eleja como "correta" apenas a variedade de prestígio, aquela melhor aceita socialmente em situações formais/urbanas/elitizadas de uso da língua.

Conforme aponta Marcuschi (2003), a partir dos anos 1980, ocorreu uma mudança na forma como se tratavam as semelhanças e diferenças entre fala e escrita. Hoje, tem-se um novo objeto de análise: os gêneros textuais. Assim, a fala conquistou um patamar de objeto ensinável, não mais vista como inferior à escrita. Marcuschi analisa que os aspectos que devem ser priorizados são os *usos* da língua, e não as formas - estas é que devem se adaptar àqueles, e não o contrário –, e que o ensino da oralidade, enquanto eixo de ensino de Língua Portuguesa, deve ser resgatado pelos professores de contextos diversificados. A partir desse eixo, é perfeitamente possível trabalhar conhecimentos linguísticos (sabendo, portanto, que o ensino de conhecimentos linguísticos não se reduz ao ensino da gramática normativa) e discutir a variação linguística em sala de aula, de forma que o aluno tenha a sua variedade valorizada e problematizada, bem como tenha acesso e saiba lidar também com outras variedades, outras formas de dizer, que são valorizadas em outros contextos de comunicação.

Além do mais, a oralidade também apresenta suas exigências e níveis de formalidade. A supremacia da escrita é, portanto, um mito, conforme já apontou Olson (1997), Gnerre (2009) e Marcuschi (2003), bem como Brian Street (2010) e outros teóricos dos Novos Estudos sobre o Letramento.

Sobre o trabalho com gêneros textuais, é importante destacar o quanto essa perspectiva, bem como o conceito de letramentos (no plural) foi de fundamental importância para que o texto real, dentro de sua função comunicativa, se tornasse central no ensino de Língua Portuguesa.

Certamente, a escolarização dos gêneros textuais artificializa as situações de comunicação, tornando, às vezes, o relativamente estável (nas palavras de Bakhtin [2003]) radicalmente estável. É importante que haja essas problematização e criticidade, mas ficcionalizar os gêneros na escola é inevitável e não pode impedir o trabalho com essa perspectiva. Dessa forma, a escola pode, sim, tentar criar situações o mais próximas possível da realidade, como realmente possibilitar que os alunos enviem um e-mail para o editorial de uma revista comentando alguma reportagem (uma carta do leitor), mas a ficcionalização de algumas situações é inevitável. É importante colocar que a fala e a escrita são práticas igualmente eficazes. Como objetos de ensino, ambas permitem a construção de textos coerentes e coesos. Dessa forma, o professor deve romper com os mitos da soberania da escrita e introduzir um trabalho sistemático de propostas para a produção de textos a partir da oralidade, paralelamente ao trabalho que já se faz com a escrita.

Com as novas avaliações do PNLD, temos observado que os livros atuais trazem uma distribuição mais equitativa. Independentemente disso, na nossa prática em escolas do campo, a oralidade deve ser trabalhada em pé de igualdade com a escrita, sendo tão importante quanto. Portanto, o ensino de LP volta-se para reflexões sistemáticas sobre a relação entre o oral e o escrito, para questões de variação linguística e aspectos da textualidade e da normatividade, sempre tomando a linguagem como diversa e heterogênea. Dessa forma, o ensino de LP deve ser sensível às diferenças culturais e linguísticas.

Importante destacar, também, a importância de desenvolvermos um olhar crítico sobre os livros didáticos disponíveis, já que a discussão de questões ideológicas nem sempre são suscitadas pelas atividades nem pelo manual do professor. Sabemos que um LD jamais será capaz de abarcar todas as questões ideológicas de um país como o Brasil, mas nós, como professores, devemos estar atentos a isso; por exemplo, sobre a presença de referências estigmatizantes sobre os sujeitos do campo. Há uma tendência de que isso não ocorra mais, mas, caso nos deparemos com alguma referência assim, que saibamos parar para refletir e problematizar com os alunos.

As práticas de ensino de Língua Portuguesa, dentro de uma formação por área do conhecimento, priorizam, portanto, o trabalho com a diversidade linguística, com a avaliação de fenômenos como ambiguidade, ironia e metáfora, com a análise do discurso e outras atividades que formem um leitor e produtor de textos proficiente e crítico.

Com relação ao ensino da Arte como componente de uma área do conhecimento, destaca-se a abordagem da forma como as práticas artísticas auxiliam o ser humano na experimentação do mundo, trabalhando, sob um viés poético, a sensibilidade, a percepção, o imaginário e a reflexão. Nesse contexto, a Arte é um importante instrumento na luta política, já que contribui para a construção tanto de um imaginário social sobre o campo e seus sujeitos quanto de sentido de pertencimento, de identidade pessoal e coletiva.

Da mesma forma, o ensino de Literatura propõe reflexões sobre a forma como são produzidos os sentidos de um texto literário, enfatizando o ato de leitura como exercício da cidadania e promovendo discussões sobre a representação dos camponeses na literatura brasileira, o que influencia, sobremaneira, a construção da identidade do leitor. Nesse sentido, o objetivo do ensino de literatura dentro de uma área do conhecimento é, além de promover o prazer estético de apreciar um texto literário, preparar o estudante para entender e inferir a ideologia (valores sociais, culturais e humanos da diversidade étnica e cultural brasileira) que todo texto traz de forma mais ou menos explícita.

Ao se trabalhar, por exemplo, com a literatura de cordel, o professor pode lançar mão de conhecimentos de diversas áreas, mas, para ficar apenas na área de Língua, Arte e Literatura, podemos exemplificar o estudo e a apreciação dos dialetos, de textos da literatura popular e da arte da xilogravura.

Portanto, as aulas dessa área do conhecimento devem ser vistas como um lugar extremamente propício para se trabalhar e defender a linguagem – tanto a padrão quanto as artística e literária – como um importante instrumento de poder. Isso porque o domínio das diversas linguagens significa independência e fortalecimento enquanto sujeito individual e coletivo.

Nesse sentido, os conteúdos não podem estar isolados, aleatórios ou apartados da vida cotidiana, que é classista e cheia de contradições e diferenças, e a escola não pode fugir da responsabilidade de trazer essas temáticas para a sala de aula, desfazendo estereótipos, discutindo polêmicas, conscientizando, construindo saberes, problematizando.

Matemática (MAT)

Antes de uma discussão sobre a Matemática como área de conhecimento na perspectiva da Educação do Campo, faz-se necessária uma consideração: diferentemente das outras áreas até aqui apresentadas, que se constituem na aproximação, no alargamento ou no rompimento de fronteiras entre campos disciplinares constituídos, a Matemática permanece, aparentemente, como uma área "isolada", sendo difícil, em um primeiro movimento, visualizar práticas pedagógicas que fujam de um contorno disciplinar e curricular já constituído na tradição escolar.

A opção (e não necessidade) de tomar a Matemática como uma área de conhecimento parte da compreensão de que essa área pode se constituir em torno de discussões epistemológicas e curriculares que questionem a autoridade de classificação de certos saberes e fazeres como *matemáticos* pelas lógicas urbanocêntricas, muitas vezes ignorando, inferiorizando e subalternizando saberes e fazeres imersos nas práticas socioculturais de grupos campesinos. Com isso, queremos dizer que poderíamos, como realizado em diversas Licenciaturas em Educação do Campo no país, considerar a Matemática junto às Ciências da Vida e da Natureza, já que o conhecimento de nós mesmos e de nossa relação com o mundo natural teve como interlocutores, historicamente, conceitos e procedimentos matemáticos, contribuindo inclusive com as suas formulações. Poderíamos também pensar a Matemática como uma linguagem e situá-la ao lado dos estudos que envolvem a Língua, a Arte ou a Literatura. Entretanto, ao pensar e adotar a Matemática como uma área de conhecimento, buscamos questionar o seu lugar como disciplina que promove exclusões de diversas ordens e que, nas particularidades da Educação do Campo, cria desigualdades sociais, culturais, econômicas e territoriais.

Em diferentes momentos históricos e também na atualidade, a Matemática é utilizada como meio para afirmar determinados grupos como mais desenvolvidos, evoluídos e superiores, autorizando e justificando que diferentes sujeitos individuais e coletivos sejam considerados inferiores, atrasados ou primitivos. Podemos dizer, *grosso modo*, que o conhecimento de uma Matemática disciplinar por um determinado grupo, aquela praticada pelos ditos "desenvolvidos", transformou-se em um argumento de humanidade. Com isso, grupos socioculturais que não praticam as formas de saber e fazer ditadas por uma Matemática disciplinar foram subordinados a um estágio evolutivo *anterior* da humanidade, sendo considerados "menos humanos". A Matemática foi usada, então, como uma forma de desumanização, subjugando e hierarquizando grupos socioculturais e suas sabedorias.

Acreditamos que são essas as razões que conferem à Matemática um protagonismo na escola idealizada e construída na atualidade. Os tempos e espaços curriculares destinados aos saberes matemáticos, em geral superiores aos atribuídos aos demais saberes, a voz de autoridade do professor de Matemática, na maior parte das vezes impositiva em processos de avaliação dos estudantes, e a relevância que a disciplina ganha em avaliações educacionais nacionais e internacionais são indicativos de como a Matemática participa de processos de exclusão e hierarquização, sendo meio para a afirmação da superioridade de certos sujeitos – considerados "mais inteligentes", "mais competentes e hábeis" – em detrimento de outros. A Matemática escolar participa, assim, da produção de hierarquizações e desigualdades entre indivíduos ao firmar "um modo de pensar e fazer matemática que busca e valoriza a clareza da linguagem, a objetividade, a certeza, o recurso a demonstrações, a generalidade das proposições, a segurança e a perenidade do que se assegura como o conhecimento matemático" (Souza; Fonseca, 2010, p. 306).

É em contraposição a essa participação da Matemática no espaço escolar que a propomos como uma área de conhecimento na perspectiva da Educação do Campo. Nosso interesse é compreender como ela atua na conformação de desigualdades sociais, culturais, econômicas e territoriais de povos do campo e como podemos, seja na mobilização dessa própria Matemática ou na valorização de saberes e fazeres específicos desses grupos, afirmar identidades e subverter processos de exclusão em curso. Nessa direção, concordamos com Auarek e Paula (2016, p. 41) quando afirmam que

> As contribuições da matemática como área de conhecimento no contexto da contemporaneidade como algo que auxilia identidade dos sujeitos do campo precisam ser discutidas, planejadas e aplicadas no cotidiano das escolas do campo em constante e produtivo diálogo com outras áreas e contextos de produção de conhecimento (Auarek; Paula, 2016, p. 41).

A opção pela Matemática como uma área de conhecimento tem como intencionalidade, então, a construção de práticas educativas que afirmam as identidades de diferentes sujeitos individuais e coletivos que compõem o campo brasileiro, em suas especificidades, assumindo no ambiente escolar lutas que procuram subverter e resistir aos efeitos produzidos por uma Matemática disciplinar que inferioriza os povos do campo e legitima desigualdades. Assim, conforme Fernandes (2019, p. 31), defendemos que,

> Especialmente no âmbito da Matemática, tomá-la como área de conhecimento supõe romper com dimensões universalizantes que delimitam seu contorno disciplinar, tomando-a como uma produção humana, socioculturalmente

situada e que, especialmente em situações campesinas, dissipa as características de infalibilidade, de rigor e de precisão e de instrumento poderoso do mundo moderno que foram historicamente a ela atribuídas. No limite, o que esses rompimentos propõem são novas dimensões que desenham elementos curriculares que envolvem modos próprios de saber, de fazer e, fundamentalmente, de ser.

É pensando nesses elementos curriculares que afirmam as identidades do campo que propomos, a seguir, orientações (e não prescrições) para o trabalho pedagógico com a Matemática como área do conhecimento na perspectiva da Educação do Campo.

Qual Matemática? Histórias, práticas socioculturais, criticidade e tecnologias

Nossa discussão parte do necessário encontro da escola com os sujeitos individuais e coletivos que a compõem, pondo em diálogo demandas que surgem de imposições normativas – currículos, parâmetros ou projetos previamente definidos, seja por meio de legislações ou por determinações da própria escola – com questões reivindicadas no e pelo campo – na comunidade, em entidades, no espaço escolar ou pelos próprios estudantes em sala de aula. Entendemos que esse encontro é o solo para a construção de práticas escolares vinculadas à Matemática em escolas do campo, cuidando para que uma demanda não tenha supremacia sobre a outra. Por isso, defendemos que não cabe às práticas escolares desenvolvidas em escolas do campo uma adequação de processos construídos para outros espaços escolares, como os de contexto urbano: apostamos que as orientações e ações devem ser construídas, quando possível, de forma coletiva, articulando as demandas apresentadas com atenção ao contexto social, cultural, econômico e territorial do qual a escola participa.

> A Escola do Campo é uma escola que, em seus processos de ensino e de aprendizagem, considera o universo cultural/econômico/social e as próprias formas de aprendizagem e de produção do conhecimento dos povos do campo, que reconhece e legitima os saberes construídos a partir das experiências de vida camponesa (Auarek; Viseu, 2017, p. 2).

Na perspectiva do diálogo entre demandas, os processos de ensino, as formas de aprendizagem e os modos de produção do conhecimento são, aqui, as referências para a proposição de práticas escolares vinculadas à Matemática em escolas do campo. Partindo disso, destacamos a seguir três abordagens que, em conjunto, permitem indicar possibilidades e desafios do ensino de Matemática em escolas do campo.

Para tratar dessas abordagens, trazemos, a título de exemplo, um trecho da textualização de uma entrevista realizada pela estudante Raquel Moreira Medenha, presente em seu trabalho de conclusão da Licenciatura em Educação do Campo, habilitação em Matemática, da Universidade Federal de Minas Gerais. A estudante investiga relações entre as histórias, os modos de vida e as práticas matemáticas de moradores do assentamento Hebert de Souza, em Paracatu (MG), tendo como metodologia a História Oral. O relato a seguir foi concedido pelo senhor Dirceu Oliveira da Silva, de 70 anos, liderança de sua comunidade.

> Quando saiu isso aqui [o lote no assentamento Hebert de Souza], foi o seguinte: o primeiro agrimensor nóis pagamos e entramos pra dentro do lote. Aí depois o INCRA veio e só conferiu. Quando é pra medir dentro do lote, eu meço no passo, meu passo dá 80 centímetros. Quer dizer, é quase um metro, então é tudo mais ou menos igual. Quando saiu o primeiro financiamento de mandioca, a gente tinha que plantar duas hectares, aí medi no passo. Depois veio uma fiscalização medir [...] tinha passado uns metro pouco. Eu tenho trena, [...] andei vários passos e medi na trena, na poeira andei. Devido eu ter trabalhado em metalúrgica, quando eu vim pra cá, eu já trouxe trena e de vinte metros, quando eu trabalhava em metalúrgica eu ajudei muito montar barracão de estrutura metálica, a gente usava a trena grande, né? E aí eu tenho essa trena, e foi a trena que me ajudou a medir muitas coisas (Trecho da textualização da entrevista realizada com Dirceu Oliveira da Silva, concedida à Raquel Moreira Medenha, realizada em 2019. Medenha, no prelo).

A primeira abordagem diz respeito à mobilização de práticas socioculturais e suas histórias para o ensino de Matemática, reconhecendo e/ou convertendo os modos de vida e as demandas dos diferentes sujeitos individuais e coletivos que compõem o espaço escolar em ações pedagógicas. Essa abordagem é, certamente, a maior e mais importante colocada às escolas do campo, visto que os professores dessas escolas, muitas vezes, não residem nas comunidades em que trabalham, o que dificulta ou impossibilita o conhecimento e a utilização dessas práticas para a elaboração de suas ações em sala de aula.

Essa dificuldade ou impossibilidade pode ser superada quando a escola do campo tem como proposta curricular a convivência com sabedorias presentes em heranças históricas e culturais do território em que se situa. Aqui, o encontro de demandas confere ao educando autonomia para decidir quais conceitos e/ou procedimentos matemáticos mobilizar em situações distintas, seja para afirmar as práticas socioculturais de seu grupo ou para negociar com práticas que a esse grupo se impõem.

Na fala de Dirceu, duas demandas surgem: a das práticas de medida do agrimensor, impostas pelo Estado, e a das práticas imersas em seu solo sociocultural, em sua história. Para entrar no lote, pagou um agrimensor, concordando com as formas de medir que são tomadas como *ideais* – representadas, aqui, pelos dispositivos legais gerados e geridos na distribuição desigual de terras e nas lutas pela Reforma Agrária Popular. Contudo, Dirceu diz que "quando é pra medir dentro do lote, eu meço no passo", exercitando, em seu espaço, uma forma de medir que não obedece aos critérios do agrimensor, resistindo e impedindo que certos saberes e fazeres idealizados subalternizem aqueles que ele pratica.

O relato de Dirceu incita a pensar sobre como certas práticas socioculturais podem ser mobilizadas em aulas de Matemática. Não se trata de mostrar apenas que existem diferentes formas de medir – nesse caso, a do agrimensor, que recorre à exatidão da medida, "milimetrando" o espaço; ou a de Dirceu, que utiliza o passo, ocupando-se com uma aproximação –, mas de compreender como essas medições trazem e podem afirmar identidades dos povos do campo. Dirceu não parece se preocupar quando, em um financiamento de plantio de mandioca em dois hectares, fez a medição no passo, e a fiscalização verificou que "tinha passado uns metro pouco". Ao contrário, ele sugere que o seu modo de medir chega perto daquele resultado, mesmo precisando dizer que possui artefatos que respondem às demandas do agrimensor: "[...] quando eu vim pra cá, eu já trouxe trena e de vinte metros".

Na intenção de mobilização desse episódio em uma aula Matemática de uma escola do campo, seriam possíveis estratégias que levassem os estudantes às seguintes reflexões: Minha vida e minha comunidade são parecidas com a vida e a comunidade de Dirceu? O que do relato eu conheço, o que eu desconheço? Em minha comunidade, há formas de medir diferentes das utilizadas por Dirceu o pelo agrimensor? Com quem poderíamos conversar para saber mais sobre isso? E se essas formas existirem, como funcionam? Quem as utiliza e por quê? Com quem aprendeu e por que a segue utilizando? Compreendemos que essas questões podem subsidiar propostas que provoquem nos estudantes o interesse pela compreensão das práticas socioculturais e pela história de sua comunidade.

Junto a essas indagações, apresentamos uma segunda abordagem para discutir possibilidades e desafios do ensino de Matemática em escolas do campo: o desenvolvimento da criticidade. Nessa abordagem, interessa a exposição dos pretextos dos grupos dominantes, evidenciando as desigualdades sociais, culturais, econômicas e territoriais que afetam os povos do campo. Além disso, importa a capacidade do estudante e do professor de se posicionarem diante de uma determinada situação social, contestando-a, quando necessário, na intenção de transformá-la.

A partir do relato de Dirceu, e direcionados à criação de práticas educativas que desenvolvam a criticidade, poderíamos nos perguntar: Por que Dirceu precisou pagar o agrimensor para "entrar no lote"? Por que, depois de ter o lote medido pelo agrimensor, Dirceu passou a medir "no passo"? Na vida de Dirceu, ou na de outros que plantam mandioca, qual será a importância de "uns metro pouco" para a produção? Por que algumas formas de medir recorrem à exatidão e, outras, à aproximação? É errado medir por aproximação? Isso seria medir? Quem determina qual forma de medida será usada? Por quê? Acreditamos que questões como essas permitem a construção de ações voltadas à identificação de desigualdades e sua avaliação, bem como a elaboração de propostas de intervenção comprometidas com ideais democráticos.

A terceira abordagem, por fim, está ligada à utilização de diferentes tecnologias. Quando tratamos de contextos rurais, é recorrente o discurso depreciativo que vê esses contextos como portadores de tecnologias rudimentares, e, além disso, acredita-se que as tecnologias contemporâneas não fazem parte desses contextos. O isolamento de algumas comunidades, o descaso das políticas públicas e as desiguais distribuição e condição de acesso a artefatos digitais para a população podem certamente limitar o uso de certos recursos digitais em escolas do campo, mas é equivocado afirmar que essa é uma realidade de todo contexto rural brasileiro ou que esses motivos justificam negar à escola do campo os recursos necessários para o desenvolvimento de habilidades e competências digitais.

A Matemática como área do conhecimento na perspectiva da Educação do Campo, como manifestação sociocultural e historicamente situada, propõe convidar para as práticas educativas diferentes tecnologias, não se restringindo às digitais, mas mobilizando também aquelas imersas nos modos de vida dos sujeitos individuais e coletivos do campo.

Retomando o relato de Dirceu, muitos poderiam dizer que não há em sua forma de medir uma tecnologia. Entretanto, se consideramos a tecnologia como a convergência do saber e do fazer, permitindo nossa atuação sobre o mundo, podemos considerar que a Matemática nunca estará dissociada de uma tecnologia. No caso, as pernas e os passos, o próprio corpo de Dirceu são os instrumentos que fazem convergir o saber e o fazer, permitindo-o medir. O corpo é, aqui, sua tecnologia. Além disso, o relato congrega outras tecnologias, como a trena ou aquelas usadas pelo agrimensor.

Acreditamos que o diálogo entre essas tecnologias e suas implicações para a vida e para a afirmação das identidades dos povos do campo podem ser um importante caminho para a construção de práticas escolares. O que difere a medida com o passo, com a trena ou com as ferramentas do agrimensor? Quando cada uma delas pode ser usada? Em minha comunidade, há tecnologias de medição diferentes? Se sim, quais? Como podemos aprender sobre isso? – estas são algumas perguntas que podem subsidiar a construção de estratégias de ensino de Matemática em escolas do campo.

Esperamos que as abordagens trazidas aqui permitam o desenvolvimento de práticas educativas que tomem a Matemática como área do conhecimento sob a perspectiva da Educação do Campo, abrindo possibilidades e superando desafios.

Considerações finais

A dispersão espacial das moradias dos alunos e a centralidade das relações com as comunidades de pertencimento geram, por vezes, exigências na organização da escola que estão muito distantes da organização padrão que caracteriza as escolas urbanas. Nesse sentido, os cursos voltados e construídos para/com as populações do campo, em especial após o PRONERA (Programa Nacional de Educação na Reforma Agrária),[1] têm garantido acesso à educação para os sujeitos do campo e implementado uma formação baseada na organização em diferentes áreas do conhecimento. Nesse sentido, assim como a Pedagogia da Alternância,[2] a formação por áreas do conhecimento tornou-se uma importante estratégia de democratização do acesso à escolarização para os sujeitos do campo.

Aqui cabe destacar "a intencionalidade maior da formação por área de conhecimento de contribuir com a construção de processos capazes de desencadear mudanças na lógica de utilização e de produção de conhecimento no campo" (Molina; Sá, 2012, p. 471). Dessa forma, a proposta de formação por áreas do conhecimento rompe com as tradicionais visões fragmentadas do processo de produção do conhecimento e com a disciplinarização da complexa realidade do meio rural na atualidade.

Podemos afirmar, portanto, que, embora a formação docente precise garantir aos professores o domínio das bases das ciências a que correspondem às disciplinas, não se deve restringi-las à lógica segmentada dos currículos tradicionais. Afinal, a formação de professores do campo inclui "a apropriação de conhecimentos que já são fruto de esforços interdisciplinares de criação de novas disciplinas, para que esses sujeitos possam se apropriar de processos de transformação da produção do conhecimento historicamente já conquistados" (Molina; Sá, 2012, p. 471).

> Colocam-se, então, indagações epistemológicas sobre a própria concepção de conhecimento, de ciência e de pesquisa. Indaga-se de que forma o trabalho pedagógico pode garantir o movimento entre apropriação e produção do conhecimento e a articulação entre conhecimento e processo formativo como um todo. Busca-se um vínculo permanente entre o conhecimento que a ciência ajuda a produzir e as questões atuais da vida (Molina; Sá, 2012, p. 471).

---

[1] O Programa Nacional de Educação na Reforma Agrária (PRONERA) propõe e apoia projetos de educação voltados para o desenvolvimento das áreas de reforma agrária.

[2] Metodologia de organização do ensino que conjuga diferentes experiências de formação distribuídas ao longo de tempos e espaços distintos, intercalando um período de convivência na sala de aula com outro no campo.

Nesse sentido, não são as disciplinas o objetivo central do trabalho pedagógico, mas as questões da realidade. Estas é que devem ser objeto de estudo em uma formação por áreas do conhecimento, tendo sempre como base a apropriação do conhecimento científico já acumulado. Certamente, isso não quer dizer que a formação dos docentes para a atuação por área possa prescindir do estudo das disciplinas tais como elas aparecem nos currículos oficiais, mas que os professores devem se tornar construtores de alternativas de desfragmentação e serem capazes

> não apenas de compreender as contradições sociais e econômicas enfrentadas pelos sujeitos que vivem no território rural, mas também de construir com eles práticas educativas que os instrumentalizem no enfrentamento e na superação dessas contradições (Molina; Sá, 2012, p. 473).

A formação por áreas do conhecimento nos permite, portanto, compreender as contradições das verdades historicamente difundidas e romper com as limitações impostas pela formação disciplinar. Dessa forma, à medida que se avance na formação de educadores nesta perspectiva, será possível superar a necessidade de se ter na escola um professor para cada disciplina, um livro para cada disciplina, um horário para cada disciplina, uma prova para cada disciplina – lógica que, muitas vezes, entre outros efeitos, tem impossibilitado a expansão dos anos finais do ensino fundamental e do ensino médio no campo.

Referências

ANDERSON, C. W. Perspectives on Science Learning. In: ABELL, S. K.; LEDERMAN, N. G. (Eds.). *Handbook of Research on Science Education.* Nova York: Routledge, 2007.

ANTUNES-ROCHA, M. I. Licenciatura em Educação do Campo: histórico e projeto político-pedagógico. In: ANTUNES-ROCHA, M. I.; MARTINS, A. A. (Orgs.). *Educação do Campo: desafios para a formação de professores.* Belo Horizonte: Autêntica, 2009. (Coleção Caminhos da Educação do Campo, v. 1.)

ANTUNES-ROCHA, M. I.; HAGE, S. M. (Orgs.). *Escola de Direito: reinventando a escola multisseriada.* Belo Horizonte: Autêntica, 2010.

ANTUNES-ROCHA, M. I.; MARTINS, M. F. A. Diálogo entre teoria e prática na Educação do Campo: tempo escola/tempo comunidade de alternância como princípio metodológico para organização dos tempos e espaços no Curso de Licenciatura em Educação do Campo. In: MOLINA, M. C.; SÁ, L. M. (Orgs.). *Licenciaturas em Educação do Campo.* Belo Horizonte: Autêntica, 2011.

AUAREK, W. A.; PAULA, M. J. Pensar a matemática como área de conhecimento. In: ANTUNES-ROCHA, M. I.; CARVALHO, C. A. S. (Orgs.). *Caderno IV Escola da Terra: Ciências da vida e da natureza e Matemática.* Belo Horizonte: FaE/UFMG, 2016. p. 40-41. (Coleção Formação em Educação do Campo.)

BAGNO, M. *Preconceito linguístico: o que é, como se faz.* São Paulo: Edições Loyola, 2003.

BAKHTIN, M. Os gêneros do discurso. In: BAKHTIN, M. *Estética da criação verbal.* 4. ed. São Paulo: Martins Fontes, 2003.

BRASIL. Lei Darcy Ribeiro (1996). LDB nacional (recurso eletrônico). Lei de Diretrizes e Bases da Educação Nacional. Lei n.º 9.394, de 20 de dezembro de 1996, que estabelece as diretrizes e bases da educação nacional. 11. ed. Brasília: Câmara dos Deputados; Edições Câmara, 2015 (Série Legislação, v. 159). Disponível em: http://www2.camara.leg.br/documentos-e-pesquisa/publicacoes/edicoes/paginas-individuais-dos-livros/lei-de-diretrizes-e-bases-da-educacao-nacional. Acesso em: 2 mar. 2015.

BRASIL. *Parâmetros Curriculares Nacionais: História, Geografia.* Brasília: Secretaria de Educação Fundamental/MEC, 1997.

BRASIL. *Parâmetros curriculares – III e IV ciclos do ensino fundamental: Ciências Naturais.* Brasília: Secretaria de Educação Fundamental; MEC, 1998.

CAIXETA, M. E. de C. L.; SANTOS, M. B. L. Ciências da vida e da natureza no curso de Licenciatura em Educação do Campo – UFMG. In: ANTUNES-ROCHA, M. I.; MARTINS, A. A. (Orgs.). *Educação do Campo: desafio para a formação de professores.* 2. ed. Belo Horizonte: Autêntica, 2011.

CARLSEN, W. S. Language and Science Learning. In: ABELL, S. K.; LEDERMAN, N. G. (Eds.). *Handbook of Research on Science Education.* Nova York: Routledge, 2007.

CARVALHO, A. M. P.; GIL-PEREZ, D. *Formação de professores de ciências: tendências e inovações.* 2. ed. São Paulo: Cortez, 1995.

CZERNIAK, C. M. Interdisciplinary Science Teaching. In: ABELL, S. K.; LEDERMAN, N. G. (Eds.). *Handbook of Research on Science Education.* Nova York: Routledge, 2007.

CORSINO, P. As crianças de seis anos e as áreas do conhecimento. In: BEAUCHAMP, J.; PAGEL, S. D.; NASCIMENTO, A. R. (Orgs.). *Ensino fundamental de nove anos: orientações para a inclusão da criança de seis anos de idade.* 2. ed. Brasília: Ministério da Educação, Secretaria de Educação Básica, 2007.

DÉRY, C.; GINGRAS, C.; PELLERIN, G. Interpréter l'univers social en classe multiâge. In: COUTURE, C.; THÉRIAULT, P. (Orgs.). *La classe multiâge d'aujourd'hui: enseigner et apprendre en classes cycle et intercycle.* Anjou: Les Éditions CEC Inc., 2011. p. 135-150.

DOLL JR., W. E. *Currículo: uma perspectiva pós-moderna.* Porto Alegre: Artmed, 2002.

FERNANDES, B. Os campos da pesquisa em Educação do Campo: espaço e território como categorias essenciais. In: MOLINA, M. (Org.). *Educação do campo e pesquisa: questões para reflexão.* Brasília: MDA, 2006.

FERNANDES, F. S. Formação de professores de Matemática em Licenciaturas em Educação do Campo: entre cartas, epistemologias e currículos. *BOLEMA*, v. 33, n. 63, p. 27-44, abr. 2019.

FREIRE, P. *Política e educação.* Indaiatuba: Villa das Letras Editora, 1993.

GNERRE, M. *Linguagem, escrita e poder.* 5. ed. São Paulo: Martins Fontes, 2009.

GOUW, A. M. S. *As opiniões, interesses e atitudes dos jovens brasileiros frente à ciência: uma avaliação em âmbito nacional.* 2013. 242 f. Tese (Doutorado em Ensino de Ciência e Matemática) - Faculdade de Educação, Universidade de São Paulo, São Paulo, 2013. Disponível em: https://bit.ly/3Nkddzh. Acesso em: 15 out. 2015.

LIMA, M. E. C. C.; PAULA, H. F.; SANTOS, M. B. L. Ciências da Vida e da Natureza no curso de Licenciatura em Educação do Campo - UFMG. ANTUNES-ROCHA, M. I.; MARTINS, A. A. (Orgs.). *Educação do Campo: desafios para a formação de professores*. Belo Horizonte: Autêntica, 2009. (Coleção Caminhos da Educação do Campo, v. 1.)

MALDANER, O. A. *A formação inicial e continuada de professores de Química*. Ijuí: Unijuí, 2000.

MARTINS C. *et al. Ciências Ensino Fundamental: proposta curricular para educação básica*. Brasília: Secretaria Estadual de Educação; Diretoria de Currículos, 2006.

MARCUSCHI, L. A. Oralidade e Letramento. In: MARCUSCHI, L. A. *Da fala para a escrita: atividades de retextualização*. 4. ed. São Paulo: Cortez, 2003.

MEDENHA, R. M. *O assentamento Hebert de Souza (Paracatu, MG): histórias, modos de vida e práticas matemáticas*. Trabalho de Conclusão de Curso (Licenciatura em Educação do Campo) - Faculdade de Educação, Universidade Federal de Minas Gerais, Belo Horizonte (no prelo).

MOLINA, M. C.; SÁ, L. M. Licenciatura em Educação do Campo (verbete). In: CALDART, R. *et al.* (Orgs.). *Dicionário da Educação do Campo*. Rio de Janeiro; São Paulo: Escola Politécnica de Saúde Joaquim Venâncio; Expressão Popular, 2012.

OLSON, D. R. *O mundo no papel: as implicações conceituais e cognitivas da leitura e da escrita*. São Paulo: Ática, 1997.

POZO, J. O.; CRESPO M. A. G. A. *Aprendizagem e o ensino de ciências: do conhecimento cotidiano ao conhecimento científico*. 5. ed. Porto Alegre: Artmed, 2009.

TOBIN, K.; ESPINET, M. Impediments to Change: Applications of Coaching in High School Science Teaching. *European Journal of Science Education*, v. 26, n. 2, p. 105-120, 1989.

RIBEIRO, M. Educação do campo: embate entre Movimento Camponês e Estado. *Educação em Revista*, Belo Horizonte, v. 28, n. 1, 2012.

ROJO, R. Letramento escolar, oralidade e escrita em sala de aula: diferentes modalidades ou gêneros do discurso?. In: SIGNORINI, I. (Org.). *Investigando a relação oral/escrito e as teorias do letramento*. Campinas: Mercado de Letras, 2001.

ROJO, R. Diversidade cultural e linguagens na escola. In: ROJO, R.; MOURA, E. (Orgs.). *Multiletramentos na escola*. São Paulo: Parábola Editorial, 2012. p. 11-31.

SOARES, M. Português na escola: história de uma disciplina curricular. In: BAGNO, M. (Org.). *Linguística da norma*. São Paulo: Edições Loyola, 2014.

SOUZA, M. C. R. F.; FONSECA, M. C. F. R. Razão cartesiana, matemática e sujeito: olhares foucaultianos. *Educação & Realidade*, Porto Alegre, v. 35, n. 3, p. 303-318, set./dez. 2010.

STREET, B. Os novos estudos sobre o letramento: histórico e perspectivas. In: MARINHO, M.; CARVALHO, G. T. (Orgs.). *Cultura escrita e letramento*. Belo Horizonte: Editora UFMG, 2010.

CAPÍTULO 4

Formação por alternância: desafios para a formação continuada

João Batista Begnami

Introdução

As reflexões arroladas para o caminho rumo ao entendimento da educação como prática permanente ao longo da vida parte do conceito de ser humano como ser histórico-social, finito, limitado, inconcluso, inacabado, que vive experimentando continuamente a tensão do inédito viável, na busca do Ser Mais. Por isso, um ser ininterruptamente em estado de inquietude, naturalmente em processo. Um ser que, tendo por vocação a humanização, confronta-se, no entanto, com o incessante desafio da desumanização, como distorção da sua vocação do ser mais, conforme Freire (1983). A aprendizagem permanente é uma condição ontológica do ser humano.

> A educação é permanente não porque certa linha ideológica ou certa posição política ou certo interesse econômico o exijam. A educação é permanente na razão, de um lado, da finitude do ser humano, de outro, da consciência que ele tem de finitude. Mas ainda, pelo fato de, ao longo da história, ter incorporado à sua natureza não apenas saber que vivia mas saber que sabia e, assim, saber que podia saber mais. A educação e a formação permanente se fundam aí (Freire, 1996, p. 20).

Para além de uma compreensão antropológica, outros contornos conceituais emergem de determinações sócio-históricas no sistema-mundo capitalista. Neste sentido, o conceito de educação ao longo da vida se desenvolveu no decorrer do século XX, quando surge a expansão da informação na fase em que se denomina a era do conhecimento. Esta fase fez com que as inovações e os problemas chegassem rapidamente a qualquer parte do mundo, tornando os homens membros de uma comunidade global e exigindo deles a implementação imediata de inúmeras mudanças em seu ambiente. Estas mudanças estão relacionadas com os fenômenos da globalização da economia, da internacionalização da economia, do desenvolvimento tecnológico e da sociedade do conhecimento.

As transformações são tão rápidas, e o saber de que dispomos se torna obsoleto em tão curto espaço de tempo que não existe um momento em que a educação possa ser considerada concluída. Há, com isso, a necessidade de uma constante busca por atualização, em um processo de permanente aprendizagem. Hoje, qualquer trabalho exige um mínimo de formação – pelo menos a alfabetização, e, na maioria das vezes, o ensino médio está se tornando exigência mínima comum em todas as empresas que contratam. O processo de desenvolvimento tecnológico tem determinado a necessidade de um processo permanente e continuado da ação educativa para todo o curso da vida, tornando a educação permanente e continuada. Neste contexto, observa-se a predominância ideológica de interesses econômicos em jogo, conforme a reflexão de Freire (1996).

A consciência do saber que sabia e que poderia saber mais é o que move os sujeitos para a busca permanente pelo saber mais. Sendo assim, o preparo das pessoas para o modo de vida próprio do século XXI sugere, portanto, uma ampliação do conceito de educação. A formação continuada é um processo que pode ocorrer tanto na escola quanto em tantos outros espaços fora dela, principalmente com a presença das novas tecnologias que facilitam processos educativos sofisticados e possibilitam aprendizagens com menos esforços do aprendiz. Um dos exemplos pode ser dado com o uso da internet.

E não se deve mais restringir a ação educativa às fases do crescimento (infância e adolescência): é necessário estendê-la a todos os momentos do desenvolvimento humano, cobrindo também a idade adulta. É nesse sentido que se fala hoje em educação permanente ou continuada. Para adultos em serviço, sobretudo educadores, que precisam aprofundar permanentemente sua formação, o maior desafio é negociar quando e como fazer para participar de processos de formação continuada. Qual seria a melhor estratégia metodológica para organizar uma formação continuada para professores do campo que levasse em conta suas condições de trabalho, a localização de sua residência no interior do Estado, distante dos centros universitários?

Este texto tem por objetivo descrever e analisar a experiência de formação continuada de professores do campo, denominada Escola da Terra, organizada em regime de alternância como desafio para esta modalidade de formação.

Conceitos e práticas da Formação por Alternância em diversos contextos

A Pedagogia da Alternância no contexto dos CEFFAs

Quando, onde, com que sujeitos, em que contexto surge a formação por alternância? O que é uma educação baseada numa metodologia de alternância? A formação por alternância emerge da revolta do mundo camponês europeu dos anos de 1930, considerado atrasado, ultrapassado e, por isso, ausente nas políticas públicas. A cidade, essa sim, representava o desenvolvimento, a modernidade, o progresso, a ciência, a tecnologia. Todos os investimentos eram concentrados no meio urbano, inclusive os na escola. Ou seja, o fenômeno da nucleação escolar no meio urbano vem de tempos muito longínquos, embora, de forma fingida, a sociedade urbanizada apresentasse e apresente ainda simpatia para com os povos do campo, mas, no fundo, o subestime, o despreze, ao mesmo tempo em que, por pouco, adquire seus produtos, essenciais à produção e à reprodução de nossa existência, além de, entre outras coisas, lhe tirar o direito a uma escola de qualidade, contextualizada à cultura camponesa.

Pierre-Joseph Granereau (1885-1987), conhecido como Abbé Granereau, um sacerdote, abade, militante do sindicalismo camponês, alinhado com a recém-criada Doutrina Social da Igreja Católica, foi um dos cocriadores, junto a um grupo de agricultores, em 1935, da primeira Escola da Família Agrícola (EFA) em regime de *alternância*, interligando, orgânica e pedagogicamente, o tempo-espaço escolar com o tempo-espaço familiar, do trabalho no campo. Esse sacerdote viveu 102 anos, e toda a sua vida foi de luta em prol desse modelo de educação camponesa, diferenciada, que se espalhou por toda a França e, mais tarde, pelo mundo.

Como filho de camponeses, o padre Granereau se sensibilizou fortemente com a realidade de abandono e marginalização das escolas do campo e do mundo rural em geral: "[...] no contato íntimo com a terra, no trabalho familiar no campo, pouco a pouco, compreendi tudo que havia de poderosamente grande na vida camponesa e também aquilo que lhe faltava" (Granereau, 2020, p. 38).

Sem oportunidades, a ideia predominante, entre os jovens, era a de que a solução era mesmo abandonar o campo se quisessem vencer na vida.

> [...] teu filho é inteligente; é preciso não deixá-lo atrás das vacas... é preciso pô-lo para estudar... será melhor que tu... Ele terá um belo futuro. E, sempre crentes, os pais confirmavam: – Nosso filho é inteligente, faremos dele um sábio. Infelizmente, ele aprenderá tudo, exceto a ciência da terra [...]. Partindo para estudar no grande centro urbano, o jovem camponês tornava-se quase sempre orgulhoso de si próprio e, rapidamente, passava a olhar de cima para baixo aqueles que

> continuavam muito "bestas", permanecendo no campo. Quantas vezes ele próprio envergonhou-se de sua origem! Dessa forma, o mundo rural estava sendo usurpado do que tinha de melhor em inteligência e de suas potenciais lideranças! (Granereau, 2020, p. 35-36).

Enquanto a cidade caminhava na direção da modernidade, em progresso, e desenvolvia suas escolas para alimentar o seu desenvolvimento em todos os seus setores, o campo continuava na velha labuta do trabalho de sol a sol, sem oportunidades de progredir, de acessar as tecnologias, as políticas públicas. A saída para os jovens era sair dele.

É interessante que, quase na mesma época em que os camponeses franceses lutavam por uma outra escola no campo que pudesse formar seus líderes camponeses, Antonio Gramsci, um filósofo e socialista italiano, escreve, preocupado com o fato de que os camponeses, "ainda que desenvolva uma função essencial no mundo da produção, não elabora seus próprios intelectuais 'orgânicos'" (Gramsci, 2001, p. 16). Ao contrário, muitos intelectuais originários no campo vão servir como intelectuais tradicionais a outros grupos sociais.

A primeira escola em alternância começou com quatro jovens camponeses em uma Casa Paroquial numa vila camponesa chamada Sérignac-Péboudou, no sudoeste da França. As aulas se davam em tempo integral durante oito dias seguidos, em regime de internato. No restante do mês, os jovens viviam com suas famílias, no trabalho e na realização de pesquisas sobre suas práticas para alimentar a reflexão na escola. E, sempre quando retornavam às suas casas, além de novas pesquisas orientadas, levavam conhecimentos científicos para dialogar com os pais e aplicá-los em prol de solucionar problemas por eles identificados.

Tal prática educativa, alternada em tempos e espaços na escola e na família-comunidade, inaugura uma nova forma de organização da escola, onde o calendário escolar se coloca ao ritmo do trabalho na lavoura. Assim, a escola da alternância vai construindo sua proposta curricular baseada na formação humanista, geral, integrada com a formação técnica, profissional, em uma articulação entre as ciências humanas e as ciências da terra e em diálogo com os saberes populares camponeses.

O fato é que, depois da Segunda Guerra Mundial, essa fórmula pedagógica difundiu-se e continua a difundir-se em toda a França, na Europa, na África, nas Américas e, mais recentemente, na Ásia.

Hoje, na França, existem 430 associações locais Maisons Familiales Rurales (MFRs), 1 Associação do Centro Pedagógico Nacional, 65 Associações Federais, departamentais ou regionais e a União Nacional das Maisons Familiares Rurales de Educação e Orientação (UNMFREO). As MFRs oferecem em seu catálogo, anualmente, uma oferta de formações composta por mais de 350 qualificações em 18 diferentes setores profissionais integrados à educação em geral, dos níveis de educação básico ao superior, com qualificação profissional básica, técnica e tecnológica (Unmfreo, 2020).

A Escola Família Agrícola (EFA) chegou ao Brasil em 1968. Atualmente, existem 155 associações locais Escolas Famílias Agrícolas (EFAs), 19 Escolas Comunitárias Rurais (ECORs) e 75 associações Casas Familiares Rurais (CFRs). A União Nacional das Escolas Famílias Agrícolas do Brasil agrega 11 associações estaduais ou regionais de EFAs. Elas estão presentes em 16 estados e nas 5 regiões do país. As Associações Regionais de Casas Familiares Rurais (ARCAFAR) associam CFRs por estados: no Sul, Rio Grande do Sul, Santa Catarina e Paraná; no Nordeste e no Norte, Maranhão, Amazona e Pará (Benísio, 2018).

As diversas redes (EFAs, CFRs e ECORs) ofertam escolarização básica a partir do segundo ciclo do ensino fundamental, com orientação para o trabalho na agropecuária, e do ensino médio e profissional, com predominância ainda na habilitação técnica em Agropecuária. A Educação de Jovens e Adultos (EJA), em alternância, volta a ser ofertada, sobretudo em Minas Gerais, atendendo o ciclo final dos ensinos fundamental e médio.

A rede dos Centros Educativos Familiares de Formação por Alternância (CEFFA) é um ambiente político informal, criado no Brasil para organizar demandas para o reconhecimento da Pedagogia da Alternância na legislação educacional, a elaboração de políticas públicas de financiamento no âmbito federal e de representações em fóruns, comissões, conselhos. O termo CEFFA foi incorporado no Estatuto da Associação Internacional dos Movimentos Familiares Rurais (AIMFR), passando a expressar a diversidade de nomenclaturas presentes hoje em mais de quarenta países do mundo, nos cinco continentes (Begnami, 2019).

A formação por alternância na Educação do Campo

A Pedagogia da Alternância, um dos pilares dos CEFFAs, não é mais uma exclusividade desse movimento educativo. Ela ganha visibilidade na sociedade brasileira, desperta interesses no campo educativo, tanto como prática educativa, formativa quanto como objeto de pesquisas (Begnami, 2019).

Nos últimos anos, ocorreu uma multiplicação e uma consolidação das experiências de formação por alternância no Brasil, afirmam Queiroz (2013) e Silva (2013). Para Munarim (2011), os CEFFAs prestam sua contribuição à Educação do Campo com a Pedagogia da Alternância. O autor reconhece que ela se expandiu para além dos CEFFAs, alcançando a EJA nos sistemas oficiais de ensino e até mesmo a formação superior em universidades e institutos públicos.

> Esta perspectiva teórico-metodológica da educação, pois que articulada dialeticamente, no ato de ensinar e aprender, o mundo do trabalho e o mundo do conhecimento, alternando tempos e espaços pedagógicos, tem seu berço e principal campo de experiência nas muitas e diversificadas instituições que formam os CEFFAs, mas já não é mais exclusividade dessas organizações; ou seja, a Pedagogia da Alternância compõe o âmago de todo o Movimento Nacional de Educação do Campo (Munarim, 2011, p. 10).

Isto nos leva a concluir que a Educação do Campo tem antecedentes também no movimento CEFFA. Ela inspira a organização metodológica de cursos, mas também a criação de novas escolas, de centros educativos que, em alguns casos, formam outras organizações. Tais iniciativas estão presentes nos poderes públicos municipal, estadual e federal, em programas governamentais, em organizações não governamentais – ligadas ou não a institutos ou fundações de empresas – e em organizações populares dos movimentos sociais.

As primeiras experiências de formação por alternância pela via pública no Brasil começam no sistema municipal de ensino por meio das Escolas Populares de Assentamento (EPAs), Escolas Comunitárias Rurais (ECORs), Escolas Técnicas Estaduais (ETEs), EFAs Municipais ou Estaduais, institutos federais e programas públicos no âmbito do governo federal.

As ECORs são as que mais se expandiram e ganharam consolidação nos últimos tempos. Conforme Moreira (2000) e Menezes (2013), três ECORs iniciaram nos anos de 1989, 1990 e 1991, respectivamente, no município de Jaguaré, Espírito Santo. São escolas de tempo integral, nucleadas no campo, funcionando em alternâncias de uma semana na escola e uma na comunidade-família. Atende os anos finais do ensino fundamental com uma orientação para o trabalho no campo. Os estudantes vão todos os dias para a escola, por meio do transporte intracampo, e permanecem das 07:00 às 17:00, de segunda a sexta-feira. Elas não possuem internato, conforme ocorre nas EFAs e CFRs. As Escolas de Assentamento têm um funcionamento parecido com o das ECORs (Begnami, 2019).

Conforme Telau (2015), atualmente são 18 unidades escolares em alternância na via pública, sendo 12 municipais e 1 estadual com o nome ECOR, sendo que 4 escolas municipais públicas e uma estadual adotam o nome de EFA. O conjunto dessas iniciativas de EFAs e ECORs pela via pública está ligado à associação Regional das Associações dos Centros Familiares de Formação por Alternância do Espírito Santo (RACEFFAES), situada ao norte do estado do Espírito Santo.

Os programas públicos que mais se inspiraram na Pedagogia da Alternância foram o PROEJA, em especial, o PRONERA e o Procampo. O PROEJA foi um programa destinado à EJA integrada com qualificação profissional básica nos anos finais do ensino fundamental ou técnica de nível médio, integrada ao ensino médio. O PRONERA organizou cursos de formação continuada de professores em alternância, assim como cursos técnicos de nível médio e cursos superiores em várias áreas, a exemplo do Curso de Pedagogia da Terra. O Procampo foi o programa que deu apoio à implementação das Licenciaturas em Educação do Campo, que chegaram a 45 cursos em 36 instituições públicas de ensino superior no Brasil. Até na pós-graduação, em cursos de especialização *lato sensu* e de mestrado, a alternância tem servido como ferramenta de organização metodológica. Feita essa contextualização da formação por alternância, passamos a analisar a formação por alternância proposta na organização curricular do curso Escola da Terra para a formação continuada de educadores do campo (Begnami, 2019).

A diversidade das experiências de formação por alternância se inspiram na Pedagogia da Alternância, mas não se filiam a ela. Entende-se a Pedagogia da Alternância como um novo paradigma educacional, mas ele é uma construção protagonizada pelo movimento CEFFA. Sendo assim, as experiências de organização metodológica de cursos por alternância, seja na educação básica ou na superior, na via pública ou em outros espaços educativos, na organização de cursos de formação continuada de professores ao nível de aprofundamento, aperfeiçoamento etc., deveriam se expressar na categoria "formação por alternância". Ela desenvolve princípios da Pedagogia da Alternância.

Princípios da Pedagogia da Alternância

Os princípios da Alternância presentes nos CEFFAs do Brasil podem ser uma chave para a avaliação e a análise da qualidade da formação por alternância praticada, seja nos CEFFAs ou em outros contextos. Quanto mais princípios em interação, mais potente poderá ser a pedagogia formação por alternância praticada. Nos CEFFAs, pelo menos oito princípios são identificados:

1º – O projeto educativo baseado na produção sustentável da vida. Isso implica tomar o trabalho do campo como princípio educativo e intencionar suas finalidades educativas na perspectiva de uma formação libertadora, emancipatória, comprometida com um novo projeto de campo e sociedade.

2º – O tempo-espaço escola-família-comunidade como estratégia de organização escolar que facilita o acesso, a permanência e o enraizamento dos sujeitos em seu território.

3º – A primazia da experiência como metodologia na construção do conhecimento e de uma práxis pedagógica transformadora. A realidade como ponto de partida e de chegada do processo. A valorização da cultura, dos saberes locais e do diálogo de saberes.

4º – O protagonismo dos sujeitos: das famílias camponesas, estudantes, educadores/monitores.

5º – Mediações didáticas específicas: elas são comumente conhecidas entre nós como "instrumentos pedagógicos". Alternar os tempos-espaços de aprendizagens entre a escola e a vida cotidiana exige mediações didáticas para uma práxis efetiva de formação que faça dialogar a experiência cotidiana da vida com a ciência, ou a prática com a teoria, numa perspectiva de compreensão da realidade para agir sobre ela e transformá-la. Assim, o princípio da mediação pedagógica específica coloca a alternância como uma pedagogia dos processos de relação escola-família-comunidade, da ação-reflexão-ação.

No caso dos CEFFAs, as mediações são conhecidas como planos de estudo, colocação em comum, caderno da realidade, cadernos de acompanhamento da alternância, visitas de estudo, intervenções externas, serões, tutorias, visitas às famílias e comunidades, atividades de retorno, projeto profissional do jovem, avaliações semanais etc.

As mediações didáticas não são prontas, fechadas numa lista a ser cumprida. Elas são produtos criativos desenvolvidos nas práticas educativas do movimento CEFFA ao longo de sua história. Precisam ser ressignificadas, reinventadas sempre em acordo com as exigências atuais, com as realidades de cada território e dos sujeitos implicados. Elas fazem sentido por contribuírem com as finalidades educativas e não ficarem apenas numa dimensão pedagogizante da alternância. De outra feita, bem manejadas, articulam as sequências de alternâncias, possibilitam unidades formativas na perspectiva da prática-teoria-prática, rompem com as possíveis dicotomias ou justaposições entre os tempos-espaços da formação, fazem interagir pessoas e processos.

6º – A rede de parceiros/coformadores: o princípio da parceria é fundamental para a efetivação da formação em alternância. Na Pedagogia da Alternância, a escola é muito além dela mesma, pois a educação acontece nela e fora dela, em todas as dimensões e ao longo de toda a vida. Assim, essa é uma pedagogia das parcerias, da ação educativa em rede.

7º – Trabalho docente em equipe: para o desenvolvimento do conjunto dos princípios em interação na Pedagogia da Alternância, é fundamental uma equipe educativa com dedicação exclusiva. A Pedagogia da Alternância coloca o desafio do planejamento pedagógico sistemático, metódico, semanal, com acompanhamento dos estudantes em sua família e comunidade, dedicação às mediações pedagógica etc.

8º – O ambiente educativo apropriado: o tempo-espaço escolar na Pedagogia da Alternância coloca o desafio da moradia, do ambiente favorável para a imersão. O internato não deve ser apenas um apoio para quem vive distante da escola, mas um elemento pedagógico do distanciamento e da reflexão sobre a realidade familiar, dos contextos social, político, econômico, cultural do lugar de cada um. Por isso, a necessidade da organicidade de coletivos, da mística, da responsabilização pelos autosserviços e os aprendizados da vida em grupo. A figura 1, a seguir, sintetiza os princípios da alternância dos CEFFAs.

Figura 1: Princípios da alternância dos CEFFAs

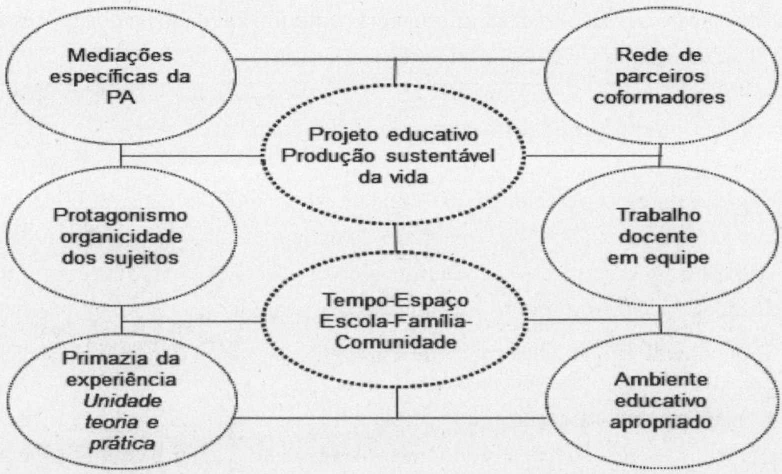

Fonte: Gimonet, 2007, p. 53, adaptação de BEGNAMI, 2019.

Os princípios da Alternância no contexto dos CEFFAs serão tomados como indicadores para a análise e a avaliação das práticas de alternância no curso de aperfeiçoamento Escola da Terra para a formação continuada de educadores do campo, observando seus desafios e possibilidades.

O curso Escola da Terra

O curso Escola da Terra sob o olhar da alternância

O Projeto Escola da Terra: Formação Continuada de Educadores das Escolas do Campo em Minas Gerais, realizado pelo Núcleo de Estudos e Pesquisas em Educação do Campo (NEPCAMPO) da Faculdade de Educação da Universidade Federal de Minas Gerais (FaE-UFMG), foi organizado e executado em regime de alternância. Sua organização curricular foi estruturada em quatro módulos articulados em Tempos-Universidade (TU) alternados nos Tempos-Comunidade (TC), perfazendo 200 horas de percurso formativo.

Estruturar uma formação por alternância coloca o desafio de um novo desenho para a elaboração do calendário do curso. Como explicitar a alternância na programação do curso? Quanto de carga horária colocar no TU? Qual a carga horária distribuída para o TC? No Projeto Escola da Terra, o desenho da programação do curso explicita a formação alternada com a sua carga horária de 200 horas distribuída entre TU e TC. A seguir, a tabela 1 apresenta uma organização dos conteúdos com sua carga horária distribuída nos respectivos tempos e espaços formativos.

Tabela 1: Conteúdos e carga horária do Módulo I

Módulo I – 20 de agosto a 27 setembro			
Tempos	Conteúdos	Duração	Espaços
Tempo-Universidade I	Recepção e formação dos tutores Orientações para a elaboração do Relato de Experiência I e Pesquisa da realidade I	8 h	UFMG Belo Horizonte
Tempo-Comunidade I	Produção do Relato de Experiência Produção da Pesquisa da Realidade	8 h	Escola do Município
Tempo-Universidade II	Da educação rural à Educação do Campo Socialização dos Relatos de Experiência e Pesquisas da realidade Orientações para a reescrita dos trabalhos	24 h	UFMG Belo Horizonte
Tempo-Comunidade II	Elaboração da versão II do Relato de Experiência e da Pesquisa da Realidade Avaliação	8 h	Escola do Município
Tempo-Universidade III	Síntese dos relatos de experiência e da Pesquisa da realidade Preparação para a reelaboração da experiência a partir do desenvolvimento de um Projeto Político-Pedagógico	8 h	UFMG Belo Horizonte
Total		56 h	

Fonte: Projeto Escola da Terra, 2015, p. 9.

A matriz curricular geral do curso traz um quadro desses para cada módulo, com esse mesmo desenho de sequências alternadas entre TU e TC, com conteúdos programados para cada tempo-espaço. A carga horária distribuída nos tempos-espaços, ao longo de três módulos com 56 horas e de um módulo final com 40 horas, perfaz 208 horas de curso. O módulo I tem três TU e dois TC, o módulo II iguala em dois TU e dois TC. Já os módulos III e IV têm um TC e um TU, respectivamente. Os espaços e tempos estão distribuídos entre a Universidade Federal de Minas Gerais, situada em Belo Horizonte, e as escolas do campo, situadas nos municípios envolvidos no projeto.

A distribuição dos tempos e espaços não é aleatória. No caso de cursos regulares, a exemplo da Licenciatura em Educação do Campo, segue-se uma normativa que permite até 30% de carga horária extraclasse nos cursos em geral. A legislação fala em Educação à Distância (EaD). Contudo, esse não é o caso da alternância, pois ela não deve ser associada à EaD, isto é, o Tempo-Comunidade não se configura em EaD. O TC, conforme o Parecer 01/2006 (Brasil, 2006), é um tempo presencial. Percebe-se que se trata de outra configuração de educação regular, presencial, na qual escola e comunidade compõem uma sequência integrada de formação contínua.

As mediações didáticas foram fundamentais para articular os tempos e espaços formativos no curso Escola da Terra. Os cursistas lá na ponta foram organizados em grupos por municípios. Em cada grupo municipal, havia um conjunto de tutores para fazer o acompanhamento tanto do TC quando do TU. No projeto, os tutores tinham papéis bem definidos, como assessorar pedagogicamente, acompanhando o professor cursista nos tempos-espaços da formação, bem como orientar a articulação entre a proposta pedagógica e a prática operacionalizada por esses docentes. Um grupo de formadores regionais e um estadual ficaram responsáveis por acompanhar grupos por municípios e dar aporte aos tutores. Professores referência participaram da elaboração do material didático nas formações durante o TU. Uma coordenação pedagógica fazia a orquestração da execução do projeto com o apoio da coordenação geral da universidade e da Secretaria de Estado de Educação de Minas Gerais, constituindo-se em mediações de planejamento, monitoramento e avaliação do processo. Nos municípios, havia o apoio das Secretarias Municipais de Educação e dos movimentos sociais e sindicais. O relato de experiência, a pesquisa da realidade e a elaboração final dos Planos de Ação Pedagógica (PAPs) constituíram-se em mediações de pesquisa e intervenções pedagógicas nas escolas do campo. Reuniões nas escolas, na sede municipal e na universidade, circulares, a plataforma Moodle para postar as pesquisas e fazer o acompanhamento e a avaliação do processo, a página do projeto no Facebook, e-mail e registros dos encontros – tudo isso contribuiu enquanto mediações pedagógicas do curso.

Os eixos da formação se estruturaram a partir dos temas gerais da Educação do Campo, questões agrárias, da Escola de Direito e da organização do trabalho pedagógico na perspectiva da Educação do Campo nas seguintes áreas do conhecimento: Línguas, Artes e Literatura; Ciências Sociais e Humanidades; Ciências da Vida e da Natureza; Matemática.

O curso inicia com pesquisas que produziram narrativas sobre experiências de vida de professores/as do campo, bem como sobre as realidades social, política, cultural, econômica e ambiental dos diversos campos que compuseram a territorialidade do projeto. Aprofunda, ainda, em áreas de conhecimento, e culmina com as intervenções pedagógicas por meio dos PAPs. Metodologicamente, o curso Escola da Terra se baseia na pesquisa, na socialização e na produção do conhecimento como prática social.

A gestão envolveu uma articulação compartilhada entre universidade, secretarias estadual e municipais de educação e movimentos sociais, principalmente o Movimento Sindical dos Trabalhadores e Trabalhadoras Rurais.

Princípios da Alternância no Curso Escola da Terra

O curso Escola da Terra: Formação Continuada de Educadores das Escolas do Campo em Minas Gerais reforça um novo projeto de campo e de sociedade na contramão do agronegócio, sendo este apoiado no sistema capitalista de produção. O curso tem por objetivo desenvolver uma consciência crítica nos educadores sobre o papel da educação e da escola na transformação da realidade, mesmo sabendo que a escola sozinha não muda uma realidade, mas que esta não muda sem aquela, conforme Freire (1983).

Observa-se que os conteúdos planejados para os encontros de formação, no âmbito estadual, com os formadores e tutores – com o objetivo de serem multiplicados nos encontros municipais – reforçam a linha da Educação do Campo, seus princípios, conceitos e práticas. Sendo assim, o debate da Educação do Campo inicia pelo debate sobre a questão agrária, trazendo a luta pela terra e a reforma agrária como eixos estruturantes nas reformulações dos currículos das escolas do campo, apresentando um projeto de campo baseado na agricultura familiar camponesa em contraposição ao projeto mercadológico do agronegócio que transforma a natureza, a produção e as pessoas em valor de troca, em detrimento do valor de uso. Assim, as formações buscaram fazer um movimento de transição da educação rural, vinculada ao campo do agronegócio, para a Educação do Campo, comprometida com a agricultura camponesa. Neste sentido, buscou-se aprofundamento sobre princípios caros à Educação do Campo, tais como "o protagonismo dos sujeitos", a Escola de

Direito, a educação contextualizada, a escola para além da escola, o trabalho no campo como princípio educativo etc.

Num primeiro movimento de análise, observamos que, sob os aspectos de suas finalidades formativas, o curso Escola da Terra tem aproximações com um dos princípios da Pedagogia da Alternância: o projeto educativo baseado na produção sustentável da vida, em que o trabalho do campo é subsumido como princípio educativo e suas intencionalidades educativas visam à formação libertadora, emancipatória, comprometida com um novo projeto de campo e de sociedade.

Um segundo movimento de análise do curso Escola da Terra sob o olhar dos princípios da alternância recai sobre a estruturação da organização dos tempos escolares alternando processos de formação contínua em tempos e espaços diferentes, articulados entre o tempo na universidade e o tempo na escola básica nas comunidades. Vimos que o Escola da Terra explicita a alternância na sua programação, estando sua carga horária distribuída entre Tempo-Universidade e Tempo-Comunidade. O princípio tempo-espaço escola-família-comunidade da Pedagogia da Alternância está presente na básica articulação entre Tempo-Universidade e Tempo-Escola nos municípios.

Um terceiro olhar analítico envolve o princípio das mediações didáticas específicas da alternância. Vimos, no contexto dos CEFFAs, um rol dessas mediações e que elas estão colocadas como meios e não fins em si mesmas. São meios para lograr as finalidades educativas relativas aos processos de ensino e aprendizagem por alternâncias. Nesse sentido, as mediações didáticas foram fundamentais para articular os tempos e espaços formativos no curso Escola da Terra. Identificamos como mediações: importantes instrumentos de pesquisa, tais como o relato de experiência, a pesquisa da realidade e a elaboração final dos Planos de Ação Pedagógica (PAPs); instrumentos de acompanhamento, como reuniões nas escolas, a tutoria e a equipe de formadores; instrumentos de gestão, planejamento e avaliações: a coordenação pedagógica, a articulação institucional com o Estado, prefeituras e movimentos sociais; instrumentos de comunicação como circulares, as plataformas Moodle, Facebook, e-mails e registros dos encontros; e, por fim, instrumentos de ensino e aprendizagem, os materiais didáticos: textos referentes às temáticas abordadas nos seminários multiplicadores (Educação do Campo, protagonismo dos sujeitos, questões agrárias, Escola de Direito e a organização do trabalho pedagógico na perspectiva da Educação do Campo) e os cadernos das áreas de conhecimentos (Línguas, Artes e Literatura; Ciências Sociais e Humanidades; Ciências da Vida e da Natureza; Matemática).

Um quarto ponto de análise está relacionado à relação teoria e prática como princípio fundamental na construção do conhecimento nos processos de formação alternada. Metodologicamente, o curso Escola da Terra se baseia na pesquisa, na socialização e na produção do conhecimento como práticas sociais. A mediação das pesquisas, iluminadas sob a reflexão teórica e focada no chão das escolas do campo, trouxe a dimensão da práxis, evitando a dicotomia tão comum nas práticas formativas, nas quais a escola, as práticas institucionais e as ações pedagógicas são geralmente identificadas com práticas dissociadas dos momentos formativos, identificados como os únicos espaços da teoria.

O conceito de práxis como superação da dicotomia teoria-prática coloca o desafio do desenvolvimento de uma atitude investigativa, que envolve a reflexão e a intervenção na vida da escola, dos professores, dos estudantes e da sociedade, nos processos de formação continuada. Para tanto, é preciso superar a prática como imitação de modelos ou simples instrumentalização da ação pedagógica, conforme apontam Pimenta e Lima (2006).

Como superar a dicotomia teoria e prática na formação por alternância? Como evitar que o Tempo-Espaço Comunidade se torne uma mera atividade prática e instrumental? O caminho seria colocar a pesquisa como eixo estruturante articulador e integrador dos tempos e espaços TU e TC, bem como das disciplinas ou temáticas do curso. O que ocorre, em geral, na organização e na prática dos currículos dos cursos, é a justaposição dos componentes de formação, isolados entre si e desarticulados da realidade que lhes deu origem. Nesta perspectiva, tais componentes curriculares não aportam teorias, mas apenas saberes disciplinares, repassados e reproduzidos como informação, ilustração intelectual, sem vinculação com os campos de atuação profissional dos docentes, conforme asseveram Pimenta e Lima (2006).

A formação continuada pela instrumentalização técnica é baseada numa linha de pensamento que não vê e nem valoriza o professor como um profissional intelectual. Interessa o saber fazer em detrimento do saber refletir, interpretar o mundo para compreendê-lo e transformá-lo. Esta perspectiva alienante, forma profissionais conformistas, conservadores e legitimadores da cultura institucional dominante. Na ação docente, há um conjunto de técnicas importantes a serem aprendidas e desenvolvidas, entretanto, "as habilidades não são suficientes para a resolução dos problemas com os quais se defrontam, uma vez que a redução às técnicas não dá conta do conhecimento científico nem da complexidade das situações do exercício desses profissionais" (Pimenta e Lima, 2006, p. 8). Neste caso, o professor fica reduzido ao prático, sem necessariamente ter que dominar conhecimentos científicos.

> Essa compreensão tem sido traduzida, muitas vezes, em posturas dicotômicas em que teoria e prática são tratadas isoladamente, o que gera equívocos graves nos processos de formação profissional. A prática pela prática e o emprego de

técnicas sem a devida reflexão pode reforçar a ilusão de que há uma prática sem teoria ou de uma teoria desvinculada da prática. Tanto é que frequentemente os alunos afirmam que na minha prática a teoria é outra (Pimenta; Lima, 2006, p. 9).

As técnicas por si não possibilitam que se compreenda o processo de ensino em sua totalidade, porque o processo educativo é mais amplo, complexo e inclui situações específicas de treino, mas não pode a ele ser reduzido. Parece-nos que, em certo nível, é possível falar em domínio de determinadas técnicas, instrumentos e recursos para o desenvolvimento de determinadas habilidades em situação. Nessa pegada de reflexão, cabe indagar: qual a habilidade necessária, essencial ao exercício da profissão docente e, mais precisamente, no campo da Educação do Campo? Seria a de "saber lançar mão adequadamente das técnicas conforme as diversas e diferentes situações em que o ensino ocorre, o que necessariamente implica a criação de novas técnicas", de acordo com Pimenta e Lima (2006, p. 9-10).

O tecnicismo presente nas formações continuadas de professores gera um distanciamento da vida e do trabalho docente concreto. Os componentes curriculares desenvolvidos nas capacitações não se conectam às realidades nas quais os educadores estão inseridos. Assim, é comum que os educadores em formação, por sua vez, exijam mais e novas técnicas e metodologias, fortalecendo, assim, o "mito das técnicas e das metodologias".

> Esse mito está presente não apenas nos anseios dos alunos, mas também entre professores e, sobretudo, em políticas governamentais de formação, que acabam investindo verbas em intermináveis programas de formação (des)contínua de professores, partindo do pressuposto de que a falta de conhecimento de técnicas e métodos destes é a responsável exclusiva pelos resultados do ensino (Pimenta; Lima, 2006, p. 10).

Contrapondo orientações de organismos internacionais, como o Banco Mundial, e as tendências da educação empresarial privada que tenta dominar o sistema de ensino nacional, acreditamos serem as Instituições de Ensino Superior, principalmente públicas, o lugar privilegiado para a formação docente inicial e continuada, e que esta deve focar na pesquisa como o caminho metodológico para essa formação. O curso Escola da Terra nos parece ter seguido esse caminho contra-hegemônico.

Considerações finais

Iniciamos esta reflexão afirmando que o caminho do entendimento da educação como prática permanente ao longo da vida parte de um conceito de ser humano como ser histórico-social, finito, limitado, inconcluso, inacabado, que vive experimentando continuamente a tensão do inédito viável, na busca do ser mais, sendo a aprendizagem permanente uma condição ontológica do ser humano, conforme Paulo Freire (1983). Assim, a educação se torna necessariamente permanente por causa da nossa consciência de finitude, e, para além dessa compreensão antropológica, outros contornos conceituais emergem de determinações socio-históricas no sistema-mundo capitalista. Vimos que o conceito de educação ao longo da vida se desenvolveu ao longo do século XX quando surge a expansão da informação na fase em que se denomina a era do conhecimento. As inovações e os problemas chegam tão rápido que exigem uma busca constante por atualização, em um processo de permanente aprendizagem. Os processos formativos extrapolam as fases convencionais da infância e da adolescência, perpassando pela juventude e a fase adulta – ou seja, ela vai do nascer até o morrer. É nesse sentido que se fala hoje em educação permanente ou continuada.

Além de extrapolar faixas etárias antes prescritas, a formação continuada é transgressora dos espaços escolares instituídos. Ela pode ocorrer tanto na escola quanto em tantos outros espaços fora dela, principalmente com a presença das novas tecnologias que facilitam processos educativos sofisticados e possibilitam aprendizagens com menos esforços do aprendiz. Neste trabalho, apresentamos a formação continuada de professores do campo pelo regime de alternância.

Para adultos em situação de trabalho em razão das quais precisam aprofundar permanentemente sua formação, sobretudo educadores, o maior desafio é negociar quando e como fazer para participar de processos de formação continuada sem deixar o trabalho por muito tempo. A alternância se apresenta como uma das estratégias metodológicas de organização curricular, garantindo processos formativos intensivos em Tempo-Universidade com continuidade da formação em escolas e locais de origem dos cursistas.

Observamos que aplicar a formação por alternância na organização curricular de cursos de formação continuada é algo totalmente novo em nossa sociedade. Não há estudos, nem pesquisas científicas que possam dar bases ou iluminar esta ou aquela forma de organização curricular e de implementação de mediações didáticas e princípios que mais se aproximam daqueles praticados pela Pedagogia da Alternância mais em contextos de escolarização básica e de educação profissional. Contudo, vimos que o curso Escola da Terra evidencia pelo menos quatro princípios de alternância que se aproximam de alguns daqueles identificados na Pedagogia da Alternância. O primeiro princípio destacado foi o projeto educativo baseado na produção sustentável da vida, segundo o qual o trabalho do campo é subsumido como princípio educativo, suas intencionalidades educativas visando a uma formação libertadora, emancipatória, comprometida com um novo projeto de campo e de sociedade. O segundo princípio, por sua vez, é a organização dos tempos escolares alternando processos de formação continuada em tempos e espaços diferentes, articulados entre o tempo na universidade e o tempo na escola básica nas comunidades. Já o terceiro princípio envolve as mediações didáticas específicas da alternância, e o quarto está relacionado à relação teoria-prática como princípio fundamental na construção do conhecimento nos processos de formação alternada.

Alguns aspectos fundamentais da Pedagogia da Alternância aparecem na alternância do curso Pedagogia da Terra. Conclui-se que é possível e recomendável, a despeito da falta de estudos, organizar processos de formação continuada em alternância. Neste sentido, uma formação por alternância se caracteriza obviamente por: 1) um projeto educativo integrado entre espaços de estudo e o trabalho, com intencionalidades emancipatórias dos sujeitos; 2) os ritmos dos tempos e espaços alternados apropriados aos alternantes para garantir acessos e permanências como os direitos à escola e ao conhecimento ou à atualização de conhecimentos (no caso da formação continuada); 3) as mediações didáticas que pedagogizam positivamente a alternância: sem elas não se pode falar em formação por alternância, na relação teoria-prática e também nas relações com os sujeitos coletivos que protagonizam o debate da Educação do Campo em nosso país.

Na formação continuada com adultos, a pesquisa se revela como uma das mediações fundamentais no processo formativo alternante. Ainda mais quando a pesquisa está vinculada às práticas sociais dos sujeitos. Assim, a experiência emerge como uma grande possibilidade de conteúdo a se tornar objeto de reflexão crítica. Ela "é, talvez, uma grande escola de aprendizagem, mas que não funciona sozinha e nem automaticamente. Ela mesma está aprendendo. É o que procura fazer a escola da Alternância", conforme nos diz Pineau (1999, p. 59): promover a reflexão a partir das experiências. Ainda segundo Pineau (1999, p. 60): "[...] vai ser preciso refletir, voltar explicitamente para esta experiência, discuti-la, escrevê-la, para que possamos dela tirar lições, explicitá-las para realmente conhecer e nos conscientizar daquilo que vivenciamos". Então, para que a experiência se desenvolva é preciso um terceiro ingrediente que ajuda na reflexão entre interação – a Alternância – e a reflexão de forma recíproca – ou seja, em dupla alternância, nos dois sentidos: da interação para a reflexão e desta para aquela. Trata-se de uma alternância integrativa, quer dizer, na qual a experiência deve interagir com a reflexão e a reflexão se integrar com a ação, atingindo, com isso, uma ação inteligente chamada de práxis.

A alternância no curso Escola da Terra, a despeito de suas limitações condicionadas por vários fatores de tempo, distâncias, recursos, compreensões, entre outros, buscou fazer o debate e o combate amorosos entre a experiência, a realidade dos sujeitos e a reflexão. Nesse movimento, a nosso ver, o curso desenvolveu aspectos da formação por alternância, que poderia ser vista como uma trans-escola da experiência, e que esta deveria ser multiplicada para que mais educadores do campo pudessem acessar formações continuadas permanentemente como direito e que suas experiências também pudessem ser mais valorizadas e reconhecidas.

Referências

BEGNAMI, J. B. *Formação por alternância na Licenciatura em Educação do Campo: limites e possibilidades do diálogo com a Pedagogia da Alternância*. 2019. 402 f. Tese (Doutorado em Educação) – Faculdade de Educação, Universidade Federal de Minas Gerais, Belo Horizonte, 2019.

BENÍSIO, J. D. *Estudo sobre o custo aluno das escolas do campo com a Pedagogia da Alternância no Brasil*. Brasília: SECADI/MEC, 2018.

BRASIL. *Parecer CNE/CEB n.º 1 de 2 de fevereiro de 2006*. Brasília: SECADI, 2006. p. 39-49. (Ministério da Educação. Educação do Campo: Marcos Legais.)

FREIRE, Paulo. *Pedagogia da autonomia: saberes necessários à prática docente*. 29. ed. São Paulo: Paz e Terra, 1996.

FREIRE, Paulo. *Pedagogia do oprimido*. 14. ed. Rio de Janeiro: Paz e Terra, 1983.

GIMONET, Jean-Claude. *Praticar e compreender a Pedagogia da Alternância dos CEFFAs*. Petrópolis: Vozes; Paris: AIMFR – Associação Internacional dos Movimentos Familiares de Formação Rural, 2007. (Coleção AIDEFA)

GRAMISCI. A. *Cadernos do Cárcere*. 2. ed. Rio de Janeiro: Civilização Brasileira, 2001. v. 2.

GRANEREAU, A. *O Livro de Lauzun: onde começou a Pedagogia da Alternância*. Fortaleza: Editora da UFC, 2020.

MENEZES, R. R. *As escolas comunitárias rurais no município de Jaguaré: um estudo sobre a expansão da Pedagogia da Alternância no estado do Espírito Santo/Brasil*. 2013. 172 f. Dissertação (Mestrado em Educação) – Universidade Federal do Espírito Santo, Vitória, 2013.

MOREIRA, F. *Formação e práxis dos professores em Escolas Comunitárias Rurais: por uma Pedagogia da Alternância*. 2000. 325 f. Dissertação (Mestrado em Educação) – Universidade Federal do Espírito Santo, Vitória, 2000.

MUNARIM, A. Educação do Campo: uma construção histórica. *Revista da Formação por Alternância*, Brasília – DF: União Nacional das Escolas Famílias Agrícolas do Brasil (UNEFAB), v. 6, n. 11, p. 6-12, jun. 2011.

PIMENTA, S. G.; LIMA, M. S. L. Estágio e docência: diferentes concepções. *Revista Poíesis*, v. 3, n. 3 e 4, p. 5-24, 2005/2006.

PINEAU, G. Alternância e desenvolvimento pessoal: a escola da experiência. In: 1º SEMINÁRIO INTERNACIONAL, ALTERNÂNCIA E DESENVOLVIMENTO. Anais [...] Salvador, 3 a 5 nov. 1999. Brasília: UNEFAB, Dupligráfica, 1999. p. 56-63.

PROJETO ESCOLA DA TERRA: FORMAÇÃO CONTINUADA DE PROFESSORES. *Apresentação em PawerPoint*. Belo Horizonte: Faculdade de Educação, Universidade Federal de Minas Gerais, 2015.

QUEIROZ, João Batista Pereira de. O Estado da Arte da Alternância no Brasil. In: BEGNAMI, João Batista; DE BURGHGRAVE, Thierry (Orgs.). *Pedagogia da Alternância e Sustentabilidade*. Brasília: Embrapa Informação Tecnológica, 2013. p. 137-165.

SILVA, Lourdes Helena da. Novas faces da Pedagogia da Alternância na Educação do Campo. In: BEGNAMI, João Batista; DE BURGHGRAVE, Thierry (Orgs.). *Pedagogia da Alternância e Sustentabilidade*. Brasília: Embrapa Informação Tecnológica, 2013. p. 167-179.

TELAU, R. *Ensinar-incentivar-mediar: dilemas nas formas de sentir, pensar e agir dos educadores do CEFFAs sobre os processos de ensino/aprendizagem*. 2015. 179 f. Dissertação (Mestrado em Educação) – Faculdade de Educação, Universidade Federal de Minas Gerais, Belo Horizonte, 2015.

UNMFREO. Disponível em:https://bit.ly/3nin525. Acesso em: 28 mar. 2020.

CAPÍTULO 5

A formação continuada de professores no Brasil e as experiências nas escolas do campo

Érica Fernanda Justino

Marina Coimbra Ferreira Batista

Introdução

A educação enquanto política pública e direito material dos cidadãos perpassa pelo alicerce do processo de ensino e aprendizagem: o professor. A transformação da realidade e a luta por uma educação que respeite os modos, tempos e espaços específicos, quando se fala em educação do campo, dependem fundamentalmente da atuação dos professores. Nesse sentido, a política educacional reconhece a necessidade de promover uma formação inicial e continuada de docentes, tendo em vista a existência e a consolidação de um robusto marco legal que aponta para os deveres da União, de estados e municípios de lançar mão de esforços para formar professores.

Mas será que esse reconhecimento se traduz, na prática, no desenvolvimento de uma educação que atenda aos anseios e demandas dos cidadãos, em especial do público camponês? Quais são as prioridades e perspectivas formativas dos formuladores das políticas de formação de professores? Essas prioridades se coadunam aos direitos da população do campo?

Este capítulo se dispõe a discutir, ainda que de forma introdutória, o papel do Estado como propulsor das ações de formação de professores, apontando as principais experiências da União como ente formulador das políticas e tecendo considerações em relação à conformidade dessas ações com os princípios da Educação do Campo.

Este estudo tem como pano de fundo a luta dos movimentos coletivos do campo pelas existência e consolidação de uma educação que respeite as singularidades inerentes ao modo de vida camponês. O direito à educação, enquanto aspecto político, não pode ignorar as particularidades e diversidades de seus públicos e não pode se resumir a um produto pronto e distribuído a todas as escolas como se apenas houvesse uma única resposta à necessidade de melhoria da educação. O direito à educação deve romper com a lógica de estudo como mercadoria; portanto, a formação inicial e continuada de professores precisa seguir essa lógica. É nesse sentido que o presente capítulo busca analisar as principais experiências públicas formativas no país.

O histórico da formação continuada de professores no Brasil

O processo histórico da política de formação continuada de professores no Brasil é influenciado pelo momento da história no qual a metodologia formativa é elaborada, o que constitui um desafio quando o que está em foco é a garantia do direito pautado nas especificidades. Para Silva e Frade (1997), a organização política nas últimas três décadas, no Brasil, foi marcada por três grandes momentos políticos: a ditadura militar, o movimento de democratização da sociedade e os movimentos de globalização da cultura e da economia.

Na década de 1970, posterior ao fechamento das instituições democráticas que desenvolviam práticas de formação docente, observou-se a "valorização de princípios de racionalidade técnica, da hierarquização de funções, da burocratização da escola, com repercussões diretas nas alterações das funções de planejamento e execução" (Silva; Frade, 1997, p. 33).

Dadas as características políticas da época, a principal preocupação era formar trabalhadores. Assim, nesse período, a formação continuada no Brasil teve uma significativa expansão devido ao advento da modernização social, o que exigiu recursos humanos mais qualificados para atender às demandas do governo militar, que enfatizou a necessidade de formar para o trabalho proletarizado, tornando-se este o principal objetivo da educação na época (Pedroso, 1998).

Durante a década de 1980, a formação continuada para os professores se ancorava no conceito de "reciclagem", segundo o qual o processo de formação era compreendido como "processos de modificação de objetos e matérias [...], ou até mesmo o lixo que seja processado para ter nova função com adubo" (Marin, 1995, p. 14). Outro termo fortemente empregado nesse período era a palavra treinamento. Para a mesma autora, o termo ainda "é inadequado à natureza humana, uma vez que educar não significa mudar comportamentos, e sim a construção de conhecimentos" (Marin, 1995, p. 15).

De acordo com Silva e Frade (1997), durante a década de 1990, questões como a globalização da cultura e da economia, bem como o desenvolvimento tecnológico pressionaram os professores, exigindo posicionamentos e respostas cada vez mais rápidas, forçando-os a se capacitar. Contudo, muitas vezes, as práticas de formação estão desarticuladas das práticas das escolas, ou seja, as questões que são enfrentadas pela escola em seu cotidiano não aparecem como objeto de estudo. Isso pode comprometer o processo e o resultado da formação.

Nas palavras de Nóvoa (1991 *apud* CANDAU, 1996, p. 147),

> A formação continuada deve alicerçar-se numa "reflexão na prática e sobre a prática", através de dinâmicas de investigação-ação e de investigação-formação [...]. Tal fato exige uma readequação na organização dos cursos de formação continuada de forma a atender as reais necessidades docentes.

No final da década de 1980 e início da década de 1990, ganha ênfase a terminologia da "formação em serviço" (KRAMER, 1989; MEDIANO, 1992 e 1998; SILVA; FRADE, 1997). A proposta criticava os modelos desenvolvidos, destacando que, para ter resultados satisfatórios, a formação deveria se dar no local de trabalho por meio da reflexão da própria prática docente, conferindo centralidade ao professor. Para Soares (2008, p. 140), "na medida em que são fragilizados, precarizados, aligeirados e esvaziados de conteúdo os processos de trabalho e formação dos professores, em especial daqueles que atuam ou irão atuar na escola pública, há uma crescente e gradativa desqualificação desses profissionais e, por sua vez, o enfraquecimento da possibilidade da escola estar, de alguma forma, contribuindo para o fortalecimento de um projeto contra-hegemônico de sociedade".

De acordo com Alferes e Mainardes (2011), a partir dos anos 1990, a formação continuada de professores foi bastante influenciada pelas discussões sobre desenvolvimento profissional (NÓVOA, 1991), professor-reflexivo (SCHÖN, 1987, 1992 e 1995) e professor-pesquisador (ZEICHNER, 1998). Dessa forma, a formação continuada é uma questão complexa e multifacetada, o que exige um intenso debate em torno de suas concepções.

Esse pensamento é corroborado por Ribas (2000), quando a autora destaca que as orientações assumidas na formação de professores ao longo da história resultam das concepções de mundo, de homem, de educação, de escola e de ensino presentes nos currículos dominantes em cada época, e a tendência da aplicação da racionalidade técnica na formação do professor, na década de 1970, eliminou a complexidade do real, da vida dos sujeitos em determinado contexto, dos processos culturais e da consciência, transformando-se em uma teoria espontaneísta e empirista (ALFERES; MAINARDES, 2011).

Ademais, atualmente, conforme Moreira (2002, p. 19, grifo do autor), a formação continuada tem, muitas vezes, se tornado uma mercadoria com a oferta de cursos descompromissados com a construção de conhecimentos docente, sendo de curta duração e com a finalidade de melhorar resultados estatísticos, de maneira que essas formações "são verdadeiros pacotes comerciais, idealizados por improvisados formadores que se encontram distantes da realidade escolar e estão mais interessados na Formação Continuada como um negócio lucrativo".

Mesmo passando por alterações, os resultados no tocante à formação continuada de professores no Brasil são precários, pois as políticas são frágeis e, em geral, pouco perenes. Nesse sentido e com o intuito de avançar com a política educacional no país, em 2001 foi criado o Plano Nacional de Educação (Brasil, 2001), o qual trata da Formação Continuada dos professores como uma das possibilidades de melhoria da qualidade da educação e de valorização do magistério. Contando com temporalidade decenal, o Plano Nacional de Educação em vigência atualmente foi reelaborado em 2014 e tem duração até 2024. Nele, permanece a indicação da formação inicial como principal política para a formação de professores, e a continuada como elemento suplementar a eventuais deficiências nos cursos de licenciatura.

Experiências de educação continuada no Brasil

A oferta de cursos de educação continuada no Brasil configura um desafio. Isso porque não há uma política estável e eficiente de formação continuada que leve em consideração os sujeitos, seus contextos e suas experiências.

A Associação Nacional pela Formação dos Profissionais de Educação (ANFOPE) ressalta que os cursos de formação de professores precisam se constituir em espaços de reflexão, articulando princípios de sólida formação teórica e interdisciplinar; unidade teoria/prática; gestão democrática; compromisso social e político; trabalho coletivo e interdisciplinar e formação inicial articulada com a formação continuada (ANFOPE, 2014).

Criado em 2009, o Programa Nacional de Formação de Professores da Educação Básica (PARFOR) é uma ação da Coordenação de Aperfeiçoamento de Pessoal de Nível Superior (Capes) que visa induzir e fomentar a oferta de educação superior, gratuita e de qualidade para profissionais do magistério que estejam no exercício da docência na rede pública de educação básica e que não possuam a formação específica na área em que atuam em sala de aula.

Tal programa é uma ação estratégica do MEC, resultante de um conjunto de ações que se concretizam mediante o princípio de colaboração com as secretarias de educação dos estados e municípios e as Instituições de Educação Superior. Tem como objetivo elevar o padrão de qualidade da formação dos professores das escolas públicas da educação básica, bem como oferecer cursos de formação inicial emergencial, na modalidade presencial, aos professores das redes públicas de educação básica, tendo em vista as demandas indicadas nos planos estratégicos elaborados pelos Fóruns Estaduais Permanentes de Apoio à Formação Docente.

O Ministério da Educação tem, atualmente, algumas iniciativas voltadas à formação de professores da educação básica. São exemplos delas os cursos disponibilizados pelo Pró-letramento e a Plataforma Freire, com oferta de cursos em diversas modalidades. Podemos citar outros como:

1. Formação no Pacto Nacional pela Alfabetização na Idade Certa: destinado aos professores alfabetizadores, em seu âmbito são desenvolvidas ações que contribuem para o debate acerca dos direitos de aprendizagem das crianças do ciclo de alfabetização; os processos de avaliação e acompanhamento da aprendizagem das crianças; o planejamento e a avaliação das situações didáticas; o uso dos materiais distribuídos pelo MEC, voltados para a melhoria da qualidade do ensino no ciclo de alfabetização.
2. O Programa Nacional de Formação Continuada em Tecnologia Educacional (Proinfo) integrado: é um programa para integrar e articular a distribuição dos equipamentos tecnológicos (como computadores, impressoras e outros equipamentos de informática) para as escolas à oferta de cursos de formação continuada, utilizando recursos multimídia e digitais por meio do Portal do Professor, da TV Escola etc.

A seguir, será discutido o referencial teórico da Educação do Campo e a imprescindibilidade da formação do corpo docente para o sucesso dessa política.

Educação do Campo: referência teórica e política para a formação continuada e as experiências no contexto brasileiro

Inicialmente tratada na legislação brasileira como educação rural, a oferta da "educação do meio rural foi silenciada por mais de quatro séculos" (Cavalcanti, 2011, p. 12). Esse fato revela o descaso do Estado com as populações camponesas. A educação destinada aos povos camponeses, pautada em suas especificidades, é uma luta histórica manifesta por meio das reivindicações dos movimentos coletivos e organizados do campo e da sociedade civil. A Educação do Campo nasce em ruptura com a problemática do modelo de educação rural e é marcada pelo protagonismo dos sujeitos camponeses como sujeitos da história e sujeitos da ação.

O avanço da Educação do Campo nos últimos 20 anos no campo das políticas públicas permitiu a conquista de marcos que garantiram a conclusão dos processos de escolarização básicos ancorados em princípios que reconhecem a identidade camponesa e valorizam a realidade e a forma de organização da vida no campo. Garantiram também o acesso à formação superior sem obrigar o êxodo para a cidade por meio da formação por alternância. A ampliação do acesso aos processos educativos fortaleceu a identidade do trabalhador e da trabalhadora do campo e promoveu o desenvolvimento local e a sucessão rural.

Percebe-se que os avanços no campo da educação – não só a do Campo – foram graduais. Havia uma grande demanda por alfabetização, a qual posteriormente demandou oferta do ensino fundamental e médio, até chegar à formação superior. Esta, por sua vez, projetava, por conseguinte, a oferta de cursos de pós-graduação e formação em serviço. Destaca-se que cada uma dessas políticas deveria levar em consideração a forma de organização dos sujeitos e da escola do campo, estratégia que não prevaleceu.

Nesse sentido, ressaltamos que a materialidade de uma política não é garantida pela existência de um marco legal, porém, sem uma legislação que a sustente, a ação pode ficar comprometida. Diante disso, como política pública, a Educação do Campo garantiu a conquista de um marco legal que regula, orienta e amplia o direito à educação de forma contextualizada à realidade camponesa, amparada em princípios que norteiam sua prática.

Os avanços começam a se materializar na década de 2000, com a aprovação da Resolução CNE/CEB n.º 1 de 3 de abril de 2002, que instituiu as Diretrizes Operacionais da Educação do Campo. Essa importante resolução trouxe os princípios da Educação do Campo, os quais buscam revolucionar o ensino e a aprendizagem no campo, adotando um novo paradigma educacional centrado no direito dos sujeitos do campo.

Temos a União como a precursora da aplicabilidade da Educação do Campo no contexto das escolas. Enquanto ente federado responsável - em conjunto com os demais - por legislar sobre a política educacional, e sendo a União o único ente que tem o poder de conduzir certas regras para todos os municípios e estados, a promulgação das diretrizes é um importante passo para a Educação do Campo a nível nacional. Todavia, as competências legislativa e administrativa da educação pública não recaem somente sobre a União, o que contribui para o enfraquecimento prático das Diretrizes Operacionais da Educação do Campo, a partir do momento em que estados e municípios podem ter outras prioridades a agendas em suas políticas educacionais. Em um cenário onde apenas 0,5% das escolas públicas de educação básica são de responsabilidade da União, enquanto estados têm 40,5% e municípios 59% das escolas (INEP, 2018), é impensável que a Educação do Campo chegue a todos os estabelecimentos da educação básica do país sem que os outros entes se envolvam e priorizem essa política.

Ainda, para que o arcabouço teórico se traduza em realidade no campo, é preciso uma mudança de paradigma por parte do professor e do contexto escolar. Nesse sentido, a formação inicial e continuada é imprescindível para aproximar-se desse cenário. Nas diretrizes, existe a menção expressa à obrigatoriedade de formação de professores. No entanto, essa responsabilidade se dilui entre os entes federados no corpo da legislação, a partir do momento em que dispõe:

> Parágrafo único. *Os sistemas de ensino*, de acordo com o artigo 67 da LDB, desenvolverão políticas de formação inicial e continuada, habilitando todos os professores leigos e promovendo o aperfeiçoamento permanente dos docentes.
> Art. 13. *Os sistemas de ensino*, além dos princípios e diretrizes que orientam a Educação Básica no país, observarão, no processo de normatização complementar da formação de professores para o exercício da docência nas escolas do campo, os seguintes componentes:
> I – estudos a respeito da diversidade e o efetivo protagonismo das crianças, dos jovens e dos adultos do campo na construção da qualidade social da vida individual e coletiva, da região, do país e do mundo;
> II – propostas pedagógicas que valorizem, na organização do ensino, a diversidade cultural e os processos de interação e transformação do campo, a gestão democrática, o acesso ao avanço científico e tecnológico e respectivas contribuições para a melhoria das condições de vida e a fidelidade aos princípios éticos que norteiam a convivência solidária e colaborativa nas sociedades democráticas (Brasil, 2002, grifos nossos).

Destarte, a União, no intuito de fomentar a aplicabilidade das diretrizes à realidade das escolas do campo, ao determinar que o Poder Público será responsável por políticas de formação inicial e continuada que respeitem as especificidades do campo, acaba por diluir o seu dever. O governo federal é o maior responsável público pelas universidades – onde acontece a formação inicial e grande parte da formação continuada. Nesse sentido, é responsabilidade material da União promover cursos de Licenciatura em Educação do Campo para que os futuros docentes possam atuar nas escolas do campo. Mas se estados e municípios não se engajarem na promoção de políticas públicas educacionais específicas para os campesinos esse esforço será inócuo. O contrário também é verdadeiro: se estados e municípios se empenham na transformação da educação do campo, mas a União não promove ou promove de maneira insuficiente a formação inicial e continuada de docentes para essa área, os resultados não serão materializados.

No caso do Brasil, avançou-se muito nos últimos anos na oferta de formação inicial para docentes do campo. Em 2007, somente 4 instituições ofertavam a Licenciatura em Educação do Campo: a Universidade Federal de Minas Gerais (UFMG), a Universidade de Brasília (UnB), a Universidade Federal do Sergipe (UFS) e a Universidade Federal da Bahia (UFBA). A partir de 2012, esse número saltou para 44 cursos. Atualmente, existem 31 universidades e 4 institutos federais que ofertam os 44 cursos de Licenciatura em Educação do Campo. É importante reconhecer os avanços; no entanto, também é preciso observar o caminho ainda a percorrer para tornar a Educação do Campo uma realidade no próprio campo.

Continuando a discorrer a respeito do marco legal, em 2010 é promulgado o Decreto Presidencial n.º 7.352, de 4 de novembro de 2010, que dispõe sobre a política de Educação do Campo e o Programa Nacional de Educação na Reforma Agrária (PRONERA). Ele vem reforçar os princípios da Educação do Campo e, a partir da experiência do PRONERA, busca aplicar na prática esses pressupostos referenciais. Em seu artigo 2º, o decreto estabelece como princípios da Educação do Campo:

> I – respeito à diversidade do campo em seus aspectos sociais, culturais, ambientais, políticos, econômicos, de gênero, geracional e de raça e etnia;
> II – incentivo à formulação de projetos político-pedagógicos específicos para as escolas do campo, estimulando o desenvolvimento das unidades escolares como espaços públicos de investigação e articulação de experiências e estudos direcionados para o desenvolvimento social, economicamente justo e ambientalmente sustentável, em articulação com o mundo do trabalho;
> III – desenvolvimento de políticas de formação de profissionais da educação para o atendimento da especificidade das escolas do campo, considerando-se as condições concretas da produção e reprodução social da vida no campo;
> IV – valorização da identidade da escola do campo por meio de projetos pedagógicos com conteúdos curriculares e metodologias adequadas às reais necessidades dos alunos do campo, bem como flexibilidade na organização escolar, incluindo adequação do calendário escolar às fases do ciclo agrícola e às condições climáticas;
> V – controle social da qualidade da educação escolar, mediante a efetiva participação da comunidade e dos movimentos sociais do campo (Brasil, 2010, p. 1).

O novo paradigma de Educação do Campo não mais comporta a visão hierarquizada dos processos educacionais. A educação para o campo deixa de ser uma fórmula pronta que serve como resposta para os interesses hegemônicos, e passa a ser um canal de liberdade e protagonismo para os povos campesinos.

> Educação do campo e não mais educação rural ou educação para o meio rural. A proposta é pensar a educação do campo como processo de construção de um projeto de educação dos trabalhadores do campo gestado desde o ponto de vista dos camponeses e da trajetória de lutas de suas organizações (Molina; Fernandes, 2004, p. 13).

Até então,

> Os tímidos programas que ocorreram no Brasil para a educação rural foram pensados e elaborados sem seus sujeitos, sem sua participação, mas prontos para eles. [...]. A educação rural projeta um território alienado porque propõe para os grupos sociais que vivem do trabalho da terra, um modelo de desenvolvimento que os expropria (Molina; Fernandes, 2004, p. 61-62).

Nesse sentido,

> A formação continuada é uma exigência da atividade profissional no mundo atual, não podendo ser reduzida a uma ação compensatória de fragilidades da formação inicial. O conhecimento adquirido na formação inicial se reelabora e se especifica na atividade profissional, para atender a mobilidade, a complexidade e a diversidades das situações que solicitam intervenções adequadas. Assim, a formação continuada deve desenvolver uma atitude investigativa e reflexiva, tendo em vista que a atividade profissional é um campo de produção de conhecimento, envolvendo aprendizagens que vão além da simples aplicação do que foi estudado (Brasil, 2007, p. 2).

O artigo 13 da Resolução do CNE/CEB n.º 1, de 3 de abril de 2002 (Brasil, 2002), determina que os sistemas de educação deverão complementar a formação dos professores para a educação básica com os seguintes componentes:

> I – estudos a respeito da diversidade e o efetivo protagonismo das crianças, dos jovens e dos adultos do campo na construção da qualidade social da vida individual e coletiva, da região, do país e do mundo;
> II – propostas pedagógicas que valorizem, na organização do ensino, a diversidade cultural e os processos de interação e transformação do campo, a gestão democrática, o acesso ao avanço científico e tecnológico e respectivas contribuições para a melhoria das condições de vida e a fidelidade aos princípios éticos que norteiam a convivência solidária e colaborativa nas sociedades democráticas (Brasil, 2002, p. 2).

A União, por contar com um corpo técnico maior e melhor capacitado na temática da Educação do Campo, bem como por possuir uma grande aproximação com os movimentos coletivos do campo, além de ser responsável pela maior parte da arrecadação de recursos, acaba por assumir a responsabilidade de auxiliar técnica e financeiramente os estados e municípios na execução da política de formação de professores para atuar nas escolas do campo, como verificamos nos exemplos a seguir.

Em abril de 1998, por meio da Portaria n.º 10/1998, o Programa Nacional de Educação na Reforma Agrária (PRONERA) é instituído. Tal programa busca fortalecer a educação nas áreas de reforma agrária, estimulando, propondo, criando, desenvolvendo e coordenando projetos educacionais, utilizando metodologias voltadas para a especificidade do campo e tendo em vista contribuir para a promoção do desenvolvimento sustentável (Brasil, 2004a, p. 17).

O público-alvo inicial era de jovens e adultos residentes em áreas de assentamento e acampamento da reforma agrária. Esse público foi redefinido em 2010, passando a ser formado por: jovens e adultos beneficiários dos projetos de assentamento criados ou reconhecidos pelo INCRA e também do Programa Nacional de Crédito Fundiário (PNFC); alunos de cursos de especialização promovidos pelo INCRA; professores e educadores que exerçam atividades educacionais voltadas às famílias beneficiárias e demais famílias cadastradas pelo INCRA. Os cursos são organizados em alternância, metodologia fundamentalmente estratégica para a Educação do Campo, uma vez que possui tempos e espaços formativos que atendem às especificidades da população campesina. Ainda, o PRONERA, desde seu surgimento, têm a característica participativa na gestão do programa, contando com instâncias participativas e deliberativas dos vários atores, princípio indispensável à Educação do Campo.

O programa apoia projetos em todos os níveis de ensino, sendo: Educação de Jovens e Adultos (EJA), ensino médio, ensino médio técnico profissionalizante e ensino superior. Os jovens e adultos de assentamentos participam de cursos de educação básica (alfabetização, ensinos fundamental e médio), técnicos profissionalizantes de nível médio e de diferentes cursos superiores e de especialização e mestrado. O PRONERA capacita educadores para atuar nas escolas dos assentamentos, e coordenadores locais que agem como multiplicadores e organizadores de atividades educativas comunitárias.

O PRONERA existe há 15 anos e tem resultados robustos. Segundo a II PNERA BRASIL (2015) – pesquisa realizada pelo Instituto de Pesquisa Econômica Aplicada (Ipea) –, o programa atendeu, até o ano de 2011, 125.600 educandos de 880 municípios, por meio de 320 cursos em parceria com 82 instituições de ensino do país, sendo 167 cursos de EJA nível fundamental, 99 de ensino médio e 54 de nível superior. A seguir, a divisão pormenorizada dos cursos do PRONERA, feita pelo Ipea (2015):

Gráfico 1: Número de cursos do PRONERA por modalidade

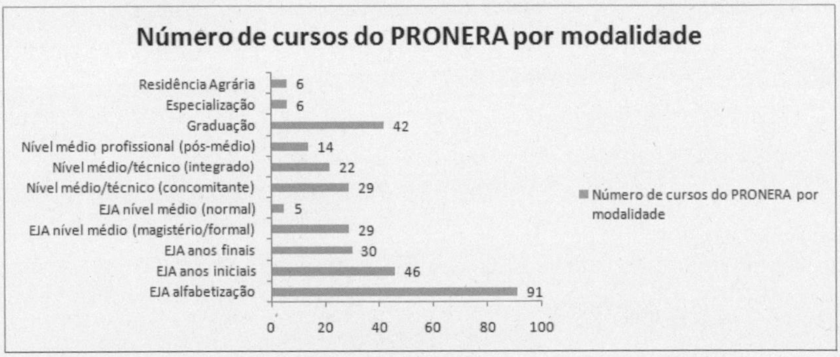

Fonte: II PNERA (IPEA, 2015). Elaboração própria.

Outra importante experiência foi o Programa Escola Ativa (PEA), o qual constitui uma estratégia metodológica voltada, exclusivamente, para as classes multisseriadas e unidocentes do campo. Criado na Colômbia, na década de 1960, o programa tinha como objetivo a redução dos índices de reprovação e de abandono da sala de aula pelos alunos das escolas multisseriadas do primeiro ciclo do ensino fundamental. O programa chega ao Brasil em 1997. Aqui, ele tinha como característica principal a descentralização do ensino, apontando para a organização interdisciplinar dos conteúdos e da relação que se busca estabelecer entre o conhecimento que os estudantes trazem de suas experiências comunitárias e dos conteúdos de aprendizagem escolar. A proposta pedagógica do Programa Escola Ativa tem por objetivos propiciar condições para o trabalho com as diferenças regionais e com as populações que constituem os povos do campo (Brasil, 2010, p. 23).

O projeto-base apresenta o Projeto Escola Ativa e fundamenta-se no princípio de organização do ensino e de significação da aprendizagem (Brasil, 2010). Desse modo, propunha formas alternativas de organização e de funcionamento de turmas multisseriadas, envolvendo agrupamento de todas as séries, proporcionando possibilidades de construção da aprendizagem de forma interativa.

O programa se propõe a valorizar o profissional da educação escolar através da busca de condições adequadas de formação – em caracteres inicial e continuado –, remuneração, acompanhamento pedagógico, possibilidades de intercâmbio e formas de aprendizagem em serviço, estudo da diversidade e dos processos de interação e de transformação do campo. Seu papel consiste em promover situações de envolvimento e compromisso dos estudantes com o estudo e a ação sobre sua realidade e com a valorização dos povos do campo (Brasil, 2010, p. 22).

O programa teve como prioridade inicial a Educação de Jovens e Adultos (EJA) e foi gradualmente se expandindo para as educações básica, superior e de pós-graduação, além de apontar a necessidade eminente de formação continuada de educadores.

Os dados sobre o Programa Escola Ativa não foram encontrados de forma sistematizada. Apenas um relatório do MEC, datado de 2010, contém alguns indicativos sobre o atendimento das ações do programa. Os dados estão na tabela a seguir.

Tabela 1: Atendimento do Programa Escola Ativa

Período	Região(ões) atendida(s)	Escolas atendidas	Estudantes atendidos
1997 - 1998	Região Nordeste	***	***
***	Nordeste, Norte e Centro-Oeste	10.000	***
2008	Todas	27.000	***
2010	Todas	39.732	1.321.833

Fonte: Brasil, 2010. Elaboração própria.

Logo após passar pelo período de experimentação, esse programa foi institucionalizado. A ampliação do número de municípios participantes levou à conclusão de seu processo de expansão e posterior extinção em 2007, cedendo lugar ao Programa Escola da Terra, atualmente em execução e configurando uma ação de formação de professores dos anos iniciais do ensino fundamental que atuam com classes multisseriadas nas escolas do campo e em comunidades quilombolas.

A formação de professores para turmas/classes multissérie é um ponto de extrema importância para a Educação do Campo, uma vez que abrangem um número expressivo de escolas que têm a necessidade de agrupar, em uma mesma classe, alunos de diferentes faixas etárias e níveis de desenvolvimento escolar. O desafio e as manobras necessárias para cotidianamente desenvolver um trabalho que potencialize a diversidade da sala de aula faz com que muitos professores rejeitem o exercício da docência, ora pela desvalorização profissional, ora pelo desafio prático exigido.

No caso da condução do processo pedagógico, os professores se sentem angustiados quando assumem a visão de multissérie, e têm tantos planos e estratégias de ensino e avaliação diferenciados a elaborar quanto forem as séries reunidas na turma – ação esta fortalecida pelas secretarias de educação quando definem encaminhamentos pedagógicos e administrativos padronizados (Hage, 2006, p. 4).

Em contraponto ao modelo enrijecido estabelecido pelos entes públicos em suas políticas educacionais, o Caderno 4 da Coleção da Educação do Campo da FaE/UFMG, que trata sobre Identidade e Políticas Públicas, traz como um dos objetivos "Contribuir na reflexão político-pedagógica da educação do campo, partindo das práticas já existentes e projetando novas ações educativas que ajudem na formação dos sujeitos do campo" (Antunes-Rocha; Carvalho, 2016, p. 12).

Uma estratégia de rompimento com o ciclo que reproduz o discurso de poder e legitima a dominação dos trabalhadores e trabalhadoras do campo é repensar as metodologias e a organização curricular dos cursos de formação inicial ou continuada de professores, propondo reflexões por meio das quais seja possível desdobrar um novo olhar para a realidade em que se vive, levando em consideração as especificidades inerentes à educação do campo, como o trabalho em salas multisseriadas, a distorção idade-série, o calendário agrícola, dentre outros elementos que podem compor o arcabouço de politização/conscientização do profissional professor, percebendo a sua responsabilidade e seu poder de mediador enquanto agente de transformações.

> Temos uma preocupação prioritária com a escolarização da população do campo. Mas, para nós, a educação compreende todos os processos sociais de formação das pessoas como sujeitos de seu próprio destino. Neste sentido, educação tem relação com cultura, com valores, com jeito de produzir, com formação para o trabalho e para a participação social (Antunes-Rocha; Carvalho, 2016, p. 14).

Entretanto, para atender a formação básica exigida para exercer a docência, muitos professores do campo têm recorrido às instituições privadas de ensino superior, as quais, na modalidade de Educação à Distância (EaD), vêm disponibilizando, com menor exigência, os diplomas do ensino superior necessários para que esses educadores consigam um status de empregabilidade e estabilidade por meio de concursos públicos. O título é alcançado, mas nem sempre são oportunizadas reflexões emanadas do contexto real em que esses professores se inserem.

A fragilidade da formação oferecida aos professores que atuam nas escolas do campo é refletida na ausência de uma pedagogia da terra, ou seja, de um curso que traga como centralidade os sujeitos do campo e as condições de produção e reprodução da vida camponesa. Ainda, não existe na organização curricular dos cursos e conteúdos que tratem da modalidade do campo e suas especificidades com vistas a criar uma nova intelectualidade que vá se constituindo em contato com os sujeitos do campo, articulados aos interesses dos trabalhadores.

O conteúdo dos cursos de formação de professores, como de estudantes da educação básica do campo e da cidade, precisa assegurar a leitura histórica da realidade, articulada com os processos formativos mais amplos, contemplando ciência, cultura, experiência e trabalho (Frigotto, 2010, p. 36). Nesse contexto, o educador do campo tem papel fundamental na construção de um novo projeto de sociedade, considerando a existência de tempo e modos diferentes de ser, viver e produzir, admitindo assim a necessidade de novos e variados modelos de educação e de escola, bem como novas políticas e programas de formação de educadores e educadoras para atuar de forma consciente nesses espaços.

Como resultado das reivindicações dos movimentos coletivos do campo em 2002, foi aprovada a Resolução CNE/CEB n.º 1, de 3 de abril de 2002, que instituiu as Diretrizes Operacionais da Educação do Campo que traça os rumos da educação do campo no país. Nesse documento, o direito à formação continuada aparece com maior intensidade no artigo 15, que trata "da remuneração digna, inclusão nos planos de carreira e institucionalização de programas de formação continuada para os profissionais da educação que propiciem, no mínimo, o disposto nos artigos 13, 61, 62 e 67 da LDB" (Brasil, 2002).

A discussão na Educação do Campo no que diz respeito aos anos iniciais encontra-se ainda pouco latente; é necessário ampliarmos nosso olhar acerca dessa modalidade, visto que representam e atendem um número expressivo de escolas.

Tabela 2: Número de escolas públicas e rurais[1] por etapa de ensino (2018) – Brasil

Etapa	Número de escolas públicas	Número de escolas públicas rurais
Educação infantil	68.044	27.874
Anos iniciais do Ensino Fundamental	58.455	20.436
Anos finais do Ensino Fundamental	43.615	13.791
Ensino Médio	20.368	2.810

Fonte: INEP, 2018. Elaboração própria.

[1] No Censo Escolar não há divisão entre escolas do campo e urbanas, mas sim entre rurais e urbanas, de modo que não foi possível o dado do número de escolas do campo.

Tabela 3: Número de matrículas em escolas públicas rurais por etapa de ensino (2016-2018) – Brasil

Ano	Ensino Fundamental	Anos iniciais	Anos finais	Ensino Médio
2016	3.871.988	2.435.027	1.436.961	342.998
2017	3.784.701	2.367.285	1.417.416	345.690
2018	3.666.757	2.271.786	1.394.971	351.721

Fonte: INEP, 2018. Elaboração própria.

Para a efetivação das formações iniciais e continuadas ofertadas à grande demanda de professores existentes, é recorrente a utilização de instrumentos e metodologias como coisas diversas. Contudo, a preocupação está na possibilidade de que os cursos de formação continuada constituam em um arcabouço teórico e prático que dê condições para ampliar as práticas docentes levando em consideração o contexto campesino. Os movimentos coletivos do campo dão preferência à formação por alternância pela possibilidade de alternar tempos e espaços em uma perspectiva educativa.

Voltando às experiências práticas de Educação do Campo no país, em março de 2012, o governo federal lança o Programa Nacional de Educação do Campo (Pronacampo), que oferece apoio técnico e financeiro para implementação da política de Educação do Campo. O Eixo II do programa trata da formação de professores, tanto em caráter inicial quanto continuado, sendo:

1. Oferta de cursos de Licenciatura em Educação do Campo (Procampo).
2. Expansão de polos da Universidade Aberta do Brasil (UAB).
3. Cursos de extensão, aperfeiçoamento e especialização (PDE Interativo).
4. Financiamento específico nas áreas de conhecimento voltadas à Educação do Campo e quilombola, por meio do Observatório da Educação e do Programa de Extensão Universitária (PROEXT), conforme demanda apresentada.

Como uma ação dentro desse eixo, foi instituído, por meio da Portaria n.º 579 de julho de 2013, o Programa Escola da Terra, com o objetivo de promover a formação continuada de professores. A atuação é de iniciativa do Ministério da Educação, por intermédio da Secretaria de Educação Continuada, Alfabetização, Diversidade e Inclusão (SECADI/MEC), em regime de colaboração com estados, Distrito Federal e prefeituras municipais.

O Programa Escola da Terra, como uma política pública de formação de professores nas escolas do campo, é resultado das reivindicações dos movimentos coletivos do campo na tentativa de formar professores que se aproximem da vida cotidiana do campo, ou seja, encurtar o distanciamento entre o fazer da escola e o fazer no cotidiano do estudante.

Nesse sentido, o Ministério da Educação lançou, em 2011, o Programa de Formação de Professores dos Anos Iniciais do Ensino Fundamental: Escola da Terra para docentes que atuam em classes multisseriadas em escolas do campo e comunidades quilombolas. Este programa surge em contraposição ao Programa Escola Ativa, criado em 1997.

O Programa de Formação de Professores do Escola Ativa não havia obtido os resultados almejados em detrimento especialmente da metodologia por ele adotada. A professora Celi Taffarel, em entrevista, afirma que a preparação dos formadores está sendo proposta somente do ponto de vista técnico-pedagógico, faltando a dimensão científica consistente e a dimensão política, bem como a explicitação dos dados concretos do programa (Taffarel, 2015).

E ela acrescenta que, mesmo após reformulações, o programa não agregou à discussão necessária com os professores do campo de maneira a contribuir para a assunção dessa identidade, na concepção da Educação do Campo enquanto uma educação emancipatória. O programa não atingiu um grau de reformulação nacional capaz de identificá-lo com os fundamentos da Educação do Campo, que tem sua identidade relacionada às lutas sociais pela reforma agrária e por outro modelo de desenvolvimento econômico no campo (Taffarel, 2015).

O Programa Escola da Terra surge, então, como alternativa de reconstrução da estrutura da proposta de educação continuada, conforme disposto no Pronacampo, no eixo de formação de professores, podendo configurar em uma experiência significativa na formação continuada de educadores do campo, atravessada pelas discussões concernentes à Educação do Campo, especialmente no que se refere à problematização territorial local. Nóvoa (1991, p. 30) destacava que

> A formação continuada deve estar articulada como desempenho profissional dos professores, tomando as escolas como lugares de referência. Trata-se de um objetivo que só adquire credibilidade se os programas de formação se estruturarem em torno de problemas e de projetos de ação e não em torno de conteúdos acadêmicos.

O Programa de Formação Escola da Terra tem sua proposta metodológica em conformidade com o que Tardif (2002, p. 15) diz que "é impossível compreender a natureza do saber dos professores sem se colocar em íntima relação com o que os professores, nos espaços de trabalho cotidiano, são, fazem, pensam e dizem".

O mesmo autor ressalta que "pode-se definir o saber docente como saber plural, formado pelo amálgama, mais ou menos coerente, de saberes oriundos da formação profissional, dos saberes das disciplinas, dos currículos e da experiência" (Tardif, Lessard, Lahaye, 1991, p. 218).

Assim, a formação oportunizada pelo Programa Escola da Terra fomenta a participação e a valoração dos diversos saberes e experiências como instrumento importante na formação continuada. Apesar dos desafios vivenciados em cada estado do país que desenvolve a proposta, os resultados do programa são promissores e garantiram que muitos professores que atuam nas escolas do campo tivessem garantido o direito à formação continuada, assim como possibilitou um olhar novo sobre a realidade e os modos de vida camponeses, aproximando a escola do contexto imediato dos estudantes e, com isso, ressignificando a prática docente.

Considerações finais

A formação inicial e continuada no contexto brasileiro, em especial a formação para a Educação do Campo, apesar de todo avanço histórico vivenciado, ainda constitui, no Brasil, um desafio a ser enfrentado, uma vez que as complexidades inerentes às especificidades educacionais ainda não são atendidas na amplitude necessária.

Cabe-nos destacar que a Licenciatura em Educação do Campo habilita professores a atuar nos anos finais do ensino fundamental e médio. Portanto, não há nenhum curso superior específico que forme professores para atuar na educação infantil e nos anos iniciais do ensino fundamental nas escolas do campo. Conforme mencionado, o currículo da Pedagogia não contempla a Educação do Campo como modalidade de ensino que exige uma formação específica.

Diante disso, os cursos de formação continuada oferecidos às escolas do campo têm a função de suprir lacunas da formação inicial. Assim, a formação continuada oferecida não alcança os resultados almejados, uma vez que há limites temporais que comprometem o desenvolvimento do curso, ao se ocupar de completar a defasagem da formação inicial no que tange às especificidades camponesas. Ao ter que se ocupar em remendar os hiatos da formação inicial, o curso não garante a continuidade do processo formativo em serviço.

Essa problemática acaba impactando nos resultados das escolas do campo, que poderiam ser ainda mais promissores. Esse apontamento revela a necessidade de autorização de cursos superiores com foco na formação inicial de professores para atuar nas escolas do campo na educação infantil e anos iniciais do ensino fundamental.

Referências

ALFERES, M. A.; MAINARDES, J. S. A formação continuada de professores no Brasil. In: SEMINÁRIO DE PESQUISA DO PROGRAMA DE PÓS-GRADUAÇÃO EM EDUCAÇÃO DA UNIVERSIDADE ESTADUAL DE MARINGÁ. Maringá, 26 e 27 maio 2011.

ANFOPE – Associação Nacional pela Formação dos Profissionais da Educação. Documento Final IX Encontro Nacional Campinas 1998. Disponível em: https://bit.ly/3A63DNw. Acesso em: 20 ago. 2019.

ANTUNES-ROCHA, M. I.; CARVALHO, C. A. S. (Orgs.). *Ciências da Vida e da Natureza e Matemática*. (Caderno IV Escola da Terra.) Belo Horizonte: FaE/UFMG, 2016. (Coleção Formação em Educação do Campo.) p. 40-41.

ASSOCIAÇÃO NACIONAL PELA FORMAÇÃO DOS PROFISSIONAIS DA EDUCAÇÃO (Anfope). Análise do Documento "Projeto de Resolução que define as Diretrizes Curriculares Nacionais para a formação inicial e continuada". 2014, 8 p. (mimeo.)

BRASIL. Diretrizes Operacionais para a Educação Básica nas Escolas do Campo – Resolução CNE/CEB n.º 1 de 3 de abril de 2002. Brasília: Secretaria de Educação Continuada, Alfabetização, Diversidade e Inclusão (SECADI/MEC), 2002.

BRASIL. Programa Nacional de Educação na Reforma Agrária (PRONERA) – Manual de Operações, abril de 2004. Brasília: SECADI/MEC, 2004a.

BRASIL. *Escola Ativa: projeto-base*. Brasília: SECADI/MEC, 2010.

BRASIL. Lei 11.502, de 11 de julho de 2007. Modifica as competências e a estrutura organizacional da fundação Coordenação de Aperfeiçoamento de Pessoal de Nível Superior – CAPES, de que trata a Lei no 8.405, de 9 de janeiro de 1992; e altera as Leis nos 8.405, de 9 de janeiro de 1992, e 11.273, de 6 de fevereiro de 2006, que autoriza a concessão de bolsas de estudo e de pesquisa a participantes de programas de formação inicial e continuada de professores para a educação básica. Diário Oficial [da] República Federativa do Brasil, Brasília, DF, 12 jul. 2007.

BRASIL. II PNERA: *Relatório da II Pesquisa Nacional sobre a Educação na Reforma Agrária*. Brasília: MDA, 2015.

BRASIL. Lei n.º 10.172, de 9/1/2001. *Estabelece o Plano Nacional de Educação*. Diário Oficial da União, Brasília, DF, 10 jan. 2001.

CANDAU, V. M. F. *Formação Continuada de Professores: Tendências Atuais*. Pontifícia Universidade Católica do Rio de Janeiro, Rio de Janeiro 1996.

CAVALCANTI, C. R. Educação do Campo: contexto histórico e fundamentos político-pedagógicos In: CAVALCANTI, C. R.; ARAUJO, H. de F. A.; SILVA, J. de R. S. *Rede de educação para a diversidade curso de formação em educação do Campo*. São Luís, 2011.

FRIGOTTO, G. Projeto societário contra-hegemônico de Educação do Campo: desafios de conteúdo, método e forma. In: MUNARIM, A. *et al.* (Orgs.). *Educação do campo: reflexões e perspectivas*. Florianópolis: Insular, 2010. p. 19-46.

HAGE, S. M. A realidade das escolas multisseriadas frente as conquistas na legislação educacional. In: ANAIS DA 29ª reunião anual da ANPED. *Educação, cultura e conhecimento na contemporaneidade: desafios e compromisso manifestos*. Caxambu: ANPED, 2006.

INSTITUTO NACIONAL DE ESTUDOS E PESQUISAS EDUCACIONAIS ANÍSIO TEIXEIRA – INEP. *Matriz de referência* Brasília, DF: Ministério da Educação, 2013. Disponível em: https://bit.ly/3xViAiI. Acesso em: 6 jan. 2018.

KRAMER, S. *Alfabetização, leitura e escrita: formação de professores em curso.* São Paulo: Ática, 1989.

MARIN, A. J. Educação continuada: introdução a uma análise de termos e concepções. *Caderno Cedes*, 1. ed., n. 36, 1995.

MEDIANO, Z. D. *A formação em serviço do professor a partir da pesquisa e da prática pedagógica.* Tecnologia Educacional, Rio de Janeiro, v. 21, 1992.

MOLINA, M. C.; FERNANDES, B. M. (Orgs.). *Contribuições para a construção de um projeto de Educação do Campo.* Brasília: Articulação Nacional por uma Educação do Campo, 2004. (Coleção Por uma Educação do Campo, v. 5.)

MOREIRA, C. E. *Formação continuada de professores: entre o improviso e a profissionalização.* Florianópolis: Insular, 2002.

NÓVOA, A. (1991). *A formação contínua entre a pessoa-professor e a organização-escola.* Inovação, v. 4, n. 1, pp. 63-76.

PEDROSO, R. J. *Perspectiva crítico-reflexiva na formação continuada de professores da Educação Básica: trabalho de formação continuada realizado no município de Telêmaco-Borba-PR.* 1998. Dissertação (Mestrado em Educação) – Universidade Estadual de Ponta Grossa, Ponta Grossa, 1998.

RIBAS, M. H. *Construindo a competência: processo de formação de professores.* São Paulo: Olho d'Água, 2000.

SCHÖN, D. A. *Educating the Reflective Practitioner: Toward a New Design for Teaching and Learning in the Professions.* New York: Basic Books, 1987.

SCHÖN, D. A. *La formación de profissionales reflexivos.* Barcelona: Paidós, 1992.

SCHÖN, D. A. *Formar professores como profissionais reflexivos.* In: NÓVOA, A. (Org.). Os professores e sua formação. Lisboa: Dom Quixote, 1995.

SILVA, C. S. R.; FRADE, I. C. A. Formação de professores em serviço. In: *Presença Pedagógica.* Belo Horizonte, v. 3, n. 13, 1997.

SOARES, K. C. D. *Trabalho docente e conhecimento.* Tese. (Doutorado em Educação). Universidade Federal de Santa Catarina, 2008.

TAFFAREL, C. Z. *Pedagogia histórico-crítica.* [Entrevista concedida a Cláudio de Lira Santos Júnior, Flávio Dantas A. Melo.] Germinal: Marxismo e Educação em Debate, Salvador, v. 7, n. 1, p. 253-285, jun. 2015.

TARDIF, M. *Saberes docentes e formação profissional.* Petrópolis: Vozes, 2002.

TARDIF, M.; LESSARD, C.; LAHAYE, L. Os professores face ao saber: esboço de uma problemática do saber docente. *Teoria & Educação*, Porto Alegre, n. 4, 1991.

ZEICHNER, K. M. Para além da divisão entre professor-pesquisador e pesquisador acadêmico. In: GERALDI, C. M. G.; FIORENTINI, Dario; PEREIRA, E. M. de A. (Orgs.). *Cartografias do trabalho docente: professor(a) pesquisador(a).* Campinas, Mercado das Letras: Associação de Leitura no Brasil, 1998.

CAPÍTULO 6

Traçando algumas repercussões do Programa de Formação de Professores do Projeto Escola da Terra no estado de Minas Gerais

Álida Angélica Alves Leal
Cynthia Souza Ramos

Introdução

Quem é tem interesse em participar,
quem é que se prontifica para ensinar,
tá lançado o desafio e o refrão vamos cantar:
"Sempre é tempo de aprender,
sempre é tempo de ensinar".
"Sempre é tempo de aprender", Zé Pinto

Este capítulo, que versa sobre o Programa de Formação de Professores do Projeto Escola da Terra no estado de Minas Gerais, dialoga com o trecho da música indicada em epígrafe, pois, ao longo das próximas páginas, traçaremos algumas respostas para um desafio que nos foi lançado: identificar algumas repercussões do referido programa no estado nos diversos territórios em que esteve presente entre os anos de 2013 e 2018.

O Programa de Formação de Professores do Projeto Escola da Terra compõe uma das ações do Programa Nacional do Campo (Pronacampo). Instituído em 20 de março de 2012, este último é um conjunto de ações articuladas que visam à melhoria do ensino nas redes existentes, bem como a formação docente, produção de material didático específico, acesso e recuperação da infraestrutura e qualidade da Educação no Campo em todas as etapas e modalidades.

O Programa Escola da Terra, por sua vez, instituído pela Portaria do MEC n.º 579/2013, teve início no referido ano com sete universidades federais, situadas em quatro das cinco regiões do país, selecionadas para participar de projeto-piloto (Brasil, 2013). No estado de Minas Gerais, nos anos de 2015, 2017 e 2018, o programa consistiu em uma parceria entre o Ministério da Educação (MEC), por meio da SECADI (Secretaria de Educação Continuada, Alfabetização, Diversidade e Inclusão), da Secretaria Estadual de Educação (SEE/MG) e da Universidade Federal de Minas Gerais (UFMG), que desde 2005 oferta o curso de Licenciatura em Educação do Campo, sendo tal iniciativa pioneira no Brasil. Em 2016, uma parceria foi constituída com a Universidade Federal de Uberlândia (UFU). O programa teve como objetivo promover a melhoria das condições de acesso, permanência e aprendizagem dos estudantes do campo e quilombolas em suas comunidades. De modo específico, ofereceu apoio à formação de docentes que trabalhavam em turmas multisseriadas dos anos iniciais do ensino fundamental e em escolas de comunidades quilombolas, fortalecendo a escola como espaço de vivência social e cultural.

Neste texto, conforme já indicado, buscamos identificar e analisar algumas repercussões do desenvolvimento do programa no estado de Minas Gerais. Em uma simples busca no Google, identificamos que a palavra "repercussão" vem do latim *repercussĭo, ōnis,* que significa "reflexão (da luz), reflexo". Já de acordo com o dicionário Michaelis on-line, o termo significa "ato ou efeito de repercutir(-se)", como também "ato ou efeito de refletir ou de reverberar; reflexão, reverberação". Discutir sobre as reverberações de um programa governamental, neste caso, diz respeito ao intuito de analisar e avaliar políticas e programas sociais, que, conforme Boschetti (2009, p. 2), contempla estudos que "se dedicam a compreender a configuração das políticas sociais, o que pressupõe conhecer e explicitar sua dimensão, significado, abrangência, funções, efeitos, enfim, todos os elementos que atribuem forma e significado às políticas sociais". Buscamos, de modo específico, compreender alguns "efeitos" do programa em questão, ou seja, alguns aspectos e algumas dimensões relacionadas àquilo que foi (e, possivelmente, continua sendo) produzido a partir de seu desenvolvimento, nos territórios e sujeitos por ele alcançados.

Neste sentido, visando cumprir o objetivo traçado para este trabalho, nosso percurso metodológico contou com entrevistas semiestruturadas com membros da coordenação geral do programa, leitura de relatórios produzidos tanto pela equipe de coordenação geral como por alguns participantes e análise de materiais diversos – como aqueles divulgados na mídia sobre o desenvolvimento das ações em Minas Gerais, a produção audiovisual com registro de seminários de avaliação do programa, disponíveis na internet, além de produção científica já divulgada sobre o assunto.

Este texto está dividido em duas partes. A primeira se refere a uma visão panorâmica do cenário da Educação do Campo em Minas Gerais, destacando motivos pelos quais o estado é considerado um gerador de inovações em termos de processos formativos na perspectiva da Educação do Campo. A segunda parte diz respeito à apresentação geral do Programa Escola da Terra em Minas Gerais, com destaque para a análise de algumas de suas repercussões.

Situando o Programa Escola da Terra no cenário da Educação do Campo em Minas Gerais

A Educação do Campo constitui-se como um conjunto de princípios, conceitos e práticas que pautam as esferas governamentais em termos da demanda por um projeto educacional que responda aos interesses de um grupo social em torno da luta para construir processos para a produção e reprodução de suas vidas como camponeses. Segundo Caldart *et al.* (2012, p. 259), a Educação do Campo é

> um fenômeno da realidade brasileira atual, protagonizado pelos trabalhadores do campo e suas organizações, que visa incidir sobre a política de educação desde os interesses sociais das comunidades camponesas. Objetivo e sujeitos a remetem às questões do trabalho, da cultura, do conhecimento e das lutas sociais dos camponeses e ao embate (de classe) entre projetos de campo e entre lógicas de agricultura que têm implicações no projeto de país e de sociedade e nas concepções de política pública, de educação e de formação humana.

A Educação do Campo é uma formação emancipatória na qual os sujeitos podem se reconhecer diante das práticas docentes e do conjunto do processo formativo para seu crescimento. Esse trabalho tem sido a mediação entre a educação e a formação ao longo dos anos, assim como no histórico da Educação do Campo, sendo importante compreender esse processo especificamente neste contexto, considerando os sujeitos do campo e a partir de suas próprias práticas. Considerando essa linha de pensamento, Kolling (1999, p. 29) ressalta que

> O propósito é conceber uma educação básica do campo, voltada aos interesses e ao desenvolvimento sociocultural e econômico dos povos que habitam e trabalham no campo, atendendo às suas diferenças históricas e culturais, para que vivam com dignidade e para que, organizados, resistam contra a expulsão e a expropriação. Não basta ter escolas no campo, ou seja, são necessárias escolas com um projeto político-pedagógico vinculado às causas, aos desafios, aos sonhos, à história e à cultura do povo trabalhador do campo.

O processo de aprendizagem não se faz de maneira individualizada. Ele se baseia na troca de experiências, no coletivo, na construção conjunta. O trabalho docente inicia-se com o diálogo entre os sujeitos participantes desse processo formativo, com o intuito de construírem juntos novos conhecimentos, levando em conta a bagagem cultural de cada indivíduo.

Aqui, de modo amplo, é preciso situar o Programa Escola da Terra dentro de um conjunto de ações da Educação do Campo em Minas Gerais nas duas últimas décadas. O estado registra o desenvolvimento de projetos desenvolvidos no âmbito do Programa Nacional de Educação na Reforma Agrária (PRONERA) e do Pronacampo através da oferta de projetos voltados para a educação de adultos (alfabetização, ensino fundamental e médio), educação superior e pós-graduação. Há, também, um expressivo contingente de ações relacionadas à construção de escolas, disponibilização de livros didáticos específicos para o campo, apoio na realização de eventos, de pesquisas e de publicações.

A formação de educadores é pauta da Educação do Campo desde os seus momentos iniciais, como apontam Antunes-Rocha e Molina (2014). A primeira política pública, o PRONERA, desenvolvido pelo Instituto Nacional de Colonização e Reforma Agrária em 1998, tinha como centralidade a formação docente inicial e continuada. No espaço institucional da SECADI/MEC, conquistou-se a implantação de projetos como o Programa Escola Ativa, Saberes da Terra, Universidade Aberta do Brasil: Diversidade, especializações e o Programa Nacional das Licenciaturas em Educação do Campo (Procampo). Em 2013, os projetos e ações do MEC foram inseridos no Programa Nacional da Educação do Campo (Pronacampo).

As experiências de formação foram, ao longo desses vinte anos, configurando-se como um contexto de práticas, de políticas públicas e de luta, isto é, como um espaço gerador de experiências fecundas em termos de possibilidades, visto que seus processos pedagógicos organizam-se em tempos e espaços diferenciados (alternância entre tempo-escola e tempo-comunidade). Suas estruturas de gestão garantem a participação dos movimentos sociais e sindicais, bem como dos educandos, estabelecendo rotinas que priorizam a convivência solidária, desenvolvendo matrizes curriculares em torno do diálogo-tensão entre saberes e conhecimentos, no qual a realidade camponesa, em seus aspectos econômicos, políticos, econômicos e culturais, assume centralidade.

Em Minas Gerais, foi executado, no período compreendido entre 1998 a 2018, um expressivo número de projetos relacionados à formação de educadores. Essa abrangência da oferta se relaciona também com a diversidade dos níveis e modalidades de cursos implantados. O estado é considerado como um gerador de inovações em termos de processos formativos na perspectiva da Educação do Campo.

A título de exemplo, podemos mencionar que o curso de Licenciatura em Educação do Campo desenvolvido na UFMG, na Faculdade de Educação

(LECampo/FaE/UFMG), que desde 2005 é considerado uma iniciativa pioneira que serviu de referência para a criação do Programa Nacional de Licenciatura do Campo (Molina, 2009). O projeto de formação de educadores desenvolvido pela Universidade Estadual de Montes Claros (Unimontes), no qual se articula o curso de Pedagogia do Campo e EJA/nível médio/magistério com a alfabetização de jovens e adultos, é um modelo para a formação no âmbito dos assentamentos rurais. A Universidade Estadual de Minas Gerais (UEMG) recebeu um prêmio nacional (Medalha Paulo Freire) pelo desenvolvimento de projetos de alfabetização de jovens e adultos associados a cursos para ampliação dos níveis de escolarização dos alfabetizadores.

No Estado, atualmente, existem ofertas de cursos de Licenciatura em Educação do Campo nas seguintes Instituições de Ensino Superior (IES) e nas seguintes áreas do conhecimento: UFMG (Ciências da Vida e da Natureza, Ciências Sociais e Humanidades, Línguas, Artes e Literatura e Matemática); UFTM (Ciências da Natureza e Matemática); UFV (Ciências da Vida e da Natureza); UFVJM (Ciências da Vida e da Natureza; Matemática); além da oferta de um curso na área de Ciências Agrárias pelo Instituto Federal do Sul de Minas (IFSul Campus Inconfidentes) (Leal; Dias; Camargos, 2019). A UFMG, atualmente, conta com mais de 250 egressos do curso de graduação, situados, especialmente, nas regiões norte e do Vale do Jequitinhonha.

No estado, destaca-se, ainda, a presença de vinte e uma Escolas Família Agrícola (EFAs) nas regiões do Vale do Jequitinhonha, norte, do Mucuri e sul do estado. A primeira escola, implantada no município de Muriaé, na Zona da Mata, teve seus trabalhos iniciados no ano de 1983. As escolas estão articuladas por meio da Associação Mineira das Escolas Família Agrícola (AMEFA), criada em 24 de julho de 1993, uma entidade civil sem fins lucrativos que congrega as associações das escolas para sua coordenação e representação no estado. Dados de 2016, divulgados pela Secretaria do Estado de Educação de Minas Gerais (SEE/MG), apontavam para o atendimento de cerca de 2 mil estudantes de mais de 1.200 comunidades naquele ano.

Outro aspecto a ser mencionado refere-se à Rede Mineira de Educação do Campo, que foi "[...] discutida, refletida e criada no âmbito do I Encontro Estadual 'Por uma Educação Básica do Campo', realizado entre 5 e 7 de junho de 1998, em Belo Horizonte, tendo sido promovido pelo MST [Movimento dos Trabalhadores Rurais Sem Terra], FETAEMG [Federação dos Trabalhadores na Agricultura do Estado de Minas Gerais], CPT [Comissão Pastoral da Terra], AMEFA [Associação Mineira das Escolas Famílias Agrícolas de Minas Gerais] e CEDEFES [Centro de Documentação Eloy Ferreira da Silva]" (Mari; Horário; Santos, 2016, p. 467). É composta por representantes de associações, movimentos sociais, sindicatos e Instituições de Ensino Superior que possuem vínculos com o movimento da Educação do Campo, entre outros. Constitui-se "como espaço de formação de lideranças, espaço político de discussão sobre as questões conjunturais do campo e de articulação e planejamento de trabalho com as escolas/experiências de educação do campo" (Mari; Horário; Santos, 2016, p. 467). Conforme os autores, a articulação da chamada Rede Mineira expressa o protagonismo dos movimentos sociais no debate sobre a Educação do Campo no território mineiro, particularmente no que tange a construção, implantação e avaliação de políticas públicas, a exemplo da criação da segunda turma do curso de Licenciatura em Educação do Campo da UFMG, no ano de 2008, processo constituído por acordos, tensões e contradições.

Em Minas Gerais, a Educação do Campo está instituída por meio das Diretrizes para a Educação Básica nas Escolas do Campo (Resolução SEE n.º 2.820, de 11 de dezembro de 2015). O documento, que ratifica as orientações da Resolução n.° 1 do Conselho Nacional de Educação (CNE) que instituiu, no ano de 2002, as Diretrizes Operacionais para Educação Básica das Escolas do Campo e da Política Nacional de Educação do Campo, instituída pelo Decreto n.º 7.352, de 4 de novembro de 2010, é considerado uma

> abertura de um novo paradigma na educação escolar mineira, historicamente marcada por um contexto de exclusão social, sendo inacessível para grande parte da população rural, para quem a oferta de políticas públicas foi historicamente tida como uma concessão aos povos do campo, sem a consideração do protagonismo dos sujeitos de direitos que nele vivem (SEE/MG, 2015a, p. 6).

O documento foi elaborado a partir de um longo processo de discussões, que teve início no IV Encontro dos Movimentos Sociais, ocorrido em 2001, quando o MST se reuniu com todas as secretarias do governo, incluindo a Secretaria de Estado de Educação (SEE/MG), contando, também, com a participação de várias universidades e apoiadores (SEE/MG, 2015). Tal movimento culminou, naquele ano, na criação do Grupo de Trabalho Educação do Campo. Em 2012, realizou-se o I Seminário Educação do Campo: Propostas de Diretrizes para Minas Gerais, quando o documento seguiu sendo discutido, e, em seguida, nos anos de 2013 a 2015, o trabalho teve prosseguimento na Comissão Permanente de Educação do Campo (CPEC), com aprovação das Diretrizes em 2015 (SEE/MG, 2015b).

Conforme o documento, o mesmo representa "a síntese do amplo diálogo entre a sociedade civil, a Secretaria de Estado de Educação, os movimentos sociais, instituições de ensino superior e as entidades de formação de educadores e educadoras, que são mediações fundamentais na construção dos saberes necessários à formulação de uma política pública educacional pertinente às necessidades dos povos do campo" (SEE/MG, 2015a, p. 7).

Nas Diretrizes, um dos destaques a serem feitos está relacionado à definição do que significa ser uma escola do campo. Em seu artigo 1º, parágrafo 1º, entende-se que "II – escola do campo: aquela situada em área rural, conforme definida pela Fundação Instituto Brasileiro de Geografia e Estatística – IBGE, ou aquela situada em área urbana, desde que atenda predominantemente a populações do campo" (SEE/MG, 2015a, p. 8). Em seu artigo 3º, ao apontar os princípios da Educação do Campo, o documento ressalta a necessidade de

> V – valorização da identidade da escola do campo, considerando as práticas socioculturais e suas formas específicas de organização do tempo, por meio de projetos pedagógicos com conteúdos curriculares e metodologias adequadas às reais necessidades dos estudantes do campo, bem como flexibilidade na organização escolar, incluindo adequação do calendário escolar às fases do ciclo agrícola, às condições climáticas e às características socioculturais da região (SEE/MG, 2015a, p. 9).

No estado, as Diretrizes, no que tange especificamente aos aspectos acima ressaltados, repercutiram na discussão acerca de presença ou ausência de reconhecimento das especificidades das escolas do campo por parte de gestores, equipes de coordenação pedagógica, corpos docentes, além de outros membros da comunidade escolar e do entorno em algumas localidades, com destaque para a necessidade de um olhar especial para estas escolas por parte do poder público. Em 2016, por exemplo, dados da SEE/MG apontavam que o estado contava com 295 escolas estaduais do campo. Além destas, havia um grande número de escolas que, mesmo não situadas na zona rural, atendiam alunos de áreas rurais, sendo que algumas passaram a demandar o reconhecimento como escolas do campo, bem como políticas adequadas à sua realidade ligadas a transporte escolar, material didático, formação docente, entre outros aspectos.

Em Minas Gerais, também há que se destacar as produções e publicações de materiais diversos (monografias de graduação, pesquisas de pós-graduação, estudos vinculados a órgãos de financiamento das pesquisas, materiais didáticos e paradidáticos, entre outros) sobre temas ligados à Educação do Campo. A realização de eventos também ganha destaque, a exemplo do Encontro Mineiro de Educação do Campo (EMEC), cuja terceira edição foi realizada no ano de 2015, contando com a participação de representantes de várias regiões do estado e de outras partes do país. Seu objetivo foi o "de se constituir como um território para a socialização e a discussão do conhecimento desenvolvidos no âmbito de projetos de pesquisa, ensino e extensão desenvolvidos na perspectiva da Educação do Campo em Minas Gerais" (EMEC, 2015, online).

Por fim, destacamos alguns aspectos sobre o desenvolvimento do Programa Escola da Terra no estado. Em 2013, quando ele foi institucionalizado no Brasil, uma reportagem do *Portal Terra Educação* sobre o tema entrevistou uma professora de uma escola do campo em uma comunidade quilombola situada no município de Berilo, na região do Vale do Jequitinhonha. À época, apontou-se que

> A Escola Estadual Santo Isidoro, no município de Berilo (MG), onde Mestra Leninha leciona, se autodeclarou quilombola em 2006. Em sete anos, apenas uma vez seus professores haviam recebido orientação de como poderiam contribuir para o fortalecimento da identidade da comunidade, por meio da Secretaria de Educação de Minas Gerais, em 2009. Mesmo assim, de forma muito rápida. Na ocasião, foi enviado um analista à escola, durante um dia, e aplicado um questionário aos professores, para fazê-los refletir sobre o tema (Portal..., 2013, p. 1).

Diante do exposto, salienta-se a importância da implantação do Programa Escola da Terra no estado, dada a ausência de formação específica para os docentes de escolas situadas nas zonas rurais, aspecto que foi considerado pela Secretaria Estadual de Educação (SEE/MG) ao aderir ao programa. Uma das formadoras locais do Programa Escola da Terra do ano de 2016 nos municípios de Caratinga e Ubaporanga, Ana Ramos,[1] que antes trabalhava como assessora pedagógica na Superintendência Regional de Ensino de Caratinga (SRE/Caratinga), vinculada à SEE/MG, explicita tal questão da seguinte maneira:

> Conhecendo um pouco da realidade das Escolas do Campo da rede estadual dos municípios de Caratinga e Ubaporanga, exceto as da rede municipal de Ubaporanga, e, de certa forma, a pouca ou inexistente oferta de formação continuada dos educadores do campo na perspectiva da Educação do Campo, é que buscamos a aproximação da formação do programa Escola da Terra junto aos movimentos sociais, em luta, no nosso território, por entender como indispensável essa articulação à nossa formação e no intuito de trabalhar na prática com os cursistas, os principais Temas Estruturantes da Educação do Campo (Pedagogia da Alternância, Agroecologia, Organização dos trabalhadores rurais, Questão Agrária, Gestão Participativa) (Ramos, 2017, p. 02).

A primeira edição do Escola da Terra em Minas Gerais, em parceria com a UFMG, teve início no ano de 2014, quando 17 municípios aderiram. Em 2015, foram formados cerca de 1.200 docentes. Em 2016, em parceria com a Universidade Federal de Uberlândia (UFU), o curso foi ofertado para professores de 5 municípios. A segunda edição, em parceria com a UFMG, foi realizada em 2017, com redução do número de vagas ofertadas pelo MEC, contando com participação de mais de 400 docentes de 10 municípios. A terceira edição, também em parceria com a UFMG, foi ofertada em 2018 para mesma quantidade de docentes de outros 10 municípios.

Sobre a distribuição espacial da oferta entre os anos de 2015 e 2018, destaca-se que as ofertas em parceria com a UFMG abrangeram, em especial, docentes das regiões norte, do Vale do Jequitinhonha, Vale do Mucuri, Vale do Rio Doce, da

[1] Todos os nomes mencionados são fictícios, visando proteger a identidade das/os participantes.

Zona da Mata, metropolitana de Belo Horizonte e, em menor número, da região noroeste do estado. As ofertas de vagas da primeira e da segunda edições (2015 e 2016) se deram conforme demanda e em diálogo com as regiões de procedência de boa parte dos estudantes do curso de graduação ofertado pela instituição, com destaque para as regiões: norte, do Vale do Jequitinhonha e do Vale do Mucuri. As ofertas de vagas da terceira edição (2018) se deram conforme demanda e em diálogo com regiões ainda pouco atendidas pelo programa até então, com destaque para a Zona da Mata mineira. A oferta de vagas do programa em parceria com a UFU, por sua vez, abrangeu municípios da região do Triângulo Mineiro, com maior proximidade com a referida universidade, dentre outros aspectos, facilitando a logística de deslocamento dos cursistas, conforme Figura 1:

Figura 1: Localização dos municípios –
Programa Escola da Terra Minas Gerais (2015 a 2018)

Legenda

2015 2016 2017 2018

Fonte: Google My Maps. Elaborado por Álida A. Alves Leal com base nos dados da pesquisa. Disponível em: https://bit.ly/3OAI5g4. Acesso em: 12 ago. 2019.

Sobre a parceria com as Instituições de Ensino Superior, a formadora local Ana Ramos, em seu relatório final no ano de 2017, sublinha a importância de a formação ser planejada e desenvolvida, teórica e metodologicamente, com autonomia e consistência por uma instituição pública federal, nesse caso, a FaE/UFMG, distanciando-se, portanto, do que ela chama de "propostas de formação continuada superficiais regidas pelos interesses do mercado". Ainda sobre o programa, a formadora destaca:

> Conhecendo de perto o Programa Escola da Terra, a partir de minha participação como formadora, posso afirmar que o mesmo é uma excelente proposta de formação continuada para os Educadores do Campo, pois dificilmente esses têm uma formação que contemple a especificidade do campo e alie a teoria à prática na perspectiva de uma Educação do Campo e não para o campo. Portanto, trata-se de uma formação indispensável às Escolas do Campo, sejam elas das redes estaduais e/ou municipais (Ramos, 2017, p. 06).

Partindo dessa descrição panorâmica sobre o cenário da Educação do Campo em Minas Gerais, infere-se que existe no estado um significativo contingente de sujeitos que participaram de cursos de formação inicial e continuada ofertados nessas últimas duas décadas na perspectiva da Educação do Campo. Entendemos que os mesmos podem estar desenvolvendo distintas formas de participação sociopolítica em suas comunidades, bem como atuando em escolas como educadores em diferentes contextos socioterritoriais, expressando distintas repercussões dos cursos, através de suas ações, em seus locais de moradia e/ou trabalho.

Repercussões do Programa Escola da Terra

De modo geral, é consenso entre os participantes do Programa Escola da Terra, conforme registrado no relatório final redigido pela coordenação geral da UFMG em 2017, que a realização de um projeto com tamanha abrangência territorial e elevado número de sujeitos envolvidos demandará ainda um tempo considerável para que seja possível sistematizar e analisar suas repercussões nos diferentes espaços, dimensões e aspectos envolvidos. A seguir, portanto, apresentamos algumas repercussões passíveis de serem elencadas neste momento, sendo que outras poderão ser identificadas e analisadas no futuro, em outros estudos sobre a temática.

Aprendizados sobre/com a diversidade e processos de gestão coletiva

A princípio e de modo geral, pode-se destacar que a diversidade de territórios e sujeitos envolvidos no âmbito das ações da Educação do Campo marcam seu desenvolvimento em Minas Gerais, sendo que este aspecto também está refletido no Programa Escola da Terra. Em 20167, por exemplo, no relatório final da equipe de coordenação, destacou-se que

> A realização do curso envolveu um grupo expressivo de pessoas localizadas em espaços físicos e profissionais diferenciados. Esta característica, que poderia ser considerada como um entrave, de forma contrária resultou no ponto favorável para a execução do projeto. O processo de gestão participativa, organizada em grupos que respeitavam a inserção das pessoas, possibilitou condições concretas para que as atividades pudessem ser realizadas de forma organizada, consistente e com resultados satisfatórios (Relatório final, 2017, p. 7).

Podemos considerar que esta diversidade de territórios e sujeitos, além de ser uma das marcas das ações da Educação do Campo no estado, de alguma maneira pode influenciar nas repercussões do Programa, especialmente pelas múltiplas possibilidades de trocas e convívio entre os envolvidos, a saber, na organização das ações dentro de cada município envolvido e/ou na oportunidade de participação de formadores, tutores e cursistas nos seminários de socialização de experiências ocorridos na universidade, como aponta a formadora local Ana Ramos (2017), o que proporciona a circulação de saberes diversos e aprendizados sobre o processo de gestão participativa. A este respeito, no relatório final da coordenação em 2017,

> Evidenciou-se em vários momentos que os professores encontram dificuldades para perceber, refletir e discutir sobre sua vivência grupal. Consideramos que, em termos de metodologia, este foi um ponto que emergiu ao longo da execução do curso, que, tendo sido identificado, buscamos formas de resolver as situações críticas (Relatório final, 2017, p. 5).

Ainda a respeito da gestão numa perspectiva participativa na referida edição do programa, entendida como uma oportunidade prática de aprendizado para o grupo participante, a equipe de coordenação aponta que

> A construção de uma estrutura que permitia a participação individual, em pequenos grupos e no grande grupo, criou um ambiente criativo, colaborativo e produtivo. A garantia de que as decisões podem ser tomadas em um formato que permita a expressão de todos foi, sem sombra de dúvida, um dos pontos fortes do projeto (Relatório final, 2017, p. 6).

Apropriação de temáticas da realidade camponesa e de modos de organização espaço-temporais específicos nos currículos de escolas do campo

Conforme o relatório final de 2017 da equipe de coordenação, na oferta do programa no referido ano nota-se que o perfil dos participantes, em sua maioria doentes, implica em possíveis repercussões do curso nos territórios das escolas, a saber:

> Dentre os aprovados, observa-se a predominância de professores atuantes na rede municipal, concursados, com superior completo, idade entre 30-40 anos e atuando como docentes em regência de sala de aula. Este perfil pode ser indicador de que os saberes trabalhados no curso possam ter capilaridade nas salas de aula, visto que estes docentes estarão desenvolvendo atividades de ensino e aprendizagem diretamente com os alunos (Relatório final, 2017, p. 3).

Sobre as temáticas relativas à Educação do Campo trabalhadas no curso, em seu relatório final, a formadora local Ana Ramos salienta a diversidade de temáticas abordadas, que emergiram do diálogo com os sujeitos participantes e sua realidade.

> Nesse período intenso de formação com as tutoras, como formadora procurei focar os seguintes aspectos: dar a conhecer e/ou fortalecer a concepção da Educação do Campo como um movimento de luta e em luta pelo direito à educação dos povos do campo, bem como o seu protagonismo; a necessidade de fortalecer a docência no campo principalmente nos Anos Iniciais do Ensino Fundamental, como também a ressignificação das classes multisseriadas ou multicicladas como uma estratégia pedagógica que permite a manutenção das escolas do campo nas comunidades onde os educandos e suas famílias que lá vivem e tiram o seu sustento; combater o fechamento das escolas do campo e, por conseguinte, a intensificação do transporte escolar no sentido do deslocamento campo-cidade; e principalmente a valorização dos saberes da terra, seus sujeitos e contextos, por parte dos educadores do campo, assim como a inserção e interlocução desses saberes nas práticas pedagógicas das Escolas do Campo (Ramos, 2017, p. 02).

Em termos de conteúdo, podemos dizer da importância da articulação da formação com temas como agroecologia e reforma agrária. A presença desses eixos temáticos possibilitou aos cursistas uma alternativa para articular a prática pedagógica a um modelo de campo (Relatório final..., 2017). Ainda de acordo com o relatório final da coordenação geral do programa,

> Com relação à Educação do Campo, considera-se que é um tema novo para a maioria dos participantes. Ter acesso à história, princípios, conceitos e práticas de uma proposta educacional orientada pela realidade campesina motivou os docentes. É importante registrar que os depoimentos das (os) cursistas revelam interesse pelo assunto, o que é demonstrado pela inclusão nas práticas docentes de elementos vinculados à realidade campesina. A presença de instrumentos de trabalho, produtos agrícolas e elementos da cultura musical nas salas de aulas são indicadores de um nível de apropriação da matriz proposta pela Educação do Campo. [...] No entanto, é preciso deixar registrado que a apropriação dos conteúdos não se deu de forma acumulativa, e sim em um processo pedagógico

> que garantiu a reelaboração de saberes. Sendo assim, os participantes, de forma individual e/ou coletiva, construíram e organizaram o conhecimento de diferentes formas, tendo em vista seus pontos de partida e o envolvimento durante o curso. Também é necessário registrar que houve alterações, em diferentes níveis e dimensões, nas formas de pensar, sentir e agir de todos os participantes em relação à necessidade de incluir e valorizar a realidade campesina como conteúdo escolar (Relatório final, 2017, p. 04).

A formadora local Ana Ramos (2017, p. 8) ressalta "a possibilidade de inserção, nas práticas pedagógicas, das músicas que cantam e falam do campo, seus sujeitos, suas lutas e da terra como partes essenciais do currículo instituinte". A formadora também chama a atenção para a necessidade de que a formação por alternância, ou seja, que a "estratégia pedagógica do Tempo-Escola/Tempo-Comunidade seja apropriada pelas Escolas do Campo como possibilidade viável e legal de combatermos o fechamento das Escolas no Campo, garantindo assim o direito à Educação no lugar onde se vive" (Ramos, 2017, p. 7). A profissional também salienta a organização do trabalho pedagógico e "a estratégia de produzir conhecimentos a partir das áreas do conhecimento e não das disciplinas isoladas" (Ramos, 2017, p. 8) como aprendizados fundamentais no curso, capazes de promover transformações significativas na lida com os desafios identificados na realidade das escolas do campo pelos e pelas cursistas.

Esse trabalho pedagógico articulado e coletivo faz com que tanto professores como alunos se reconheçam como protagonistas, um dos princípios da Educação do Campo destacado na formação. A proposta, desde o início do curso, é a de que os professores tenham estratégias e, com metodologias as mais diversas, possam contribuir para a formação de novos sujeitos, dialogando sempre com o contexto do aluno e aliando a prática com a teoria vista em sala de aula. A valorização desse contexto camponês faz com que haja essa ressignificação tanto do sujeito na escola quanto do campo em si, fazendo com que o processo desse sujeito seja emancipatório.

Articulações entre diferentes atores sociais e instâncias

Uma importante repercussão observada consiste em articulações entre diferentes atores envolvidos no programa, representantes de diversas instâncias. Nas universidades parceiras, por exemplo, há uma intensa articulação entre diversos setores, departamentos e outros, com a mobilização da Pró-Reitoria de Extensão e de docentes de diferentes áreas do conhecimento, a fim de propiciar a realização do curso (PROEX/UFMG, 2015). Ademais, conforme relatório da equipe de coordenação datado de 2017, "as articulações com entidades municipais e estaduais se mostraram como um bom caminho para a execução do curso" (Relatório final 2017, p. 7). Destaca-se, por exemplo, a presença de secretárias de Educação nos eventos de socialização das experiências (SEE/MG, 2015b). A formadora local Ana Ramos aponta que:

> A gestão do curso contou diretamente com a participação da Secretaria Estadual de Educação, das Superintendências Regionais de Ensino e das Escolas. Este formato contribuiu para uma participação expressiva de diretores, técnicos educacionais e coordenadores pedagógicos. [...] Observa-se que houve uma participação ativa dos professores, escolas e dirigentes. Este processo refletiu no envolvimento das comunidades, fato observado em todas as escolas participantes do projeto (Ramos, 2017, p. 7).

Nota-se, ainda, as articulações entre as redes municipais e estadual de educação. Nas palavras de Ana Ramos (2017, p. 7), "a interlocução com os sistemas de ensino, tanto das redes estadual como municipal, permitem um melhor direcionamento das políticas públicas de Educação para o Campo nos municípios", podendo ser uma repercussão importante do programa. No desenvolvimento do programa, foi possível observar o envolvimento de Escolas Família Agrícola (EFAs), sindicatos, associações, coletivos diversos, bem como de profissionais e estudantes de outras universidades além daquelas responsáveis pela coordenação do curso, seja dando suporte para seu desenvolvimento (a exemplo da parceria com o Polo UAB - Caratinga da Universidade Aberta do Brasil, local onde foi realizada grande parte das formações das tutoras daquele município), seja acompanhando os trabalhos visando à coleta de dados para estudos sobre o tema (a exemplo da participação de uma graduanda do 7º período do curso de Pedagogia do Centro Universitário de Caratinga - UNEC, como observadora na realização de seu Trabalho de Conclusão de Curso, intitulado: *O Programa Escola da Terra e a formação continuada de educadores do campo*).

"Parcerias bem-sucedidas e desenvolvidas com os sistemas de ensino e os movimentos sociais, além do envolvimento e do estímulo de alguns gestores das Escolas do Campo junto aos professores no desenvolvimento das atividades da formação" foram salientadas pela formadora local Ana Ramos (2017, p. 8). A profissional destaca "a iniciativa e a riqueza das visitas de campo nos movimentos sociais regionais, trazendo as práticas sociais desses movimentos, simultaneamente" (Ramos, 2017, p. 5). Também salienta "a aproximação da Escola do Campo junto aos movimentos sociais em luta no campo, o reconhecimento dos saberes e práticas sociais desenvolvidas pelos mesmos que devem fazer parte do currículo das Escolas do Campo" (Ramos, 2017, p. 7). Sobre este assunto, conforme relatório final da coordenação geral do programa em 2016,

> [um] fator relevante diz respeito à busca de contato com os pais, lideranças e reconhecimento das instâncias coletivas. Uma expressiva parte das (os) cursistas buscaram articulações com o Sindicato dos Trabalhadores Rurais, Associações de Produtores e Movimentos de luta pela terra. A presença destes sujeitos nas escolas vai se configurando como uma possibilidade de incluir no conteúdo escolar temas relacionados à organização e participação social como um conhecimento de relevância nas escolas do campo (Relatório final, 2017, p. 04).

As expressivas participação e articulação entre os diferentes atores na edição de 2016 do programa, conforme conjectura a equipe de coordenação nas reflexões apresentadas em seu relatório final (2016), pode estar relacionada à presença do formador local nos municípios. Aponta-se para a possibilidade de que a participação desse sujeito "como [membro] da Equipe da Universidade, no cotidiano do município, tenha contribuído para um maior envolvimento na gestão do projeto" e na articulação dos atores locais envolvidos (Relatório final, 2017, p. 3. Conforme formulação presente no relatório,

> A presença do Formador Local, residindo no município, atuando como parte do Grupo Universidade, foi sem dúvida o diferencial do projeto. Ainda será necessário avaliar com mais profundidade as repercussões do processo formativo a partir desta presença, mas sem sombra de dúvidas foi um formato que garantiu uma presença efetiva do Escola da Terra no cotidiano dos tutores e dos cursistas. Esta forma de organização do grupo responsável pela formação pode ser uma referência para aperfeiçoar o Programa Escola da Terra no que diz respeito à prática da alternância de tempos e espaços para organização da prática formativa. A formação continuada de professores do campo demanda a construção de desenhos metodológicos e instrumentos que possam garantir uma aprendizagem significativa em termos da articulação entre teoria e prática. Por isso, o deslocamento da Universidade para as Comunidades pode se constituir como uma alternativa capaz de produzir bons resultados (Relatório..., 2017, p. 7).

Ainda no que tange às articulações, a formadora local Ana Ramos (2017) expressa sua percepção de que

> a visibilidade que o programa propicia ao fazer pedagógico de Educadores do Campo e também da sua realidade nas escolas [...] desencadeia, em muitos casos, olhares mais atentos dos gestores para as demandas das Escolas do/no Campo, em relação à rede física, ao quadro de pessoal, aos recursos didáticos, ao transporte escolar, ao pedagógico e outros aspectos (Ramos, 2017, p. 7).

Produção de conhecimento

O processo de formação continuada de professores vem provocando o espaço acadêmico em torno da produção de conhecimentos, e com o Programa

Escola da Terra não foi diferente. Temas de pesquisa ligados ao envolvimento dos movimentos sociais e sindicais nos processos educativos, à pedagogia da alternância como possibilidade de organização dos tempos e espaços escolares, à tensão entre os saberes e aos conhecimentos científicos na formação acadêmica, dentre outros, estão criando delineamentos para a consolidação da Educação do Campo como uma profícua área de conhecimento.

Sobre os instrumentos de formação no Programa Escola da Terra de 2016, o Relato de Experiência, a Pesquisa da Realidade e o Plano de Ação Pedagógica se constituíram como mediadores efetivos no processo formativo. Possibilitaram aos cursistas uma forma de registro, sistematização e avaliação do seu processo de aprendizagem, bem como do da sua turma, das turmas do seu município e do conjunto dos participantes do Escola da Terra em âmbito regional e estadual. Através dos materiais produzidos pelos participantes, pode-se identificar, sistematizar e analisar, por exemplo, dados sobre qual escola do campo temos e qual escola do campo queremos construir nos diversos territórios do estado de Minas Gerais, respeitando suas demandas e especificidades.

Neste sentido, salientamos que a experiência de planejamento e oferta do curso, além dos diversos materiais produzidos nos âmbitos das diferentes edições do programa estão sendo paulatinamente organizados, tratados, discutidos e divulgados em eventos científicos locais, regionais, nacionais e internacionais, bem como em materiais de divulgação diversos (livros, revistas, entre outros) por membros da equipe, especialmente de sua coordenação. No caso da UFMG, a título de exemplo, mencionamos o trabalho "Formação continuada para docentes na educação superior: Programa Escola da Terra, ressignificando a escola do campo", apresentado em 2015 no IV Encontro Internacional Trabalho e Perspectivas de Formação de trabalhadores na Universidade Federal do Ceará. Também destacamos o trabalho intitulado "Escola da Terra como experiência de formação continuada em Minas Gerais/Brasil", apresentado no VII Taller Internacional sobre la Formación Universitaria de los Professionales de la Educación, ocorrido em 2018 em Cuba. Ambos foram produzidos por Maria Isabel Antunes-Rocha e Érica Fernanda Justino, componentes da equipe de coordenação geral do Programa. Tais materiais foram ampliados e aperfeiçoados, sendo publicados como capítulos de livros em parceria com outra participante da equipe (Antunes-Rocha; Carvalho; Justino, 2018a, 2018b e 2018c).

Apontando outros aspectos, a formadora local Ana Ramos (2017, p. 7) põe relevo no "estímulo ao estudo e à reflexão sobre as práticas pedagógicas desenvolvidas pelos Educadores do Campo nas Escolas do Campo visando à emancipação dos sujeitos do Campo". Destaca-se, neste sentido, o interesse despertado em egressos do programa por investigações sobre a temática deste capítulo, qual seja, as repercussões da política de formação continuada de professores a partir do Programa Escola da Terra. Neste sentido, ressalta-se duas investigações atualmente em curso, desenvolvidas no âmbito do Promestre (Mestrado Profissional – Educação e Docência) ofertado pela Faculdade de Educação da UFMG. Os trabalhos são orientados pela coordenadora geral do programa na instituição, sendo uma pesquisa focada na discussão sobre representações sociais e outra focada na discussão a respeito das reverberações do programa no município de Francisco Sá, situado no norte do estado, cujos docentes participaram das primeira e segunda edições ofertadas pela UFMG.

Por fim, ressaltamos a qualificação da equipe envolvida no planejamento e na formação continuada de professores como uma importante repercussão no âmbito do programa. Salientamos que essa qualificação está especialmente vinculada ao alargamento da compreensão sobre os sujeitos da formação e sobre o fato de que, na Educação do Campo, não há um modelo de ação ou uma fórmula pronta, mas possibilidades a serem (re)elaboradas a partir das demandas e especificidades locais, conforme apresentam:

> É preciso pensar nos sujeitos da formação. O processo formativo deve buscar focalizar os sujeitos em seus contextos, isto é, fazer a pergunta sobre quem são as (os) professoras (es) que atuam nas escolas públicas do campo. É importante registrar a presença de um perfil docente que compartilha saberes e práticas a partir da matriz que desqualifica o campo da agricultura familiar como possibilidade de produção e reprodução de vida. [...] Este respeito ao docente como sujeito sociocultural, isto é, filho do seu tempo e do seu espaço, é uma referência importante em termos de condução metodológica da formação. [...] Neste sentido, não podemos esperar que a Educação do Campo, como matriz de referência teórica, conceitual e metodológica seja apreendida como uma fórmula a ser aplicada. As (Os) professoras (es) reelaboram seus saberes, apreendem o que é possível a partir do que já sabem e do que se permitem aprender (Relatório final, 2017, p. 06).

Entre os membros da equipe de formação, conforme já apontado anteriormente, localizamos a figura dos formadores locais, considerados centrais na edição de 2016 do programa. Sua qualificação também é uma reverberação importante, ressaltada pela formadora local Ana Ramos (2017, p. 9) da seguinte maneira: "Também ressalto o aprofundamento da concepção de Educação do Campo, [...] a leitura dos Temas Estruturantes da Educação do Campo [...] e a possibilidade de conhecer as demandas das Escolas do Campo nesses territórios".

Dentre os aprendizados da formadora, na esteira do que foi apontado pela equipe de coordenação do programa, destacamos o reconhecimento do "olhar aguçado dos educadores e educandos do campo, ao reconhecerem suas potencialidades/limitações, bem como do lugar onde vivem/atuam, para que se reconheçam como sujeitos de direitos e agentes de transformação no território onde vivem"; além do "reconhecimento de que os Educadores do Campo têm saberes e que os mesmos podem construir conhecimentos e socializá-los junto a seus pares no processo de formação continuada como cursista e/ou tutor" e, também, a compreensão de que "a construção coletiva e dialógica da formação deve ser flexível para que a implementação dos processos seja feita com efetividade" (Ramos, 2017, p. 7).

Em narrativas de participantes, sinais de transformações

Por meio de relatos de professores/as que participaram no programa, observa-se alguns sinais de transformações em suas práticas junto aos sujeitos do campo em seus processos formativos. Em alguns casos, a formação por meio do programa permitiu aos professores dialogarem com sua própria prática e alterarem essa prática. "Foi de extrema riqueza para mim a participação nesse programa, as relações estabelecidas e as experiências vividas nos coletivos estadual, regional e municipal" (Ramos, 2017, p. 9).

Uma professora do município de Coração de Jesus, que foi cursista na segunda turma do projeto, destaca em seu relato como o curso possibilitou novas abordagens e mudanças de perspectivas, destancando o quão importante é considerar as especificidades dos estudantes, do contexto e da comunidade.

Outro relato, também de uma professora cursista, a docente nos faz refletir sobre repercussões do curso de formação continuada por não ser uma proposta homogênea, dado que instiga as/os participantes a promoverem rupturas, fazerem perguntas, investigarem e elaborarem propostas em diálogo com sua própria realidade. A docente também destaca como este curso provoca novos olhares para a educação, fazendo com que os participantes sejam responsáveis por mudanças efetivas no contexto da população campesina que o cerca.

Ainda sobre os relatos registrados pelas cursistas, uma professora, cursista de Francisco Sá, também da segunda turma do curso, ressalta "o curso foi de grande relevância para ampliar minha formação pessoal e profissional, além de aprimorar a capacidade de interagir com as pessoas e o mundo em que vivemos. Foi uma soma de experiências" (Alves, 2017, p. 02).

Nota-se que o curso trouxe, para algumas comunidades, discussões sobre problemas enfrentados por elas que não eram percebidos de maneira tão evidente. A título de exemplo, em Francisco Sá, norte de Minas Gerais, algumas escolas abordaram em seus projetos o tema da água, que era um problema na comunidade (a falta de água, a transposição de rios, a poluição, desmatamento e etc.), oportunizando que a escola efetivasse sua função, bem como possibilitando diálogos que viabilizassem a solução do problema ou pelo menos de parte dele.

No município de Minas Novas, por sua vez, uma professora deixou registrado em seu relatório como o curso oportunizou a ela o conhecimento sobre a luta dos campesinos, ao longo da história, em busca de uma educação de qualidade. A docente ainda afirma a importância de "trazer para a sala a realidade em que os estudantes vivem, valorizando suas raízes, costumes, sempre orientando sobre a importância das pessoas que residem no campo" (Gomes, 2017, p. 1). Essa história, muitas vezes, é desconhecida por alguns professores que atuam no campo. Neste sentido, o curso também tem essa função de fazer com o que os sujeitos conheçam as lutas e a os movimentos que deram início a um projeto de aperfeiçoamento específico para os professores do campo.

Em alguns relatos de cursistas do município de Minas Novas, as professoras destacaram a importância do projeto numa perspectiva pedagógica, possibilitando a ampliação da visão sobre metodologias e ferramentas a serem utilizadas em sala de aula, tais como aperfeiçoamento do trabalho com sequências didáticas, atividades de campo etc. No município, um dos temas escolhidos para serem trabalhados nas escolas foi a agricultura familiar. Como ela está inserida no contexto da comunidade, muitas atividades propostas nos planos de ações pedagógicas deram destaque à valorização dos sujeitos que estão na produção contínua dos alimentos que consumiam e à importância desse trabalho.

Em Itamarandiba, que também escolheu como tema a agricultura, os professores relataram as diversas experiências vividas através do curso, tais como visitas a algumas plantações e atividades relacionadas ao contexto dos alunos. Destacaram, nesse contexto, a plantação de algumas mudas feitas em uma das atividades propostas pela escola. Esses educadores salientam, também, como o projeto contribuiu para um pensamento voltado para a Educação do Campo que "o desenvolvimento das atividades nos proporcionou conhecer melhor o público alvo que é nosso alunado. Conhecer suas histórias e um pouco de sua trajetória é muito significativo para entendê-los. Assim podermos pensar em uma 'educação' eficaz que os anseios dos estudantes sejam atendidos" (Silveira , 2017, p. 04).

Fazendo um apanhado dos relatórios lidos para a escrita deste capítulo, percebemos que os cursistas dessa segunda turma do projeto Escola da Terra: Formação Continuada de Educadores nos revelam o quanto o protagonismo e a valorização da escola e dos povos do campo possibilitam um novo olhar a partir desse percurso formativo. Essa reflexão faz com que se tenha uma visão expandida de como o currículo pode ser adequado a essa realidade e do quanto a ressignificação de temas e atividades em sala de aula contribuem para o envolvimento dos alunos, consequentemente tornando o processo de ensino-aprendizagem mais enriquecedor e significativo.

Considerações finais

A título de considerações finais, retomamos um apontamento apresentado ao longo deste texto, qual seja, o de que a tarefa de elencar e analisar repercussões de um programa da dimensão do Escola da Terra nos diferentes espaços, dimensões e aspectos nele envolvidos no estado de Minas Gerais é um desafio robusto a ser enfrentado por aqueles e aquelas que se interessam por essa discussão. Nesse sentido, apresentamos algumas respostas parciais e indicamos serem necessários outros estudos a respeito, a serem realizados em diferentes territórios e distintas temporalidades, a fim de avaliar alcances, desafios e possibilidades sobre as diferentes edições do programa em questão.

De modo particular, conforme salientado pela equipe de coordenação no relatório final das atividades do ano de 2016, nota-se a necessidade de avaliar o processo de aprendizagem com relação ao perfil dos participantes antes do curso, bem como o que foi aprendido ao longo e após o período de desenvolvimento das atividades. Entendemos que tais aspectos já vêm sendo abordados em pesquisas de estudantes de pós-graduação egressos do Programa Escola da Terra, porém, ainda demandam atenção no processo de análise e avaliação de políticas e programas sociais, conforme Boschetti (2009).

De modo geral, ressaltamos que o curso proporciona o mapeamento de questões no âmbito da Educação do Campo no estado capazes de nos dar base para o planejamento e o aperfeiçoamento da formação continuada de professores do campo e para pesquisas futuras. Por exemplo, observamos que o fato da certificação dessa formação continuada ser um diferencial nas designações de professores que atuam nas Escolas do/no Campo, além o fato de poder ser incorporada aos planos de carreira dos profissionais efetivos desses estabelecimentos de ensino, é um aspecto bastante valorizado pelos docentes participantes e, portanto, precisa ser considerado nas próximas ofertas do programa.

Também identificamos, por meio do relatório da equipe de coordenação de 2016, que "a formação e a prática por área do conhecimento, nos anos iniciais do ensino fundamental, ainda é um desafio a ser enfrentado. A ênfase na alfabetização, objetivo inicial desta etapa de escolarização, faz com que a preocupação com os conteúdos fique em segundo plano" (Relatório final, 2017, p. 7). Ademais, notou-se a importância da articulação da formação de professores do campo às temáticas da reforma agrária e à agroecologia, que se mostraram capazes de vincular os aprendizados dos cursistas a um projeto de campo numa perspectiva contra-hegemônica. Identificamos, também, que "a organização da turma agrupando estudantes com idades diferentes [turmas multisseriadas] tem um potencial de aprendizagem que ainda está por ser pesquisado e socializado", conforme apontam os relatórios da equipe de coordenação de 2016 (Relatório final 2017, p. 7) e da formadora local Ana Ramos7, que aponta a necessidade de "aprofundamento teórico e metodológico sobre a realidade das classes multisseriadas, que continuam necessitando de ressignificação e desmistificação no imaginário dos gestores e docentes" (Ramos, 2017, p. 7), reforçando ser essa uma temática cujas investigações são de fundamental importância para esse campo do conhecimento.

Com isso, percebe-se a importância de um projeto específico de formação docente como o Escola da Terra, que possibilite discussões, reflexões e práticas que tragam significação aos sujeitos, à escola e à sua comunidade. São projetos que fazem com que os princípios da Educação do Campo sejam trabalhados numa perspectiva teórico-prática, a fim de possibilitar, principalmente, o protagonismo dos sujeitos e também que a escola seja um ambiente de reflexões acerca de temas que sejam caros à comunidade a que pertence. Como citado ao longo deste texto, as valorizações do sujeito e do contexto do campo abrem caminhos para novos diálogos, capazes de contribuir para o aprimoramento e a efetividade de uma educação de qualidade, que atenda às demandas específicas dessas populações.

Para finalizar, fazemos nossas algumas palavras de Ana Ramos, com quem dialogamos ao longo de boa parte do texto, formadora local que acompanhou 4 tutoras e que, por conseguinte, foi coformadora de 45 docentes do campo dos municípios de Caratinga e Ubaporanga em 2016. Com esperança, desejamos, juntamente com Ramos (2017, p. 10), "que esse programa possa prosseguir em cada município brasileiro, em especial em Minas Gerais, fortalecendo as Escolas do Campo e os sujeitos que lá vivem, trabalham e lutam por terra, vida, trabalho, escola, dignidade, [ajudando-os] a se emanciparem de toda opressão, injustiça e desigualdade social que ainda perdura em muitos cantos dessas Minas Gerais".

Referências

ALVES, LUANA. Relatório Final Cursista. Projeto Escola da Terra UFMG. Belo Horizonte, 2017. (mimeo.)

ANTUNES-ROCHA, M. I.; CARVALHO, C. A. S., JUSTINO, E. F. Escola da Terra: construções teórico-metodológicas na formação continuada de educadores na perspectiva da educação do campo. In: HAGE, S. A. M.; SILVA; H. S. A.; ARAÚJO, M. N. C.; FONSECA, J. D. F. (Orgs.). *Programa Escola da Terra: cartografia da diversidade e complexidade de sua execução no Brasil.* 1. ed. Curitiba: CRV, 2018a. p. 39-52.

ANTUNES-ROCHA, M. I.; CARVALHO, C. A. S., JUSTINO, E. F. Escola da Terra Minas Gerais: formação de educadores para atuar em turmas multisseriadas nas escolas do campo. In: HAGE, S. A. M.; SILVA; H. S. A.; ARAÚJO, M. N. C.; FONSECA, J. D. F. (Orgs.). *Programa Escola da Terra: cartografia da diversidade e complexidade de sua execução no Brasil*. Curitiba: CRV, 2018b. p. 123-138.

ANTUNES-ROCHA, M. I.; CARVALHO, C. A. S., JUSTINO, E. F. Escola da Terra Minas Gerais: relato de uma experiência. In: HAGE, S. A. M.; SILVA; H. S. A.; ARAÚJO, M. N. C.; FONSECA, J. D. F. (Orgs.). *Programa Escola da Terra: cartografia da diversidade e complexidade de sua execução no Brasil*. Curitiba: CRV, 2018c. p. 111-120.

ANTUNES-ROCHA, M. I.; MOLINA, M. C. Educação do Campo: história, práticas e desafios no âmbito das políticas de formação de educadores – reflexões sobre o PRONERA e o Procampo. *Revista Reflexão e Ação*, Santa Cruz do Sul, v. 22, n. 2, p. 220-253, jul./dez. 2014. Disponível em: https://bit.ly/3QKdJcQ. Acesso em: 12 ago. 2019.

BOSCHETTI, I. Avaliação de políticas, programas e projetos sociais. In: CFESS/ABEPSS (Orgs.). *Serviço Social: direitos sociais e competências profissionais*. Brasília: CFESS/ABEPSS, 2009. Disponível em: https://bit.ly/3unJTl5. Acesso em: 18 jul. 2019.

BRASIL/MEC. Escola da Terra leva formação a professores de multisseriadas. 2013. Disponível em: https://bit.ly/39Xv2qa. Acesso em: 12 ago. 2019.

CALDART, R. S. *et al.* (Orgs.). *Dicionário da Educação do Campo*. Rio de Janeiro; São Paulo: Escola Politécnica de Saúde Joaquim Venâncio; Expressão Popular, 2012.

EMEC. Encontro Mineiro de Educação do Campo. 2015. Disponível em: https://bit.ly/3HO1Yy1. Acesso em: 27 set. 2021

GOMES, Beatriz. Relatório Final Cursista. Projeto Escola da Terra UFMG. Belo Horizonte, 2017. (mimeo.)

KOLLING, E. J.; NÉRY, I. J.; MOLINA, M. C. (Orgs.). *Por uma educação básica do campo*. Brasília: Fundação Universidade de Brasília, 1999.

LEAL, Á. A. A.; DIAS, A. C.; CAMARGOS, O. P. Cartografia das Licenciaturas em Educação do Campo no Brasil: expansão e institucionalização. In: MOLINA, M. C.; MARTINS, M. F. A. (Orgs.). *Formação de formadores: reflexões sobre as experiências da Licenciatura em Educação do Campo no Brasil*. Belo Horizonte: Autêntica, 2019.

MARI, C. L.; HORÁCIO, A. S.; SANTOS, M. L. Aprendizagens e experiências: a licenciatura em Educação do Campo da UFMG como espaço de mediação entre movimentos sociais e universidade. *Inter-Ação*, Goiânia, v. 41, n. 2, p. 463-484, maio/ago. 2016. Disponível em: https://bit.ly/3OmsPnc. Acesso em: 12 ago. 2019.

MOLINA, M. C. Cultivando princípios, conceitos e práticas. *Presença Pedagógica*, Belo Horizonte, v. 15, n. 88, p. 30-36, jul./ago. 2009.

RAMOS, L. Relatório final do Projeto Escola da Terra UFMG. Belo Horizonte. 2017. (mimeo.)

RELATÓRIO FINAL da Coordenação Geral do Projeto Escola da Terra. UFMG, Belo Horizonte. 2017. (mimeo.)

SEE/MG. Diretrizes para a Educação Básica nas escolas do Campo em Minas Gerais. 2015a. Disponível em: https://bit.ly/3OBd0ZJ. Acesso em: 12 ago. 2019

SEE/MG. Seminário marca o início das ações do Programa Escola da Terra em Minas Gerais. 2015b. Disponível em: http://www2.educacao.mg.gov.br/component/gmg/story/ 7168-seminario-marca-o-inicio-das-acoes-do-programa-escola-da-terra-em-minas-gerais. Acesso em: 12 ago. 2019.

SILVEIRA, Regina. Relatório Final Cursista. Projeto Escola da Terra UFMG. 2017, Belo Horizonte. (mimeo.)

PORTAL TERRA EDUCAÇÃO. Escola da Terra busca transformar o ensino em comunidades quilombolas. 2013. Disponível em: https://bit.ly/39NW7fs. Acesso em: 12 ago. 2019.

PROEX/UFMG. FaE/UFMG sedia o Seminário de formação do projeto Escola da Terra, até 3 de setembro. 2015. Disponível em: https://www2.ufmg.br/proex/Noticias/Noticias/Escola-da-Terra. Acesso em: 12 ago. 2019.

Materiais audiovisuais

Seminário Escola da Terra 2016 – Parte I. Disponível em: https://youtu.be/AFVQynlREPc. Acesso em: 12 ago. 2019.

Seminário Escola da Terra 2016 – Parte II. Disponível em: https://youtu.be/LRnloKo50I8. Acesso em: 12 ago. 2019.

Seminário Escola da Terra 2016 – Parte III. Disponível em: https://youtu.be/CAtbuk9fMwI. Acesso em: 12 ago. 2019.

Seminário Escola da Terra 2017. Disponível em: https://youtu.be/kdymsuH6vMo. Acesso em: 12 ago. 2019.

CAPÍTULO 7

Um olhar sobre a experiência de formação no Programa Escola da Terra Minas Gerais – oferta 2014-2016

Cristiene Adriana da Silva Carvalho

Com orgulho me dediquei à empreitada de escrever um relato de experiência a respeito do Programa Escola da Terra Minas Gerais, tecendo reflexões sobre o panorama de formação realizada entre os anos de 2014 e 2016. Compreendo que, embora tal registro traga a marca analítica de um olhar que carrega as lembranças de minha função de coordenadora pedagógica de tal formação, tive como intuito contemplar a perspectiva das vozes coletivas presentes nas etapas de planejamento, formação e avaliação. Ao falarmos em Educação do Campo, a dimensão coletiva é um princípio norteador de reflexões e práticas, estando também presente nas diferentes etapas do processo formativo aqui descrito.

Para compreendermos a dimensão do projeto, que se iniciou no dia primeiro de julho do ano de 2014 e foi finalizado no dia 30 de setembro do ano de 2016, necessitamos que se lance mão, neste texto, dos diferentes tempos e espaços que compuseram a trajetória formativa, englobando também as etapas de planejamento e avaliação em sua dimensão totalizante.

Para tal, organizo este texto em quatro partes que compreendem especificamente as categorias relacionadas ao planejamento e à organização da estrutura do curso em seus tempos e espaços, que foram apresentados nas seções que tratam sobre: contextualização da formação e dos sujeitos participantes; plano de formação em seus tempos e espaços; o uso da plataforma Moodle como ferramenta complementar no processo formativo; a produção de relatos e experiência e pesquisa da realidade como articulação da formação à realidade dos sujeitos; o plano de ação pedagógica como materialização da formação na prática dos docentes e a avaliação de um processo em movimento.

Contextualizando a formação e os sujeitos

A formação do curso Escola da Terra Minas Gerais foi realizada no âmbito da Faculdade de Educação da Universidade Federal de Minas Gerais (FaE/UFMG), sendo aprovada na Pró-Reitoria de Extensão enquanto um curso de aperfeiçoamento destinado à formação continuada de professores que atuavam em escolas localizadas no campo. O curso foi organizado a partir da estruturação de 4 módulos distribuídos ao longo e 9 meses, que totalizavam a carga horária de 180 horas. Para tal, contou-se com uma parceria que envolveu o diálogo entre os níveis estadual e federal.

> A implementação do Curso de Aperfeiçoamento "Escola da Terra: Formação Continuada de Educadores na perspectiva da Educação do Campo" foi desenvolvida pelo Núcleo de Estudos e Pesquisa em Educação do Campo na Universidade Federal de Minas Gerais, em parceria com a Secretaria do Estado de Educação de Minas Gerais e a Coordenação de Políticas de Educação do Campo (CGPEC)/ Diretoria de Políticas de Educação do Campo, Indígenas e para as Relações Étnico-Raciais (DPECIRER)/Secretaria de Educação Continuada, Alfabetização, Diversidade e Inclusão (SECADI)/Ministério da Educação (MEC) (Antunes-Rocha; Carvalho; Justinho, 2018, p. 111).

A fim de garantir que tal formação contemplasse as discussões sobre a Educação do Campo em um contexto que considera a diversidade do campo, a proposta de formação foi construída juntamente a um coletivo gestor. Desta forma, professores e pesquisadores vinculados ao Núcleo de Estudos e Pesquisas em Educação do Campo da FaE/UFMG dialogaram com a Secretaria Estadual de Educação de Minas Gerais, bem como com representantes de movimentos sociais e sindicais, professores da educação básica e licenciandos dos cursos de Educação do Campo e Pedagogia.

Tal diversidade de sujeitos presentes no coletivo gestor foi fundamental para que fossem definidos os três princípios estruturantes do processo formativo, sendo eles: 1) formação por alternância, caracterizada pela alternância de espaços formativos conduzidos dialeticamente entre a universidade e comunidade; 2) formação por área do conhecimento, a fim de permitir que os professores compreendessem as integrações das áreas de Ciências da Vida e da Natureza, Ciências Sociais e Humanidades, Língua, Arte e Literatura e Matemática com o contexto formativo da Educação do Campo; 3) gestão participativa que garantia a integração e o diálogo diante das demandas provenientes das territorialidades presentes no estado, no município, na escola e na comunidade.

A integração de uma equipe de formação que agregava coordenadores, formadores e tutores com percurso de pesquisa/trabalho no contexto da Educação do Campo permitiu que se fossem construídas propostas formativas e materiais didáticos que dialogassem com a realidade das Escolas do Campo, bem como os debates presentes no contexto dos movimentos sociais e das discussões acadêmicas sobre a temática. É importante citar a integração da gestão participativa que se organizava em quatro coletivos: o coletivo gestor estadual, formado por representantes da Rede Mineira de Educação do Campo e representantes dos municípios, tutores, formadores e cursistas; o coletivo executivo estadual, formado pela coordenação geral, coordenação pedagógica e formadores regionais e locais; o coletivo gestor municipal, formado por formadores locais, movimentos sociais e sindicais, conselhos e prefeituras; e, por fim, o coletivo da turma, composto por tutores e cursistas.

A partir da definição das bases de gestão do curso-contexto, buscou-se a proposição de um movimento dialético que buscava a escuta sobre as diversas realidades de campo presentes nos 17 municípios atendidos, bem como a reelaboração de tal escuta com o debate sobre os princípios da educação do campo e a articulação destes com as áreas do conhecimento Ciências da Vida e da Natureza, Ciências Sociais e Humanidades, Língua, Arte e Literatura e Matemática no contexto da prática pedagógica das escolas do campo.

Tal movimento exigia de todos os envolvidos no processo de formação a intensificação do fluxo de comunicação e construção do conhecimento. Dessa forma, foi necessário organizar uma estrutura que permitisse o diálogo entre os sujeitos: coordenação geral, coordenação pedagógica, equipe de apoio (acadêmico, técnico, administrativo e financeiro), professores de referência, formadores regionais, formadores locais, formadores locais, tutores e cursistas. O fluxo de organização de tal coletivo pode ser visualizado na Figura 1.

Figura 1: Organograma de gestão do Escola da Terra – Minas Gerais

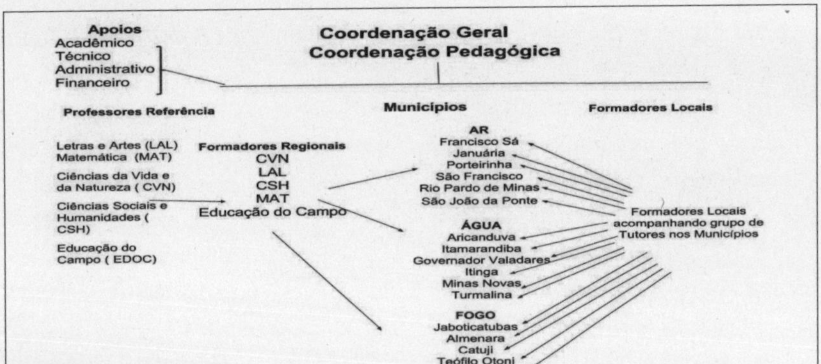

Fonte: Arquivo do Escola da Terra, 2014-2016.

Tal organograma ilustra a complexidade do processo de articulação dos sujeitos no fluxo do processo de construção de conhecimento do Programa Escola da Terra Minas Gerais 2014-2016. Tal estrutura foi organizada em torno dos 17 municípios participantes, sendo estes divididos em três grupos, denominados Ar, Água e Fogo, a fim de promover uma aproximação territorial que facilitasse a circulação dos formadores regionais. Com relação à escolha dos municípios que participaram da formação, Antunes-Rocha, Carvalho e Justino (2018) descrevem os pontos levados em consideração.

> A seleção destes locais deu-se em função do cruzamento dos seguintes critérios: número de classes multisseriadas; experiência com o desenvolvimento de projetos na perspectiva da Educação do Campo; presença de egressos e/ou estudantes dos cursos de Licenciatura em Educação do Campo; interesse e compromisso dos gestores municipais na construção da parceria (Antunes-Rocha; Carvalho; Justinho, 2018, p. 111).

A distribuição territorial dos municípios participantes do Projeto Escola da Terra Minas Gerais em sua edição de 2014-2016 pode ser visualizada na Figura 2, a seguir.

Figura 2: Localização geográfica dos municípios atendidos pelo Escola da Terra Minas Gerais – 2014-2016

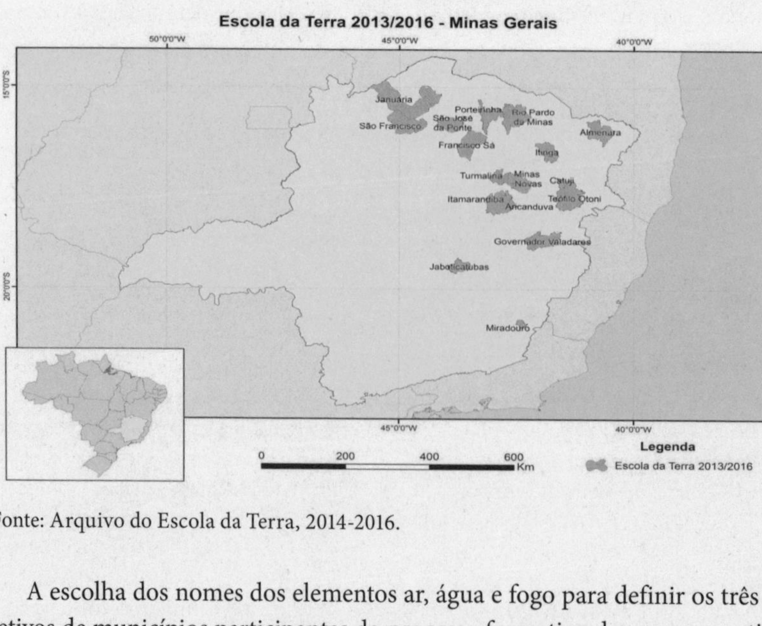

Fonte: Arquivo do Escola da Terra, 2014-2016.

A escolha dos nomes dos elementos ar, água e fogo para definir os três coletivos de municípios participantes do processo formativo deu-se nos sentidos simbólico e pedagógico. Buscou-se despertar a consciência dos participantes de que embora esses elementos se apresentassem separados na estrutura geral, todos estavam unidos por uma intencionalidade de formação em diálogo com a Terra, bem como com a materialidade desta terra nas práticas concretas dos sujeitos e das escolas do campo.

Para refletir sobre a organização de gestão e fluxo de sujeitos participantes do processo de formação do Programa Escola da Terra Minas Gerais, é importante ainda ressaltar os dados numéricos que ilustram a dimensão dessa formação e justificam a complexidade de tal estrutura. Foram atendidos 17 municípios, sendo eles Almenara, Aricanduva, Catuji, Francisco Sá, Governador Valadares, Itamarandiba, Itinga, Jaboticatubas, Januária, Minas Novas, Miradouro, Porteirinha, Rio Pardo de Minas, São Francisco, São João da Ponte, Teófilo Otoni e Turmalina. Para atender a esses municípios, que estavam organizados nos coletivos Ar, Água e Terra, o programa contava com coordenação geral, coordenação pedagógica, apoios acadêmico, técnico, administrativo e financeiro. Participaram ainda da formação quatro professores de referência que foram responsáveis pela indicação de referências de leitura e pela elaboração do material didático do curso. Para realizar a mediação entre os professores de referência e os sujeitos nos municípios, havia uma equipe de 15 formadores regionais, divididos entre as áreas de Ciências da Vida e da Natureza, Língua Arte e Literatura, Ciências Sociais e Humanidades, Matemática e Educação do Campo.

Os formadores regionais compunham três grupos, compostos por cinco pessoas cada. Estavam alocados no âmbito da Faculdade de Educação sujeitos pertencentes às seguintes frentes: coordenação geral, coordenação pedagógica, equipe de apoio, professores de referência e formadores regionais. Buscou-se promover a alternância propondo o movimento de visitas desses sujeitos aos municípios, bem como formações no âmbito da UFMG. Já no município, estavam alocados os formadores locais, tutores e cursistas. Antunes-Rocha, Carvalho e Justino (2018, p. 114), ao falarem sobre a gestão do projeto, nos fornecem elementos para compreendermos a diversidade dos sujeitos inseridos em tal fluxo.

> Este formato contribuiu para uma participação expressiva de diretores, técnicos educacionais, coordenadores pedagógicos, bem como um envolvimento de vereadores, lideranças locais, sindicatos de trabalhadores rurais e associações comunitárias de abrangência local [...]. As reuniões dos coletivos aconteciam semanalmente em uma dinâmica que permitia consolidar as avaliações, resultados e encaminhamentos em uma sequência de tempos e espaços necessários para a execução das atividades.

Ainda sobre a estrutura do curso, destaca-se que cada município contava com um formador local responsável pela gestão do programa no município – com exceção dos pares de municípios Aricanduva e Itamarandiba, Catuji e Teófilo Otoni, e Minas Novas e Turmalina, que devido à proximidade territorial dividam um formador local entre si. O número de tutores por município foi definido a partir do número de cursistas participantes, ou seja, os 1114 cursistas foram acompanhados por 80 tutores. Considerando que cada um desses cursistas atuava em sala de aula como professor, foi possível entender que a formação do Escola da Terra reverberou em 257 escolas e 16.687 alunos do campo. O detalhamento de tais dados numéricos pode ser pode ser visto no Quadro 1, que organiza tal distribuição por município.

Quadro 1: Abrangência do Projeto Escola da Terra – Minas Gerais

Municípios	Tutores	Cursistas	Alunos	Escolas
Almenara	3	47	319	24
Aricanduva	1	15	190	5
Catuji	2	27	444	9
Francisco Sá	9	97	1.421	21
Governador Valadares	11	241	1.712	8
Itamarandiba	2	48	577	2
Itinga	2	21	282	11
Jaboticatubas	6	73	1.600	10
Januária	8	107	1.347	55
Minas Novas	3	27	180	15

Miradouro	3	45	1.029	8
Porteirinha	5	58	900	14
Rio Pardo de Minas	3	37	312	9
São Francisco	5	111	3.340	17
São João da Ponte	4	41	525	10
Teófilo Otoni	11	122	2.240	29
Turmalina	2	28	271	10
Total	**80**	**1.145**	**16.687**	**257**

Fonte: Arquivo do Escola da Terra, 2014-2016.

Ao apresentarmos a contextualização da formação bem como a abrangência desta, é importante termos em mente que tal processo de gestão dos sujeitos foi discutido, elaborado e, sempre que necessário, reelaborado junto ao coletivo gestor, a fim de promover uma formação que permitisse o protagonismo dos sujeitos.

Plano de formação

Para entender o processo formativo do Programa Escola da Terra Minas Gerais, oferta 2014-2016, partiu-se do princípio da alternância, entendido como elemento essencial para que as reflexões de ensino e aprendizagem ocorresse em diálogo com a realidade dos sujeitos. Dessa forma, tal formação oscilou entre Tempos-Universidade e Tempos-Comunidade que ocorriam na territorialidade dos municípios e da Faculdade de Educação da UFMG, em Belo Horizonte.

A formação, que, como dito anteriormente, contou com a carga horária de 180 horas, foi dividida em 4 módulos que se organizaram a partir da seguinte dinâmica: primeiro, realizava-se o módulo junto aos formadores regionais, formadores locais e tutores e avaliava-se o desenvolvimento e a pertinência da proposta para que posteriormente esses sujeitos replicassem a formação junto aos cursistas. Em alguns momentos, ocorriam dois módulos concomitantemente; por exemplo, quando os formadores locais e os tutores conduziam o módulo 1 junto aos cursistas, estes mesmos sujeitos cursavam o módulo 2, a fim de se adiantarem em discussões e reflexões. Anterior à abertura de cada um dos módulos, o curso contou com reuniões de planejamento e discussão sobre os elementos da estrutura formativa, realizadas junto ao coletivo gestor, bem como aos coordenadores e formadores regionais.

O módulo 1 ocorreu entre 20 de agosto e 27 de setembro de 2015. O primeiro passo realizado foi a construção, junto ao coletivo gestor na Faculdade de Educação, de elementos que fornecessem subsídios para a formação dos formadores locais, tutores e formadores regionais. Chegou-se à conclusão de que a formação deveria passar prioritariamente pela experiência dos sujeitos através da construção de materiais que discutissem a trajetória e contexto do município. No Tempo-Universidade I realizado em cada município, foram realizadas orientações sobre a elaboração dos relatos de experiência, documentos a serem escritos individualmente que discutiriam a experiência dos sujeitos durante o processo de escolarização e docência nas escolas do Campo. Complementarmente a isso foram propostas orientações para a escrita de um documento denominado pesquisa da realidade, analisando os contextos social, cultural, econômico e produtivo da comunidade na qual a escola estava inserida. Sequencialmente, no Tempo-Comunidade I, tutores e formadores locais construíram seus textos de relato de experiência e pesquisa da realidade, documentos que foram fundamentais para os formadores regionais e a coordenação.

Ainda nesse primeiro módulo, foi realizado o Tempo-Universidade II, desta vez na territorialidade da Faculdade de Educação da UFMG, em Belo Horizonte. Nessa formação, da qual participaram formadores regionais, locais e tutores, foram discutidos o histórico, os princípios e conceitos da Educação do Campo. Compreendeu-se que partir do histórico de lutas pela Educação do Campo poderia contextualizar os sujeitos sobre o perfil da formação, que superava a dimensão rural. Tais elementos permitiram que os sujeitos refletissem sobre o conteúdo produzido nos relatos de experiência e nas pesquisas da realidade, aliando tais materiais às discussões relacionadas à Educação do Campo. Ainda no módulo 1, ocorreu o Tempo-Comunidade II onde foram propostas reelaborações dos materiais de relato de experiência e pesquisa da realidade, entendendo que eles poderiam agregar às discussões realizadas.

Em seguida, no Tempo-Universidade III, realizado nos municípios, contou-se com a presença de representantes da universidade, ocasião em que foi proposto aos sujeitos a avaliação do módulo. Tal avaliação consistia em refletir a respeito dos tempos/espaços experienciados como conteúdo e metodologia, detectando a necessidade de remodelações e alterações, uma vez que o conteúdo desse módulo 1 seria posteriormente replicado junto aos cursistas. Por fim, no Tempo-Universidade III foram realizadas orientações gerais sobre os elementos estruturantes da primeira versão do Plano de Ação Pedagógica (PAP).

Já no módulo 2, ocorrido entre 28 de setembro e 28 de outubro, as atividades foram distribuídas em quatro tempos-espaços. No Tempo-Comunidade III, foram realizadas formações direcionadas para a construção da estrutura básica do PAP de acordo com a realidade vivenciada pelos cursistas. No Tempo-Universidade IV, foram estudados os conceitos de organização do trabalho pedagógico na perspectiva da Educação do Campo. Para isso, foram apresentados os conceitos referentes às áreas do conhecimento Língua, Artes e Literatura, Ciências Sociais e Humanidades, Ciências da Vida e da Natureza e Matemática. Em seguida, no Tempo-Comunidade IV, foi feita a reelaboração do PAP considerando os elementos presentes na organização do trabalho pedagógico discutidos nas áreas do conhecimento. Esse movimento de propor que inicialmente os sujeitos fizessem a sua versão do PAP veio no sentido de tentar perceber que elementos eram vistos como essenciais na prática pedagógica e como tais elementos agregavam os novos conceitos presentes na formação. Por fim, no Tempo-Universidade V, foi realizada a apresentação e a avaliação de cada PAP, a fim de que fossem discutidas as possibilidades práticas de execução de cada plano.

O módulo 3, ocorrido entre 29 de outubro e 5 de dezembro, contou com dois tempos-espaços. A presença de apenas dois tempos e espaços de formação em alternância foi justificada pela necessidade de aprofundamento temporal nas possibilidades práticas de integração da formação com a prática docente dos cursistas. No Tempo-Comunidade V, foram executados os PAPs. Nesse momento, acompanhou-se com grande expectativa em todos os municípios as possibilidades de integração das discussões realizadas às práticas docentes dos cursistas. Para isso, orientou-se que cada tutor e, se possível, também o formador local, dentro da disponibilidade de tempo e do número de cursistas orientados, buscasse acompanhar a execução de tal PAP nas escolas. No Tempo-Universidade VI, os cursistas apresentaram e discutiram junto aos tutores, formadores locais e regionais os elementos referentes à execução do PAP, descrevendo as ações pedagógicas e a ligação destas com o percurso de aprendizado.

Por fim, o módulo 4 também foi composto por dois tempos-espaços. No Tempo-Comunidade VI, foi feita a apresentação dos resultados da formação do Escola da Terra no contexto das escolas e da comunidade. Tais apresentações, além de agruparem reflexões referentes aos avanços e desafios presentes no PAP no contexto da prática docente, e também do coletivo escola e comunidade, levantaram reflexões sobre a trajetória da comunidade junto à Educação do Campo após a formação. Tais informações deram subsídios para a elaboração de relatórios de formação de cada município. Já no Tempo-Universidade VII, foram feitos dois seminários. O primeiro deles, realizado a nível municipal, promoveu a apresentação da síntese e discussão do relatório final referente à formação no município, contando com a presença de formadores regionais, locais, tutores e cursistas. Já o segundo seminário, também presente nesse Tempo-Universidade VII, foi realizado em Belo Horizonte e contou com a presença de todos os formadores regionais, locais, tutores e representação de cursistas. Nesse encontro, foram feitas mesas temáticas por município, em que cada um dos sujeitos avaliava a formação. Coordenadores, representantes da Secretaria Estadual de Educação e do MEC também participaram deste momento, trazendo considerações sobre o percurso acompanhado.

A plataforma Moodle como ambiente complementar no processo formativo

É importante nos atentarmos ao fato de que a dinâmica de formação, organizada em tempos e espaços, também recebeu suporte e acompanhamento virtual, realizado através da plataforma Moodle. Destaca-se, no entanto, que em momento algum o uso dessa TIC (Tecnologia de Informação e Comunicação) pretendia dar ao curso o caráter de formação em regime de Educação à Distância, uma vez que se compreende a diferença marcante entre os formatos didáticos e estruturais presentes nas propostas de Educação à Distância e Pedagogia da Alternância – esta última utilizada nessa formação aqui discutida. Porém, acreditou-se que tal plataforma poderia ser um lugar valioso para compartilhamento de materiais e troca de mensagens síncronas e assíncronas.

A plataforma Moodle do Programa Escola da Terra Minas Gerais 2014-2016 foi organizada em diversos ambientes com nomes que faziam referência aos espaços escolares. Tais ambientes foram distribuídos da seguinte forma:

- *Biblioteca*: nessa sala, eram inseridos os materiais (apresentações, textos, links e vídeos) apresentados nas formações, assim como textos de referência sobre Educação do Campo, bem como sobre as áreas do conhecimento. Na biblioteca, havia também obras complementares e espaço-fórum destinado à troca de ideias a respeito do conteúdo do texto. Foram incluídos nessa sala todos os formadores locais, formadores regionais, tutores e cursistas. A proposta dela era promover o acesso ao conteúdo de referências básicas e complementares apresentadas no curso.

- *Pátio*: nessa sala, foram inseridos todos os sujeitos dos processos de formação. A intencionalidade é que estes pudessem compartilhar suas experiências docentes, trocar informações informais sobre o processo formativo e as propostas de educação em outros municípios e ter um espaço livre para se manifestar em fóruns e chats.
- *Sala da Coordenação*: nesse espaço, coordenadores regionais, locais e a coordenação geral construíam reflexões sobre os elementos referentes à gestão dos Tempos-Universidade.
- *Sala de Formadores*: nesse espaço, foram inseridos os formadores locais, regionais e coordenadores para que fossem enviadas informações e houvesse um espaço para discutir ideias e realizar proposições referentes ao processo formativo de forma geral.
- *Salas dos Municípios*: foram criadas 17 salas com o nome de cada um dos municípios participantes. Em cada uma delas, foram inseridos os respectivos formadores locais, regionais, tutores e cursistas. A ideia dessa sala era criar um registro dos processos formativos em cada uma das localidades, respeitando a diversidade e dando autonomia para os formadores locais gerenciarem tal discussão e mediação. Nesse espaço, tutores criavam fóruns específicos, enviavam avisos com datas de encontros e compartilhavam fotos e reflexões sobre o processo vivenciado.

Inicialmente, a plataforma Moodle foi construída com a intencionalidade de registrar todos os materiais didáticos, promover o debate contínuo a respeito de todas as questões didáticas e conceituais e verificar a frequência de acesso dos cursistas em relação aos materiais ali disponibilizados. No entanto, com o decorrer da formação constatou-se que o número de acessos recebidos nas salas dos municípios e nas salas coletivas representava uma parcela significativa em comparação ao número de cursistas matriculados. Em reuniões junto aos formadores regionais, locais e tutores, pode-se verificar que o baixo acesso justificava-se, na maioria das vezes, devido à ausência ou à precariedade das antenas de acesso à internet nos municípios atendidos pelo Programa Escola da Terra.

A partir de tal constatação, a plataforma Moodle começou a ser usada como fonte complementar de registro e distribuição de material didático, sendo pensadas também outras estratégias de mediação junto aos participantes. Foi adotada então a dinâmica de distribuição de material virtual e impresso aos formadores regionais, locais e tutores para que estes repassassem aos cursistas. Tal movimento também ocorreu para que fossem coletados os materiais produzidos pelos alunos – relatos de experiência, pesquisas da realidade e PAPs. Considerou-se o tutor com o papel fundamental de coletar e organizar todo o material produzido pelos cursistas. Além dos materiais originais, sugeriu-se que tutores e formadores locais criassem sínteses com os principais elementos abordados nas produções dos alunos. Tais sínteses eram discutidas, a fim de verificar as potencialidades e os desafios presentes no processo formativo do Programa Escola da Terra.

Por uma formação vinculada à realidade dos sujeitos: a produção dos relatos de experiência e das pesquisas da realidade

Para falar sobre a formação construída no percurso do Programa Escola da Terra Minas Gerais 2014-2016, convém destacarmos a vinculação de todo o processo formativo à realidade dos sujeitos como elemento fundante desse processo formativo. Durante o processo de planejamento, notou-se que o curso deveria discorrer a respeito dos conceitos relacionados à Educação do Campo e às classes multisseriadas, sem se distanciar do contexto docente dos professores. Dessa forma, o ponto de partida para toda a formação foi entender a vinculação da Educação do Campo com a diversidade de cada município, escola e sujeito.

Para tal, o primeiro passo realizado foi solicitar que os participantes construíssem um relato de experiência que incorporasse a trajetória de escolarização desde a formação inicial até a inserção na docência. Da mesma forma, propôs-se também a construção de um segundo documento, denominado pesquisa da realidade, que fornecesse informações a respeito dos contextos histórico, cultural, produtivo e social do município e da escola. Notou-se que tais documentos poderiam servir como estratégia de levantamento do conhecimento prévio, das trajetórias dos cursistas, bem como do contexto local de cada um dos 17 municípios participantes.

Após receber todos os relatos de experiência e pesquisas da realidade, a equipe de formação se dedicou a analisar as sínteses produzidas pelos tutores e formadores locais sobre tal produção, a fim de apontar elementos ali presentes que fornecessem pistas para a condução/alteração dos aspectos conceituais presentes na formação. Em seguida, foram apresentados os primeiros materiais formativos contextualizando a Educação do Campo, seus princípios e a relação desse processo de luta com os elementos históricos, políticos, culturais e produtivos do território campesino, levando-se em conta o diálogo com a diversidade de sujeitos, trajetórias e contextos. Tal direcionamento foi um ponto de integração para os debates realizados no processo de formação, permitindo, assim, o diálogo dos elementos conceituais à luz das experiências dos sujeitos e das realidades das escolas e municípios.

Compreendeu-se que tal metodologia, além de criar maior identificação dos sujeitos com os conceitos estudados, permitiria que a produção deles tivesse a função de mediadora do conhecimento. Tal mediação ocorreu em nível processual, considerando que após a discussão do material, à luz dos conceitos estudados, os cursistas puderam reescrever sobre a experiência de formação e a realidade do município, realizando um movimento de articulação entre a teoria apresentada e a realidade vivenciada.

Notou-se que a integração dialética entre a formação desenvolvida e a prática do sujeito ocorreu a partir do exercício de escrita e reescrita de tais documentos, que foram fundamentais para que os conteúdos analisados tivessem significado e impacto na prática docente dos sujeitos. É importante destacar que o processo de elaboração, discussão e reelaboração do relato de experiência e da pesquisa da realidade foi fundamental para criar uma sustentação de elementos conceituais, metodológicos e reflexivos, que foram posteriormente necessários para a criação do PAP, ferramenta que será discutida a seguir.

Plano de Ação Pedagógica (PAP): a materialização do impacto da formação na prática dos cursistas

A fim de se constituir uma metodologia de formação que promovesse o diálogo entre os elementos elaborados pela prática dos sujeitos e os conceitos estudados, foi proposto que os cursistas criassem uma atividade pedagógica denominada Plano de Ação Pedagógica (PAP). Tal plano tinha como objetivo propor uma prática didática que se organizasse em torno dos conteúdos estudos na formação do Programa Escola da Terra – articulando, desta forma, os conceitos relacionados aos princípios da Educação do Campo e às áreas do conhecimento Ciências Humanas e Sociais, Ciências da Vida e da Natureza, Língua, Arte e Literatura e Matemática.

Assim como os documentos Relato de Experiência e Pesquisa da Realidade, a escrita do Plano de Ação Pedagógica foi processual. Inicialmente, sugeriu-se que os cursistas elaborassem versões prévias, baseadas em sua prática docente, que foram fruto de uma discussão junto ao coletivo que gerou possibilidades de reescrita sugeridas com a intencionalidade de que os sujeitos incorporassem os conceitos presentes no curso e analisassem sua pertinência antes de promovê-los em sala de aula.

Em cada município/escola, o desenvolvimento do PAP adquiriu nuances diferentes. Alguns sujeitos desenvolveram as práticas de forma individual e dentro do grupo restrito de seus alunos. Já alguns grupos de cursistas incorporaram outras turmas e docentes da escola, de forma a promover as reflexões de forma coletiva. Em escolas que contavam com a presença de vários cursistas atuando como professores, pôde-se perceber também a criação de planos que, além de incorporar toda a escola, dialogavam com a comunidade do entorno através de planos de intervenção. Perceber tais nuances foi fundamental para que o processo de acompanhamento e avaliação dos PAPs considerasse a diversidade de sujeitos, instituições e realidades.

De forma geral, notou-se que a dimensão do trabalho coletivo, presente nas discussões a respeito dos princípios da Educação do Campo, inspirou os cursistas, em sua maioria, a se organizarem de forma coletiva na elaboração, aplicação e avaliação dos PAPs. A proposta inicial da formação, que sugeria a criação apenas de trabalhos individuais, foi pouco a pouco ajustada quando se percebeu a potencialidade das ações coletivas ali discutidas. Dessa forma, foram elaborados e aplicados 89 PAPs, que, de maneira geral, além de dialogar com o contexto da Escola do Campo, materializavam as discussões regionais das comunidades à luz de questões relacionadas a aspectos produtivos, sociais e culturais. Assumir as mudanças presentes no processo formativo foi um processo debatido nas reuniões junto aos coletivos de gestão e formação que entenderam que, dessa forma, a ação do PAP seria mais significativa para o grupo, pois assumiria uma dimensão de cooperação e transformação da realidade. A construção de PAPs coletivos também foi benéfica, no sentido de se promover oportunidades de desenvolvimento do trabalho multissérie entre os alunos, possibilitando, dessa forma, a quebra com a divisão de faixas etárias e oportunizando interações de cooperação entre as crianças.

Em relação às temáticas trabalhadas nos PAPs, foi possível notar a predominância de atividades que articularam os princípios da Educação do Campo à preservação ambiental. Percebeu-se também a presença de um número significativo de propostas que discutiam a cultura local, bem como o trabalho no campo e sua potencialidade educativa. Podemos destacar precisamente os seguintes temas abordados nos PAPs:

- *Água*: escassez e uso consciente em abordagens que identificavam a presença das nascentes da região e discutiam as causas e formas de evitar a poluição dos rios. Algumas abordagens apontavam razões e reflexos da falta de chuva na agricultura, bem como possibilidades de sobrevivência no combate à seca a partir de ações como irrigação.
- *Cultura e história das comunidades*: tal temática foi abordada a fim de se compreender a importância da história das práticas artísticas e culturais, compreendendo tais manifestações como formas de fortalecimento da identidade dos sujeitos do campo.

- *Organização coletiva dos sujeitos do campo*: foram propostos PAPs que contextualizavam o trabalho realizado pelos movimentos sociais e sindicais, destacando a integração destes com a prática educativa das escolas no fortalecimento da luta pela terra e da escola do campo.
- *Produção e trabalho no campo*: trabalhos que discutiam as características do trabalho na região, as possibilidades de criação de associações, bem como o impacto do uso de agrotóxicos e de práticas de monocultura para comercialização.
- *Contexto político e administrativo da Escola do Campo*: nestes PAPs, destacou-se a presença de elementos que discutiam a necessidade de valorização da escola do campo a partir dos aspectos infraestrutura, merenda, biblioteca e transporte escolar, bem como a necessidade de integração entre a comunidade e a escola.

Pode-se perceber que a realização dos PAPs nas escolas do campo significou um momento ímpar de organização política em torno das discussões a respeito da Educação do Campo como direito dos sujeitos. Formadores locais puderam relatar que tais discussões contaram, em diversas escolas e municípios, com a presença de figuras políticas, tais como prefeitos, vereadores e secretários de Educação. Tal presença fortaleceu as discussões em torno das diversas reivindicações presentes nas escolas do campo, que, em sua maioria, pediam visibilidade para melhoria de infraestrutura, condições de trabalho e do reconhecimento dentro da estrutura municipal de ensino. Em alguns municípios, a etapa de discussão sobre os PAPs contou, inclusive, com debate/implementação dos marcos legais de Educação do Campo para o município.

Pode-se notar a presença de PAPs que promoveram a discussão sobre a realidade da Escola do Campo, integrando a comunidade em tal demanda significava. Tais trabalhos significaram, de forma geral, a construção de um debate coletivo entre professores e alunos sobre a necessidade de luta por uma escola de qualidade. Um exemplo de tal abordagem pode ser verificado no PAP do município de Francisco Sá, realizado na comunidade Camarinhas pelas cursistas Alessandra Correia, Alessandra de Jesus, Ana Paula Rocha, Lucileide Ferreira, Lucilene Osmerina, Rossana Angélica, Ione Gonçalves, Adriana Pena e Clecy Fernandes, sob orientação da tutora Maria Shirlene Aguiar Brito e da formadora local Cristhianne Antunes David.

> Criação do documento em que consta os problemas da escola – o arquivo foi feito e assinado pelos alunos; finalizando o PAP, foi realizado um Seminário da Conscientização, no qual foi ouvida a representante da Associação da Comunidade; apresentação de peça teatral dos alunos sobre o tema; apresentação de paródia

> criada pelos alunos; declamação de poema criado por um aluno; um aluno expôs para a comunidade o documento criado por eles, pedindo a ajuda da comunidade para cuidar da escola (Correia *et al.*, 2016, p. 4).

Tal trecho do documento ilustra as propostas dos PAPs em solidificar o debate presente entre escola e comunidade, envolvendo diferentes atores, como pais, alunos, professores, associações da comunidade e trabalhadores da comunidade. Tais ações se reverberaram em ações concretas, como um "possível trabalho conjunto para uma horta comunitária, uma vez que a escola dispõe de espaço; assim, as mudas e sementes foram doadas por uma das Associadas, alguns pais doaram adubo e a proposta é que a horta seja uma realidade da escola" (PAP..., 2016a, p. 6).

A temática relacionada à água e sua preservação também foi presente em grande parte dos PAPs, o que revelava uma preocupação dos cursistas em abordar as questões ambientais, bem como em promover o entendimento de que estas se ligavam ao princípio da Educação do Campo que propõe o entendimento da sustentabilidade como um elemento inerente aos processos de ensino e aprendizagem. Um exemplo de tal construção pode ser visualizado no PAP do município de Governador Valadares, realizado no Centro Municipal de Educação Infantil Dona Maria Souto, localizado no distrito de Santo Antônio do Pontal, pelas cursistas Dayane Maristela Rodrigues Leite, Kátia de Cássia de Oliveira Viana, Maria Cristiane Ferreira, Petúlia Domingues de Lima Pereira, Zumira Raquel dos Santos sob orientação da tutora Marta Helena Rozeno e da formadora local Angélica Rosa.

> No encontro municipal de formação, foi proposta a construção do Plano de Ação Pedagógica (PAP), neste momento o grande desafio foi pensar qual tema deveria se escolher para fortalecer as propostas da educação do campo, juntamente com a comunidade. As reflexões e estudos, somados à dura realidade da crise hídrica que se tem vivenciado no município de Governador Valadares e região, fez voltar o olhar para a situação da água em na comunidade, e daí nasceu o tema: preservação das nascentes. Através da pesquisa da realidade, a comunidade informou que ao lado do CEMEI em um terreno privado tinha vários focos de nascentes. Em seguida, foi contatado o dono da terra, e o mesmo teve boa receptividade, se colocando à disposição. O CEMEI teve a oportunidade de apresentar o plano de ação para o professor Leandro, representante da escola da terra, juntamente com a formadora regional Angélica e demais tutores. Neste encontro, ao se apresentar o plano para o grupo, o mesmo incentivou e deu sugestões para o desenvolvimento da ação. Para realizar o trabalho com as crianças, foi preciso pensar quais questões pedagógicas seria importante desenvolver para chegar a este tema. A princípio, as crianças foram indagadas com algumas perguntas que achamos importante de saber, pois nossas crianças são sujeitos do campo e a maioria tem esse contato prévio com a terra. Foi aí

que se procurou saber se elas sabiam de onde era retirada a água que é utilizada em suas casas e no próprio CEMEI. As respostas foram uma surpresa. Muitos tinham poços artesianos em suas casas. Mesmo pequenos, já sabiam a importância de se economizar a água, e ainda falaram sobre da importância da preservação das árvores (Leite *et al.*, 2016, p. 3).

Tal trecho desse PAP ilustra a possibilidade de desenvolvimento de ações pedagógicas que articulem os principais problemas enfrentados pelas comunidades junto a alunos de diferentes faixas etárias. No caso específico da educação infantil, nota-se na descrição das atividades um esforço das cursistas em transformar uma temática que atingia o município de forma direta, através da crise hídrica vivenciada em toda a extensão do município por meio de práticas pedagógicas lúdicas e dinâmicas. Ressalta-se ainda a ligação entre o PAP e a Pesquisa da Realidade, sendo que esta permitiu aos cursistas conhecer a existência da nascente e sua importância para o entorno da escola, o que demonstra um diálogo entre os diferentes instrumentos do processo formativo.

Por fim, destacamos que a temática de cultura e história também se destacou de maneira significativa nos processos de ensino e aprendizagem desenvolvidos nos PAPs. Tal inserção temática chamou a atenção para o princípio de historicidade presente na Educação do Campo e a importância deste ao se pensar em uma educação que não ignore as heranças culturais e identitárias de uma comunidade. Um exemplo desta temática foi percebido no PAP do município de Jaboticatubas, realizado na Escola Municipal Cândida de Lima Olyntho Ferraz pelas cursistas Adirlene Gonçalves Moreira, Cláudia Aparecida da Silva, Eneida Rodrigues de Assis Oliveira Nilza dos Santos Ferreira, Sandrilene Lopes Nogueira Coelho, Valdete Maria do Socorro e Marilda dos Santos Ferreira sob orientação da tutora Vanessa dos Santos Guimarães e da formadora local Ana Paula da Silva Rodrigues.

> O município de Jaboticatubas é muito rico culturalmente. Possui vários bens patrimoniais culturais materiais e imateriais registrados, inventariados e tombados, de modo a tornar-se necessário que os alunos conheçam e identifiquem esses bens como uma riqueza do município, assim como a história dos mesmos e a necessidade de preservação nos dias atuais e para as gerações futuras. Essa proposta se vincula aos princípios da Educação do Campo porque leva em conta a realidade social dos alunos. Além disso, as atividades superam os limites da sala de aula, construindo espaços de aprendizagem que extrapolam os espaços tradicionais da escola. Contribui também para a afirmação da coletividade, uma vez que parte de um tema que instiga a participação dos alunos na preservação dos bens patrimoniais da cidade e de identidades, uma vez que propõe uma valorização das tradições e da história da comunidade quilombola Mato do Tição, de onde vem grande parte dos alunos da escola (Moreira *et al.*, 2016, p. 1).

Pode-se perceber que, ao abordar elementos do patrimônio cultural municipal, este PAP visou promover na escola um reencontro com a cultura da comunidade à qual pertence a maioria de seus alunos. Para além de um encontro com a realidade dos sujeitos, o que resultou em uma maior identificação dos alunos com as práticas ali desenvolvidas, notou-se o protagonismo de líderes comunitários que atuaram em diversas fases do projeto, integrando um diálogo entre saberes.

De forma geral, nota-se que a construção, a aplicação e a reflexão sobre os PAPs elaborados pelos cursistas do Projeto Escola da Terra proporcionou aos professores um encontro com elementos que traduzem a materialidade da realidade da Escola do Campo, traduzidos em forma de discussões sobre água, cultura, trabalho, organização coletiva e luta por uma escola de qualidade. Percebeu-se que tal movimento foi compreendido pelos cursistas como uma oportunidade de reflexão sobre a própria prática, uma vez que eles traziam elementos da realidade concreta em diálogo com as áreas do conhecimento.

Avaliação em movimento

Ao pensarmos no processo de avaliação dos avanços e impactos do Programa Escola da Terra, a palavra "movimento" nos vem à mente como uma forma representativa da trajetória adotada durante o processo de formação. O primeiro elemento a ser considerado aqui é a dinâmica de reflexão processual a respeito do processo formativo. A inserção de momentos avaliativos desde o primeiro módulo permitiu que os diferentes coletivos apontassem para a necessidade de remodelação em estrutura, metodologia e proposta de formação, gerando um plano de formação vivo e em diálogo com os sujeitos. No espaço da universidade, eram realizadas reuniões semanais que buscavam integrar as coordenações à equipe de formação, discutindo e acolhendo as críticas apontadas por formadores locais, tutores e cursistas e pensando de forma conjunta em formas de superar os desafios e realizar o percurso formativo de forma a incluir todos em suas particularidades. É importante destacar que tal processo não se configurava como pronto e de fácil entendimento, uma vez que, devido ao grande número de sujeitos envolvidos, era necessário o registro de proposições e encaminhamentos que se desdobravam em toda a estrutura. Porém, o desejo de construir um processo formativo que acolhesse o princípio do trabalho coletivo fazia com que tais remodelações, embora trabalhosas, encontrassem sentido em nossa prática de gestão.

Foram construídos instrumentos de avaliação em forma de questionários, a fim de conhecer as proposições dos sujeitos e registrar tal percurso em cada um dos momentos formativos. Atenção especial também foi dada no sentido de reservar em todos os momentos formativos um tempo especial para que os sujeitos fizessem suas colocações e críticas sobre o processo vivenciado. Buscávamos atuar na perspectiva propositiva de críticas, para que todos os sujeitos se sentissem à vontade para apontar questões de melhoria, bem como possíveis caminhos a serem trilhados para se atingir tal objetivo. Nesse sentido, foi fundamental o papel de tutores, formadores locais e formadores regionais como elaboradores de sínteses das avaliações coletivas realizadas pelos cursistas.

O ápice do momento de avaliação do projeto ocorreu durante o Seminário de Avaliação do Escola da Terra Minas Gerais, realizado nos dias 16, 17 e 18 de fevereiro do ano de 2016. Nesse seminário, realizado na Faculdade de Educação da Universidade Federal de Minas Gerais em Belo Horizonte, estiveram presentes coletivos representativos de todos os municípios. Cada coletivo contava com representação de cursistas, tutores e formadores, a fim de que as vozes dos diversos atores do processo pudessem ser escutadas. No encontro, com duração de três dias, foram realizadas mesas de avaliação de cada município. Em cada uma dessas mesas, que contava com a representação de cursistas, tutor, formador local e formador regional, eram apresentados os resultados, avanços e desafios relacionados ao processo formativo. Neste momento, pode-se perceber que a diversidade de municípios, escolas e comunidade promovia variações e adaptações da formação em cada uma dessas realidades. Tal fato se configurava desde a apresentação dos resultados do PAPs, que foram abordados com procedimentos e metodologias variadas, bem como do impacto da formação no contexto da escola e da comunidade. De forma significativa, pode-se apreender que em todas as avaliações destacou-se a formação como oportunidade de fortalecimento da escola e da comunidade, bem como p conhecimento e/ou aprofundamento dos princípios da Educação do Campo no contexto das práticas pedagógicas.

Notou-se ainda a presença da prática da mística como uma forma de avaliação utilizada pelos participantes do processo formativo. A mística, definida por Carvalho (2018) como uma prática estética que se se utiliza de teatro, poesia, música, artes visuais, danças e palavras de ordem para dar materialidade à luta dos movimentos sociais assumiu um papel de representação da voz dos sujeitos sobre a trajetória de aprendizado. No primeiro seminário de formação, foi construído um coletivo de mística para que se pensasse na intencionalidade da formação e na inserção dessa prática em todos os momentos formativos. Com o decorrer dos módulos de formação, notou-se que formadores, tutores e cursistas foram gradativamente se apropriando de tal prática, chegando ao protagonizar, durante o seminário de avaliação final em Belo Horizonte, uma mística para cada município, abordando os aspectos formativos, bem como a identidade dos sujeitos ali presentes no contexto de luta pela Educação do Campo.

Cada coletivo de um município construiu palavras de ordem próprias, trazendo elementos simbólicos e representativos. Tal movimento favoreceu a criação de uma mística com todo o coletivo, no último dia de seminário. Nessa mística, os sujeitos elegeram coletivamente uma palavra de ordem para simbolizar a formação: "Escola da Terra Minas Gerais: eu faço parte dessa luta!", que representava a intencionalidade de cada sujeito em atuar como transformador pela Educação do Campo. Nessa mística, os sujeitos também trouxeram bandeiras e elementos simbólicos dos municípios, inserindo cada um destes no contexto de protagonismo da luta. Tal movimento foi avaliado como um grande avanço no entendimento e na apropriação dos debates sobre Educação do Campo, uma vez que a mística enquanto prática pedagógica e cultural característica dos movimentos sociais de luta pela Educação do Campo foi acolhida, compreendida e utilizada em suas dimensões educativa, cultural e simbólica, podendo-se perceber nessas práticas a articulação dos princípios da Educação do Campo com o contexto dos sujeitos.

Notamos ainda que a integração de metodologias de trabalho que propunham a construção de instrumentos de aprendizagem como relatos de experiência, pesquisas da realidade e PAPs foi um avanço ao pensarmos na possibilidade de construirmos uma formação "para" e "com" os sujeitos do campo – ressaltando, neste aspecto, o protagonismo e o diálogo com a realidade dos sujeitos ao propor a vivência dos princípios da Educação do Campo à luz das realidades das escolas e sujeitos.

No que se refere à formação específica relacionada às escolas multisseriadas, nota-se que a execução dos PAPs possibilitou um trabalho em contextos temáticos que permitiram o diálogo interdisciplinar e multissérie. Tal perspectiva foi um avanço ao pensarmos na possibilidade de construção de saberes ancorados na pedagogia das classes multisseriadas. O desafio que se colocou a partir de tal formação foi o de promover maior diálogo entre escola e gestores públicos de educação a respeito das especificidades das classes multisseriadas em um contexto educativo urbanocêntrico que muitas vezes constrói livros didáticos e organizações de gestão das escolas desconsiderando tal perspectiva.

Percebeu-se também a necessidade de um maior aprofundamento na perspectiva de formação relacionada às áreas do conhecimento Ciências Sociais e Humanidades, Ciências da Vida e da Natureza, Língua, Artes e Literatura e Matemática. Notou-se em alguns relatos dos cursistas o prevalecimento de uma visão disciplinar das áreas do conhecimento. Tal perspectiva também foi percebida na análise dos PAPs que, de forma geral, priorizavam o debate dos princípios da

Educação do Campo no contexto da escola/comunidade, deixando o diálogo com as áreas do conhecimento em segundo plano e, por vezes, de forma ilustrativa.

Por fim, destacamos que a experiência de formação do Programa Escola da Terra Minas Gerais, oferta 2014/2015/2016, promoveu um território profícuo de debate e transformação da escola do campo. Notou-se que a integração de instrumentos de aprendizagem com os contextos social, pedagógico e político dos sujeitos possibilitou uma formação em movimento que adotou a perspectiva de se pensar nas particularidades e potencialidades da escola do campo diante do contexto da multisseriação. O envolvimento do coletivo gestor junto a mais de 26 formadores, 80 tutores, mais de 1.100 cursistas distribuídos em 257 escolas do campo nos mostrou a potencialidade de um processo formativo em grande escala e ocorrido na perspectiva dialética, junto aos sujeitos. Ao olharmos para os dados de mais de 16.600 alunos de escolas do campo impactados indiretamente por essa ação de formação, nos colocamos diante da esperança de que tal formação venha a continuar reverberando no contexto de luta pela construção de uma escola do campo articulada a um projeto de sociedade.

Referências

ANTUNES-ROCHA, M. I.; CARVALHO, C. A. S.; JUSTINO, E. F. Escola da terra: construções teórico/metodológicas na formação de educadores na perspectiva da educação do campo. In: HAGE, S. A. M.; SILVA; H. S. A.; ARAÚJO, M. N. C.; FONSECA, J. D. F. (Orgs.). *Programa Escola da Terra: cartografia da diversidade e complexidade de sua execução no Brasil.* Curitiba: CRV, 2018.

CARVALHO, C. A. S. *Representações sociais das práticas artísticas na formação e atuação de professores do campo.* 1. ed. Curitiba: Editora Appris Ltda., 2018.

CORREIA, A. *et al.* PAP – Escola Municipal de Camarinhas, município de Francisco Sá. Orientação de Maria Shirlene Aguiar Brito (tutora) e Cristhianne Antunes David (formadora local). In: ARQUIVO DO PROJETO Escola da Terra – Minas Gerais, 2016.

LEITE, D. M. R. *et al.* PAP – Centro Municipal de Educação Infantil Dona Maria Souto, município de Governador Valadares. Orientação de Marta Helena Rozeno (tutora) e Angélica Rosa (formadora local). In: ARQUIVO DO PROJETO Escola da Terra – Minas Gerais, 2016.

MOREIRA, A. G. *et al.* PAP – Escola Municipal Cândida de Lima Olyntho Ferraz, município de Jaboticatubas. Orientação de Vanessa dos Santos Guimarães (tutora) e Ana Paula da Silva Rodrigues (formadora local). In: ARQUIVO DO PROJETO Escola da Terra – Minas Gerais, 2016.

CAPÍTULO 8

Análise dos PAPS a partir de LAL e Matemática

Cristhianne Antunes David-Oliveira
Leila de Cássia Faria Alves

Este capítulo tem por objetivo apresentar experiências desenvolvidas durante o curso de formação continuada de professores do Escola da Terra, desenvolvido em escolas do campo de Minas Gerais entre os anos de 2015 e 2019. A centralidade da discussão são as experiências desenvolvidas pelos/pelas cursistas por meio de sequências didáticas que articularam os componentes curriculares das áreas do conhecimento de Línguas, Arte, Literatura (LAL) e Matemática (MAT) ao contexto campesino como estratégia de fortalecimento da identidade das escolas do campo, assim como de potencialização da prática em turmas/classes multisséries.

Ao sistematizar as experiências desenvolvidas durante a execução do programa, objetiva-se compartilhar experiências que poderão ser utilizadas como exemplos de produções e práticas na Educação do Campo, bem como na implementação de políticas de formação continuada para professores que atuam nas escolas do campo articuladas ao fortalecimento da identidade dessas escolas.

Em entrevista[1] por nós realizada em maio de 2020, deparamo-nos com três registros significativos quanto ao alcance pedagógico do Programa Escola da Terra em Minas Gerais e se ele foi relevante como estratégia de fortalecimento da identidade das escolas do campo, assim como potencializou a prática em turmas/classes multisséries:

[1] Esta pesquisa está disponível nos arquivos do programa NEPCAMPO/FaE/UFMG e foi aplicado sob a responsabilidade destas autoras com autorização das coordenadoras do curso em Minas Gerais. Destaque-se que os entrevistados (formadores, formadoras e supervisoras) já autorizaram o uso de suas falas em termos de consentimento disponíveis nos arquivos do programa. (As denominações foram enumeradas conforme a ordem de recebimento das respostas ao questionário.)

> Os resultados do programa no estado de Minas Gerais são muito significativos, é possível perceber pelos relatórios encaminhados a mudança de comportamento no que tange à prática docente. Os professores dialogaram com o contexto local, fortalecendo, assim, a identidade das escolas do campo. Foi possível perceber elementos pedagógicos da formação nas práticas docentes, tais como, mobilização local, trabalho embasado nas áreas do conhecimento, pesquisa da realidade entre outros (Érica Justino, Coordenadora Estadual, 2020).
>
> O Programa Escola da Terra alcançou os cursistas ao levar uma proposta de formação que articulou os conteúdos teóricos práticos da Universidade à realidade de cada escola/comunidade. Um grande problema das formações continuadas em geral é o descolamento destas com os desafios cotidianos dos docentes, e nesse ponto o Programa Escola da Terra superou este problema, promovendo reflexões sobre os professores a partir das práticas docentes que eles realizavam. Sem dúvidas foi positivo, pois trouxe a oportunidade para os sujeitos pensarem a ação docente a partir da dimensão coletiva. Acredito que sua relevância se dá principalmente no sentido de ter mostrado ao professor que ele não estava sozinho e que sua prática em sala de aula deveria articular com os seus pares e com as questões da comunidade campesina (Supervisora 1, 2020).
>
> Na fundamentação teórico-metodológica quanto aos princípios da Educação do Campo foi uma formação muito relevante como estratégia de fortalecimento da identidade campesina quando buscou tornar presente na prática da sala de aula os direitos e deveres dos povos do campo, de modo especial nas turmas multisseriadas, em um trabalho que possibilitou o uso da heterogeneidade dessas turmas em favor da prática docente (Supervisora 2, 2020).

Assim, a produção pedagógica pensada como requisito do curso era estratégica no sentido de fortalecer a identidade das escolas do campo e potencializar a prática em turmas/classes multisséries, objetivos amparados por um ideal de um projeto que de fato pudesse ser denominado como Educação do Campo, ou seja, planos de ação pedagógica que contemplassem os princípios elencados na formação daqueles educadores.

Fora levantado entre os formadores e as formadoras a mesma questão. Algumas respostas registramos aqui como relevantes:

> O Programa Escola da Terra possibilitou ao professor cursista refletir sobre a Escola do Campo e a maneira pela qual o conhecimento ali existente e produzido poderia passar a fazer parte dos conteúdos trabalhados em sala de aula. Eles começaram a trabalhar partindo das realidades vivenciada pelos sujeitos daquele contexto, valorizando o saber ali produzido, construído e aprendido através das gerações, valorizando saberes e, dessa maneira, despertando o protagonismo e melhorando significativamente a qualidade do trabalho pedagógico oferecido nas escolas (Formadora 6, 2020).
>
> [...] contribuindo para que eles olhassem criticamente para sua prática, reconhecendo os pontos positivos, buscando formação e orientação e sobretudo contextualizando a prática junto à realidade das crianças e da comunidade onde a

> escola está localizada. E sim, foi muito relevante para o fortalecimento das escolas do campo. O Escola da Terra contribuiu no sentido de despertar pertencimento e protagonismo (Formadora 5, 2020).
>
> Sim, teve um bom proveito pedagógico. Fortaleceu o protagonismo que pode ser construído em uma escola do campo e fortaleceu o campo na dimensão educativa dos educadores. Provocou debates necessários para a escola do campo e/ou quilombola no sentido de destacar e fortalecer sua identidade sociocultural e sua função social (Formadora 8, 2020).
>
> Os cursistas foram alcançados pedagogicamente através de conhecimentos teóricos sobre a educação do campo que vieram somar à sua prática. Percebemos sim que o curso foi positivo na prática da sala de aula, pois se aplicou na prática os conhecimentos adquiridos. O curso possibilitava isso. Considero que foi extremamente relevante, pois os PAPs valorizavam a comunidade e o entorno da escola. Além disso, a maneira como foi tratada a didática possibilitava aos professores de classes multisséries a aplicação do que fora aprendido (Formadora 1, 2020).
>
> Devido ao fato de a formação ser ofertada com a metodologia da alternância, ela possibilita a participação do professor, além de dialogar com a realidade da comunidade na qual a escola está inserida. A formação possibilita a aproximação do diálogo com as atividades desenvolvidas na escola, com a realidade de vida dos estudantes (Formadora 9, 2020).

As experiências desenvolvidas pelos e pelas cursistas do Programa Escola da Terra em Minas Gerais foram registradas em Planos de Ação Pedagógica (PAPs) em forma de sequências didáticas que articulam os componentes curriculares das áreas de conhecimento com o contexto campesino, através de um diálogo com os conceitos e os princípios da Educação do Campo, bem como com seus temas estruturantes: a questão agrária, os povos do campo, a agroecologia e a Pedagogia da Alternância.

Para fins de avaliação quanto ao alcance pedagógico, além de ouvir os envolvidos, era preciso analisar os PAPs. Consideramos inicialmente se aqueles produtos poderiam/deveriam ser considerados como um projeto de Educação do Campo. Desse modo, destacamos entendimento registrado no material de formação do programa, recebido pelos formadores e cursistas, no qual constava a seguinte orientação:

> Para que um projeto possa ser denominado Educação do Campo, ele precisa atender alguns princípios básicos. Dentre eles, elegeram-se aqui três que são imprescindíveis: ter como referência que a organização da escola vincula-se a um projeto de campo e de sociedade; que o projeto de escola demanda o protagonismo dos sujeitos, ou seja, controle social, pedagógico e político da qualidade da educação escolar, mediante a efetiva participação da comunidade e dos movimentos sociais do campo; que a escola a ser construída é compreendida como um direito da população camponesa (Antunes-Rocha; Silva; Cruz, 2017, p. 19).

Portanto, a análise daquelas produções buscava um material que apresentasse um projeto de campo e de sociedade, que trouxesse os alunos e alunas como protagonistas, bem como uma linha pedagógica que dialogasse com a escola enquanto direito daquela população. Além disso, buscava-se nos PAPs o foco nas áreas do conhecimento de Línguas, Arte, Literatura e Matemática.

Para tanto, selecionamos algumas das sequências didáticas produzidas, que aqui serão analisadas, além de registrarmos respostas ao questionário on-line já mencionado, que fora aplicado aos formadores e supervisores das três versões do curso sobre a produção dos PAPs e sua aplicação na prática escolar.

Linguagens – Línguas, Arte e Literatura: uma análise desta área do conhecimento nos Planos De Ação Pedagógica do Programa Escola Da Terra em Minas Gerais

Quanto à área de Linguagens – Línguas, Arte e Literatura (LAL) –, pensamos em partir da formação recebida pelos educadores, a fim de verificarmos se ela foi apropriada e se foi devidamente utilizada nos PAPs. Quando falamos em "devidamente", trata-se de uma reflexão sobre as práticas desenvolvidas. Os autores do material apresentado aos cursistas em Minas Gerais, Rodrigues, Carvalho e Rodrigues (2017, p. 4, grifos nossos), trazem uma nova leitura sobre "o tipo de relação das propostas didáticas com o contexto campesino".

> Percebemos que, ao analisarmos as práticas pedagógicas e materiais didáticos construídos para os sujeitos do campo, emergem quatro categorias que nos dão pistas sobre o tipo de relação das propostas didáticas com contexto campesino. Desta forma, é importante nos atentarmos a estas categorias:
> Ilustração – os sujeitos campesinos e seus contextos aparecem para *enfeitar* os livros didáticos e as práticas.
> Pretexto – os sujeitos campesinos e seus contextos aparecem como *exemplos* para discussão dos conteúdos.
> Contexto – os conteúdos são *adaptados* para os sujeitos campesinos e seus contextos.
> Texto – os sujeitos e seus contextos são os *conteúdos* do livro e das práticas.

Percebe-se que os autores destacam uma análise categórica na qual se considera como relações inaceitáveis para a Educação do Campo quando os sujeitos e seu contexto aparecem como enfeite, como tentativas frustradas quando os sujeitos campesinos e seu contexto são apenas um exemplo, como tentativas positivas quando os conteúdos são adaptados para aqueles sujeitos e seus contextos e, por fim, como ideal de relação, quando os sujeitos campesinos e seus contextos são os conteúdos.

> Ter consciência da presença do sujeito enquanto ilustração, pretexto, contexto ou texto nos mostra a presença de uma prática pedagógica centrada no sujeito. Onde, para além de uma simples adaptação curricular dos exemplos e ilustrações para o meio rural, busca-se trazer a identidade campesina e os modos de produção da cultura e do saber destes no processo de construção do conhecimento (Rodrigues; Carvalho; Rodrigues, 2017, p. 5).

Quando se fala em contexto, é importante compreender que a produção e o sentido de trabalhos pedagógicos na área de Linguagens devem partir de um contexto, o que significa dizer que não dá para trabalhar com a linguagem sem se considerar o mundo em que está inserido o estudante. Essa reciprocidade entre o contexto a que pertence o aluno/a aluna e o conteúdo pedagógico possibilita algo em comum entre eles (Oliveira, 2019, p. 115). Os planos de ação pedagógica necessariamente precisavam abordar a interação daqueles alunos e alunas já que se tratava de produção da/para a Educação do Campo.

> Nenhuma análise linguística, de qualquer ordem que seja, pode ser feita sem levar em conta, ou fazer intervir, em algum momento, elementos exteriores aos dados ou fatos linguísticos analisados. Isto é, [a crença de] que é possível considerar as unidades linguísticas isoladamente, mas que tal análise é insuficiente e que é preciso levar em conta outra coisa do exterior, isto é, o contexto. Isto significa fazer uma análise dos elementos não de forma isolada, mas em agrupamentos, em combinação, em funcionamento com outros elementos (Koch, 2003, p. 23).

Ademais, é importante ressaltar que na área de LAL vamos além de ensinar a ler e a escrever automaticamente. Presume-se que após a formação os educadores tenham compreendido que essas habilidades abarcam o contexto em que os sujeitos alunos vivem e socializam-se e que tenham feito desse conhecimento uma prática pedagógica norteadora de educandos capazes de envolver-se em práticas intensas e diversificadas.

> A habilidade para escrever envolve atividades muito complexas e não pode ser reduzida a um ato mecânico de registrar os sons através das letras. Uma das razões que aumenta essa complexidade está relacionada às práticas sociais de escrita cada vez mais intensas e diversificadas, incluindo os contextos rurais (Carvalho, 2015, p. 3).

Nesse sentido, a análise aqui busca detectar e demonstrar nos PAPs e também nas falas de formadores como uma aula numa escola do campo pode contribuir para que o aluno domine a língua escrita e se envolva em práticas sociais de leitura e de escrita de sua comunidade. Para tanto, é necessário que os PAPs tenham contemplado algumas especificidades a serem observadas.

> Como professores de Língua Portuguesa de Escola do Campo, devemos, pois, selecionar conteúdos escolares que contextualizem práticas reais da vida cotidiana do nosso aluno sujeito do campo. Os conteúdos não podem, portanto, ser isolados, aleatórios ou apartados da vida cotidiana, que é classista e cheia de contradições e diferenças. A escola, portanto, não pode fugir dessa responsabilidade de trazer essas temáticas para a sala de aula, desfazendo estereótipos, discutindo polêmicas, conscientizando, construindo e desconstruindo saberes, problematizando (RODRIGUES, 2017, p. 7).

Como lembra Fernandes Rodrigues (2017) "o paradigma da Educação do Campo emergiu como uma realidade capaz de promover a desconstrução de antigos preconceitos arraigados na sociedade brasileira, sobretudo aqueles que historicamente desqualificaram o campo e os seus sujeitos".

Em pesquisa realizada por estas autoras em maio de 2020, ouvimos os formadores e as formadoras, além das supervisoras que participaram de uma ou mais versões da formação do programa Escola da Terra. Quanto à prática do componente curricular da área do conhecimento de Línguas, Arte e Literatura (LAL), os entrevistados foram indagados sobre um PAP que ficou marcado para ele/ela. A seguir, registramos algumas das respostas.

> Em um distrito de Januária, professores e alunos, em sua pesquisa da realidade, descobriram um violeiro, escritor e poetista antigo da comunidade, e usaram seus escritos nas aulas de LAL. Ele também colaborou nas oficinas de produção de texto e nas aulas de música (Formadora 5, 2020).

Aqui, observamos, na fala da Formadora 5, que o PAP mencionado abordou os sujeitos campesinos e seu contexto quando foram levados para a "sala de aula" um violeiro e poetista da região com suas composições. A partir daí, trabalhou-se a escrita e a leitura com os alunos. É perceptível que nesse PAP o conteúdo é o próprio sujeito campesino e seu contexto. Assim, podemos afirmar que se trata da categoria texto. "[...] foi feita uma explanação sobre a cultura da mandioca e sua importância para a comunidade e para o município. Dentro do tema proposto, trabalhou rimas, quantidade de palavras, primeira e a última palavra do texto, leitura de textos e etc." (Formador 12, 2020).

O Formador 12, por sua vez, trouxe mais uma lembrança de um PAP que se relaciona com o contexto campesino, levando-o como conteúdo e configurando-se, pois, num exemplo de relação ideal, já que resulta na categoria texto. Neste caso, observamos na fala do Formador 12 que o PAP mencionado abordou os sujeitos campesinos e seu contexto, a saber, a cultura da mandioca e suas particularidades. A partir desse tema, foram executadas atividades de escrita e leitura junto aos alunos. Mais um exemplo no qual o conteúdo é o próprio sujeito campesino e seu contexto.

A Formadora 1 menciona um PAP que tratou do contexto em que vivem os sujeitos ao abordar uma prática de sua comunidade.

> Um PAP com receitas de plantas medicinais, que trabalhou a prática da escrita, da leitura e da oralidade com os alunos e alunas. Os alunos traziam exemplos de seus quintais e criavam seu próprio livro de receitas caseiras. Uma avó veio na escola ensinar sobre as ervas e fizeram um mural com as plantas, seus nomes e orientações para toda a escola e comunidade. Esta em especial me marcou (Formadora 1, 2020).

Destaque-se a análise categórica de texto, na qual se considera como ideal a relação entre a proposta e o contexto campesino. Aqui, percebemos com clareza a presença de uma prática pedagógica centrada no sujeito. O trabalho com a LAL desenvolveu-se oralmente, na apresentação que os alunos fizeram do que traziam de seus quintais, na produção escrita de receitas, na apresentação de uma avó que foi à escola falar das plantas medicinais e na exposição das ervas com nomes e orientações, tudo feito pelos alunos e alunas.

Ademais, outros exemplos, além de trabalhar as habilidades da escrita, leitura e oralidade, trazem temáticas que contextualizam com práticas reais da vida cotidiana do aluno sujeito do campo, discutindo temas polêmicos do contexto campesino e conscientizando-os sobre sua participação na luta pelos seus direitos. A título de exemplo, citamos as respostas da Formadora 1, da Formadora 9 e do Formador 3, nas quais são apresentados PAPs que articularam habilidades das linguagens com habilidades sociais:

> [...] os alunos lutaram pela preservação do rio que sustentava a comunidade. Vimos os alunos produzirem textos, cartazes, lutarem oralmente pelo rio, organizarem manifestação em forma de cavalgada, dentre outros aspectos da linguagem (Formadora 1, 2020).
>
> Em uma turma, a professora trabalhou com os estudantes a construção de poesias sobre a situação da água na comunidade. Numa outra turma, na mesma escola, a professora trabalhou com estudantes a situação da água na comunidade e os estudantes fizeram desenhos de suas casas no meio de uma floresta de eucalipto (Formadora 9, 2020).
>
> As partes mais marcantes foram as que utilizaram músicas, poesias e "contação" de histórias para estabelecer a relação das pessoas e das comunidades com a água. Além da parte escrita, também destaco a produção de ilustrações com a mesma intencionalidade. Foi marcante pela forma como se apropriaram dessas ferramentas artísticas e poéticas para tentar retratar a realidade vivenciada (Formador 3, 2020).

Além disso, percebemos aqui exemplos práticos do trabalho de ensino de Arte na Educação do Campo, referindo-nos a uma perspectiva de diálogo com as referências culturais como os trabalhos com o violeiro, a contação de histórias ou com as ilustrações do local onde vivem os estudantes, relacionando-as com a temática da água na região.

As produções dos PAPs respondiam coerentemente questões lançadas pela professora Carvalho (2017, p. 21-22): "O que as manifestações artísticas dos sujeitos do campo nos dizem? Como pensar processos de ensino-aprendizagem que dialoguem com estas?". A fim de reforçar seus questionamentos, a autora citou o texto dos Parâmetros Curriculares Nacionais que propõe que as práticas de ensino devem ser organizadas de modo que os alunos sejam capazes de "expressar e saber comunicar-se em artes, mantendo uma atitude de busca pessoal e/ou coletiva, articulando a percepção, a imaginação, a emoção, a sensibilidade e a reflexão ao realizar e fruir produções artísticas" (Brasil, 1997, p. 53 *apud* Carvalho, 2017, p. 26).

Ressaltamos a citação de Rodrigues (2017) no sentido de que o ensino da LAL deve contemplar a comunicação em suas diversas formas.

> Não devemos nunca perder de vista que a luta exige que os sujeitos saibam se comunicar em diversas instâncias, como por meio da linguagem oficial, seja em situações orais mais formais seja por meio da escrita de textos como: manifestos, cartas abertas, atas, projetos, relatórios etc. Portanto, ao definir a nossa metodologia de ensino de Língua Portuguesa, devemos nos perguntar: como o campo e seus sujeitos aparecem nessa aula, nesse material, nesse texto? As temáticas do campo são tratadas de forma contextualizada e comprometida com os princípios da Educação do Campo, ou apenas como "ilustração" ou pretexto para o ensino conteudista de gramática? As temáticas do campo estão representadas no meu material didático, na minha sequência didática? (Rodrigues, 2017, p. 7-8).

Lançando essas questões, Rodrigues (2017) leva os/as cursistas/educadores/educadoras a repensar seu papel de produtores/as de aulas, textos, materiais, PAPs. A Literatura também apareceu em vários PAPs. Um deles foi citado na entrevista realizada pelas autoras. De acordo com Fernandes Rodrigues (2017),

> A Educação do Campo abriga uma ampla discussão em torno das identidades individuais e coletivas dos trabalhadores e trabalhadoras do campo brasileiro, pautada no protagonismo dos sujeitos na construção das práticas pedagógicas, bem como nos seus próprios projetos de vida e de trabalho. Nesse campo fértil do conhecimento, a literatura serve de ponto de partida para nossas discussões, pois a leitura dos textos literários nas salas de aula nos permite problematizar temas urgentes, como os diferentes modos de ocupação do espaço e as distintas relações de trabalho e poder existentes no campo brasileiro (Fernandes Rodrigues, 2017, p. 33).

A Formadora 6 trouxe-nos a temática da valorização da cultura negra, trabalhada em obras literárias que abordavam essa cultura com personagens específicos. Segundo a Formadora:

> Foi realizado um trabalho com a literatura infantil nas comunidades quilombolas. Professores desenvolveram projetos com obras literárias que têm personagens negros, exploraram a obra como forma de valorização da cultura negra, contribuindo para a melhora da autoestima das crianças, que se reconhecem nos personagens (Formadora 6, 2020).

Fernandes Rodrigues (2017) alerta que "os estudos contemporâneos em torno do texto vêm discutindo o papel que as práticas discursivas, tais como a Literatura, desempenham na construção das identidades individuais e coletivas". Nesse sentido, o autor fortalece a necessidade de aproximar dos estudantes Literaturas que tratem de sua realidade como conteúdo e, mais do que isso, registrar a necessidade de releituras que valorizem as identidades dos grupos minoritários.

> Entre os estudiosos do tema, esse debate assinala que a luta política dos grupos minoritários na construção da própria identidade passa tanto pela releitura crítica dos estereótipos disseminados por meio do texto literário quanto pela valorização dos autores que constroem outras formas de representação, centradas no protagonismo dos personagens subalternizados pelo processo de formação da literatura brasileira (Fernandes Rodrigues, 2017, p. 35).

Destacamos que, apesar do foco por área, os PAPs, em sua maioria, eram projetos interdisciplinares, abrangendo mais de uma área. Aqui, como dissemos, analisamos especificamente as áreas da LAL e da Matemática, mas não podíamos deixar de esclarecer que a maioria dos planos propostos era interdisciplinar.

> As questões que envolvem a linguagem certamente fazem parte das ações pertinentes aos professores de todas as áreas de conhecimento e de todas as disciplinas escolares, uma vez que o processo de produção de sentidos orienta as nossas interações cotidianas, incluindo aquelas produzidas nos contextos institucionais escolares. As manifestações de linguagem são as mais variadas e incluem as que são aprendidas em contextos informais, como a linguagem oral, e outras que são preferencialmente aprendidas em contextos informais, como a linguagem oral, e outras que são preferencialmente aprendidas em contextos formais de ensino, como é o caso da linguagem escrita. Uma das tarefas de maior visibilidade social projetadas no processo de escolarização tem uma relação direta com as ações de ler e escrever (Carvalho, 2015, p. 2).

Selecionamos algumas das produções do programa, ou seja, alguns dos PAPs e suas sequências didáticas para aprofundar e relatar neste texto suas experiências com as áreas de conhecimento.

Inicialmente, trataremos do PAP intitulado "Escola do Campo e associações: parceria para fortalecer nossa comunidade". A comunidade na qual se localizava a escola desse PAP possuía uma característica diferente das outras, pois apresentava um número expressivo de associações e associados. Numa ação denominada pelo programa como pesquisa da realidade, as tutoras perceberam junto aos estudantes que essas instituições tinham muita força dentro da comunidade. O problema levantado pelos/pelas cursistas foi a falta de parceria escola-comunidade – esta última na figura de associações. O objetivo do PAP era firmar essa parceria e buscar, através dessa relação, ações que favorecessem a comunidade, fortalecendo-a.

Segundo relatório final apresentado ao programa, os trabalhos começaram em sala de aula com uma pesquisa que foi encaminhada para as casas dos alunos, de modo que pudessem respondê-la com seus pais. Os dados foram coletados, tabulados, e o gráfico das associações e associados foi exposto na culminância do PAP para mostrar à comunidade o quanto a escola está interligada às associações. As associações foram convidadas formalmente para participar dos eventos de encerramento do ano letivo na escola. Foi realizada uma mesa redonda com representantes dessas associações da região, o presidente do Conselho Municipal de Desenvolvimento Rural Sustentável, alunos, pais, cursistas, a tutora e a formadora local, sendo que todos tiveram voz e foi unânime o agradecimento pela parceria e o pedido pela continuidade do Programa Escola da Terra. A parceria foi firmada num termo de compromisso, que foi feito e assinado por todos os representantes de associações da comunidade, selando o compromisso que se faria dali pra frente com a escola.

Foram realizadas atividades com os estudantes, como pesquisas, entrevistas, elaboração de cartazes-manifesto, jogral, termo de compromisso, cartas-convite e manifestação oral em assembleia com a comunidade. Como podemos ver, é clara a relação do conteúdo com os sujeitos daquela comunidade e com o que a própria realidade exigia do local naquele momento. A partir daí traçou-se a parte pedagógica. Alimentada pela realidade, a sequência didática pode então, dentro que vimos até aqui na área da LAL, ser denominada "texto" dentro do paradigma da Educação do Campo.

Uma emblemática foto desse PAP merece destaque: os presidentes de associações daquela comunidade aparecem sentados numa sala de aula, ladeados por alunos e alunas com plaquinhas na mão, ao fundo, o quadro negro, ao lado carteiras, mas, para além da foto, uma parceria firmada. Uma pena que uma foto não caiba no tamanho deste capítulo, mas a sua descrição representa bem o que lemos nos relatórios.

Cite-se a fala da tutora responsável pelo PAP extraída do relatório final, a fim de registrar os resultados ali alcançados:

> É notória a mudança que o PROGRAMA ESCOLA DA TERRA, proporcionou ao nosso município como um todo. Acredito que a metodologia utilizada de conhecer a realidade e depois agir sobre ela foi primordial para o resultado positivo. "Ler o mundo", expressão famosa do educador Paulo Freire, será lembrada sempre por nós. "Trata-se de aprender a ler a realidade (conhecê-la) para em seguida poder reescrever essa realidade (transformá-la)", dizia Freire.
> O que colhemos com o plantio da semente que trouxemos de Belo Horizonte, na primeira formação? Contrariando o Dito popular de que colhemos o que plantamos, dessa vez, colhemos mais. Plantamos flores (girassol) e colhemos frutos, que estão sendo saboreados e a terra já se prepara para receber novas sementes (novas turmas do Programa) (Josyane Leite, 2016, página).

Já no PAP "Escola que atende alunos do campo", o tema gerador deu-se devido ao fato de a escola absorver uma grande demanda de alunos direcionados por zoneamento e oriundos do campo, encaminhados pelo transporte escolar de acordo com a rota traçada no início de cada ano. O transporte escolar traz para a escola alunos de comunidades em que as escolas foram desativadas, bem como de comunidades em que não existem escolas. De acordo com o relatório, eram poucos os casos de alunos que estudavam na sede por opção, mas o fechamento das escolas foi consequência do escoamento da demanda para a zona urbana. Assim, o objetivo do PAP era verificar e conhecer o motivo pelo qual os alunos do campo saíam das suas comunidades para estudar na cidade. Desse modo, o PAP desenvolveu diversas ações no sentido de conhecer esse motivo e valorizar as comunidades envolvidas.

Aos alunos foram requisitados entrevistas e relatórios sobre suas comunidades e membros e o percurso/deslocamento até a escola. Em seguida, as professoras fizeram uma pesquisa com os alunos para saber se o fato de estudarem na zona urbana era opção dos responsáveis os deles próprios. O resultado dessa pesquisa foi tabelado e exposto em gráfico na parede da escola. Algumas professoras falaram para alunos e pais sobre suas aulas na zona rural, explicando que também davam aulas naquelas escolas. Também estiveram presentes na escola pessoas que estudaram nas escolas das comunidades em questão e que hoje levam sua vida com sua profissão e trabalham dignamente. Os relatos trazem uma palestra proferida por um representante da EMATER – que esteve presente e comprometeu-se, junto à comunidade escolar, a dar apoio às comunidades em que as famílias dos alunos estão inseridas, fortalecendo a agricultura familiar e diminuindo o êxodo rural, bem como promover uma mesa de debate com convidados e a comunidade escolar. Na finalização do plano, um evento com exposição de cada comunidade de onde vinham os alunos, com um pouco da cultura de cada uma delas. A exposição dos trabalhos produzidos pelos alunos foi realizada, além da apresentação de uma música trabalhada em sala de aula, a "Construtores do futuro".

Do relatório final desse PAP extraímos detalhes de uma foto dos alunos vestidos de girassóis na apresentação da música relatada, bem como dos convidados no evento final: mãe de aluno que estudou numa das escolas homenageadas, que atualmente está fechada, representante da EMATER e responsáveis pelos alunos, representantes das comunidades. Consta no relatório uma faixa, produzida pelos alunos, que foi fixada na porta daquela escola com os seguintes dizeres: "Numa escola do campo e de direitos, aprende-se a ser construtor do seu futuro! Uma luta dos pais, alunos e professores da Escola Municipal X".

Enfim, eram muitos documentos com produções que renderiam muitas páginas de análises; no entanto, limitamo-nos a trazer os dois expostos, além da fala dos formadores e das formadoras pela delimitação de espaço. Registramos que cabe uma análise pormenorizada e futura em documentos de tanta relevância para a Educação do Campo. Por fim, registramos que abordar a área da LAL na Educação do Campo requer considerar que o domínio da linguagem pode levar esses sujeitos a conquistarem seus direitos. De acordo com Rodrigues (2017):

> As aulas de língua portuguesa devem ser vistas como um lugar extremamente propício para se trabalhar e defender a linguagem como um importante instrumento de poder. O domínio da linguagem significa independência, significa fortalecimento enquanto sujeito individual e coletivo (RODRIGUES, 2017, p. 8).

Aqui foi possível compreender que a proposta apresentada pelo Programa Escola da Terra em Minas Gerais é um exemplo a ser seguido e considerado no âmbito da Educação do Campo, pois além de apresentar um material de formação com uma base coerente na área de Linguagens, Arte e Literatura, trouxe resultados materiais e práticos com os Planos de Ação Pedagógica, dialogando com as outras áreas de conhecimento, temáticas e princípios, bem como com o contexto de luta da Educação do Campo, pois o projeto de escola que almeja está, para além dos muros da escola, relacionado a um projeto de sociedade.

Análise dos Planos de Ação Pedagógica (PAPs) a partir da Matemática

Uma das experiências compartilhadas na formação continuada em Minas Gerais ofertada pelo Programa Escola da Terra foi a formação continuada de professores por área do conhecimento, a partir das suas práticas em/nas salas de aula multisseriadas do campo. Aqui, em linhas gerais, trataremos da análise dos Planos de Ação Pedagógica (PAPs) produzidos pelos formadores cursistas em formação a partir das relações entre a Educação Matemática, a Educação do Campo e a cultura dos sujeitos envolvidos ao longo do processo de formação. Ressalta-se aqui os PAPs foram construídos e aqui analisados à luz das teorias abarcadas pelos cadernos de formação do Programa Escola da Terra.

> As especificidades e demandas da Educação do Campo e a aproximação entre o conhecimento matemático e o universo da cultura, a valorização das contextualizações e a busca permanente da promoção de um conhecimento que possibilite a crítica aos vários espaços [aqui] e tempos [agora] pela criança, contribuem para uma concepção e um entendimento da Matemática enquanto área de conhecimento (Auarek; Paula, 2017, p. 40).

Dessa forma, a área do conhecimento era pensada a partir da pesquisa das realidades vivenciadas pelos sujeitos daquele contexto, que trazem em sua essência a história de cada região, de cada cultura, de cada sujeito. O projeto possibilitou o diálogo entre a realidade de cada região e o currículo escolar para, a partir dele, refletir sobre os princípios que norteiam a Educação do Campo e a maneira pela qual o conhecimento ali existente e produzido pode contribuir com a região de inserção do programa.

De modo que esta análise, ancora-se na tentativa de demonstrar, nos PAPs e através das falas dos formadores, essa intrínseca relação entre a matemática e os princípios educativos da Educação do Campo. A seguir, registramos alguns desses momentos.

Uma das grandes temáticas dos PAPs articulavam questões da área da Matemática à escassez de água no campo, realidade de grande parte dos municípios abarcados, à época, pelo Projeto Escola da Terra. Em uma delas, a formadora apresenta os motivos pelos quais se deu a escolha do tema gerador para a construção dos PAPs:

> [...] o trabalho com o tema ÁGUA, que se propôs, deveria apresentar para as crianças uma visão ampla que envolvesse inúmeros problemas que o mundo atual, em especial a sua comunidade, vinha enfrentando com relação à falta de água. O projeto foi desenvolvido visando proporcionar aos alunos uma grande diversidade de experiências com participação ativa, para que pudessem ampliar a consciência sobre as questões relativas à água no meio em que viviam (Formadora 1, 2020).

Na sequência da escolha do tema gerador para a construção do PAP, é importante destacar que, num primeiro momento, buscou-se a interpretação dos problemas a partir do entendimento mais amplo para, então, ou a partir dela, pensar a especificidade local.

> Desse modo, professores e alunos realizaram uma pesquisa na comunidade e em suas casas para desenvolverem as ações pedagógicas. A pesquisa foi

tabulada em gráficos nas aulas de matemática junto com os alunos e exposto na escola.

> [...] a culminância do Plano de Ações Pedagógicas deu-se com a celebração e o acordo para uma tentativa de resolução do problema. O ambiente foi decorado com os trabalhos realizados pelos alunos, cartazes, fotos etc. Foi feita uma mesa redonda, com participação de membros da comunidade, professores, representante do prefeito municipal, representante do SAAE, representante dos alunos, outras instituições de ensino da comunidade e associações (Formadora 1, 2020).

E notório que a relação entre a ação pedagógica e os sujeitos envolvidos se constrói a partir da necessidade da região e de todos que ali se inserem numa tentativa de pensar, a partir dos dados coletados, soluções para o enfrentamento das questões demandadas pela região, numa construção de espaços de reflexão e (re)construção de saberes.

Na esteira dessas discussões, o Formador 3 traz em sua análise a realidade de escolas e comunidades, sob sua responsabilidade, que também encontraram dificuldades no tocante à escassez de agua na região.

> Em relação à potencialidade para a o fortalecimento da identidade e das classes multisseriadas, a adoção da "Cartografia das Águas" facilitou o processo, sendo um tema que possibilita construções transdisciplinares e também de conhecimento do espaço vivido. Mapear os caminhos e usos da água no contexto do município foi uma estratégia bem utilizada e que conseguiu romper, mesmo que levemente, as barreiras das disciplinas e das séries. Também foi possível entender melhor as implicações políticas, sociais e ambientais sobre a água, sobre como ela chega a determinados lugares e não chega a outros (Formador 3, 2020).

A partir do exposto, ressaltamos a importância em ouvir as crianças e, para além do ouvir, permitir que suas concepções sejam exploradas. Nesse caso especifico, os questionamentos partiram das próprias crianças, que, ao questionarem sobre o fato de a água chegar a determinados lugares e em outros não, suscitam discussões políticas, sociais e ambientais, num movimento que nos convida a trabalhar de forma interdisciplinar com as áreas do conhecimento.

> [...] na área da Matemática, as medidas foram as partes mais utilizadas para a realização dos PAPs. Exemplos: Distância entre a fonte de distribuição e a escola e comunidades, o volume das caixas d'água da escola e algumas tentativas de trabalhar com porcentagem. A parte marcante, sem dúvidas, foi a medida das distâncias, porque elas dizem muito sobre o acesso à água presente nos municípios e criam possibilidades para debates mais aprofundados sobre a situação e o acesso a esse bem, especialmente nas comunidades (Formador 3, 2020).

Nas situações cotidianamente vivenciadas pelos alunos, a existência de grandezas de naturezas diversas e a frequente necessidade de estabelecer uma comparação entre elas justificam a necessidade de trazer para a cena uma matemática contextualizada com a relação existente entre esses alunos e as implicações sociais e políticas provocadas pela escassez de água na região. Na mesma direção, o trabalho com medidas oportuniza a abordagem de aspectos históricos da construção desse conhecimento a partir da realidade apresentada pelos sujeitos ali presentes.

Como consequência desse momento de análise, em uma das escolas de atuação do Escola da Terra, chamou a atenção dos cursistas a falta de parcerias entre a escola e associações, uma vez que essa comunidade apresentava um diferencial em relação às outras, conforme relata a Formadora 1:

> [...] ela possui um número expressivo de associações. Dos pais das crianças que frequentam a escola, 100% são associados. Percebemos que essas instituições tinham muita força dentro da comunidade. O problema levantado pelos cursistas foi a falta de parceria entre a Escola e as Associações. Percebemos que, ao mesmo tempo, essas associações não faziam parcerias com a escola e não encontramos nenhuma ação em conjunto dessas duas instituições. O objetivo do PAP era firmar essa parceria e buscar, através dessa relação, ações que favorecessem a comunidade, fortalecendo-a (Formadora 1, 2020).

Podemos perceber que a ação pedagógica pensada pelos cursistas permitiu pensar no diálogo entre a escola e as associações pela busca de superação das dificuldades enfrentadas pela região. Na sequência, podemos perceber como a matemática contribuiu de forma significativa para pensar a concretização da ação pedagógica:

> Os dados foram coletados, tabulados e o gráfico das associações e associados foi exposto na culminância do PAP para mostrar à comunidade o quanto a Escola está interligada às Associações. Um trabalho envolvendo a área das ciências matemáticas foi realizado ao construirmos o gráfico com os dados coletados (Formadora 1, 2020).

A construção de gráficos, por meio dos dados coletados e tabulados e que mostram o comportamento desses dados, indica a possibilidade de produção dos conhecimentos matemáticos que, no caso da ação pedagógica construída, estão de acordo os espaços aos quais as crianças pertencem e estabelecem contato com a realidade a que estão inseridas.

Não é forçoso dizer que o PAP pensado alterou a vida da comunidade e dos sujeitos envolvidos nessa ação, uma vez que propôs a expressiva participação da comunidade, possibilitando parceria entre escola e outras instituições a partir do pensamento matemático, buscando reforçar a importância de outros espaços de educação formal, como é o caso das associações presentes nas comunidades.

Na esteira dessas discussões, cursistas responsáveis pelo PAP de outra região justificam que o tema gerador desse PAP se deu devido à grande demanda de alunos direcionados por zoneamento e oriundos do campo, encaminhados pelo transporte escolar de acordo com a rota traçada no início de cada ano letivo. O objetivo do PAP era verificar e conhecer qual o motivo dos alunos do campo saírem das suas comunidades para estudar na cidade.

> Diante dessa realidade e depois de uma pesquisa realizada pelos cursistas da Escola da Terra e aprofundada pelos estudantes, as cursistas puderam perceber que a maior demanda dos alunos do Ensino Fundamental é do campo. Assim, pensando nos princípios da Educação do Campo e buscando uma prática pedagógica que investigasse os motivos pelos quais esses estudantes saem do campo para estudarem na zona urbana, foi elaborado e desenvolvido um plano de ações na escola que abordou essa temática junto à comunidade escolar (Formadora 1, 2020).

Como a preocupação com o do transporte público nas escolas do campo é algo real nas esferas que compõem a Educação do Campo, essa ação pedagógica constituiu um grande aprendizado para todos os sujeitos envolvidos em sua concepção. E, com certeza, teve uma grande influência na política da Educação do Campo, uma vez que toda a cidade foi envolvida na busca pelos princípios dessa e do entendimento dela como um direito legítimo.

> [...] eles foram entrevistados pela professora sobre sua comunidade e transporte escolar, bem como sobre a preferência de estudar na sede. Esta metodologia pode ser considerada positiva porque, ao se sentirem explorados pedagogicamente sobre sua realidade, os alunos sentiram que eram importantes e que sua vida era significativa para a escola e para seus colegas. No conteúdo de Matemática foi feito um gráfico a partir do resultado desta pesquisa que foi exposto em um cartaz no dia do encerramento.
> [...] o PAP foi aplicado na sala de aulas, e com as ações do PAP foi possível observar como as escolas do campo eram deficientes de conhecimento sobre seus direitos; também se avançou no sentido da participação e envolvimento das comunidades dentro das escolas (Formadora 1, 2020).

Podemos concluir que a partir dessa ação pedagógica foi possível pensar a Educação do Campo e seus processos envolvidos nas práticas de Educação Matemática na perspectiva apresentada pela Etnomatemática, que busca analisar as práticas matemáticas em seus diferentes contextos culturais. Isso porque a Etnomatemática leva em consideração a necessidade de valorizarmos o conhecimento do cotidiano, de estabelecermos diálogos com o meio sociocultural no qual as práticas educativas são encenadas. Nessa direção, D'Ambrósio (2001) entende que

> o nosso cotidiano está impregnado de conhecimentos matemáticos, em todos os momentos as pessoas estão comparando, classificando, quantificando, medindo, ou seja, utilizando conceitos matemáticos, assim podemos entender que a

> matemática da qual estamos falando não se aprende somente nos bancos escolares, mas também em situações reais da nossa vida cotidiana (D'Ambrósio, 2001, p. 19).

Assim, o pesquisador destaca que a práxis docente é apenas uma das etapas do processo, uma vez que "parte da realidade e chega, de maneira natural e através de um enfoque cognitivo com forte fundamentação cultural, à ação pedagógica" (D'Ambrósio, 1993, p. 71). De acordo com ele, esse caminho só é possível de ser trilhado porque a Etnomatemática tem um comportamento alicerçado na obtenção de conhecimentos, fazeres e saberes que permitem ao educando não só sobreviver em seu meio, mas também transcender e transformar a sua realidade.

Ao nos posicionarmos no interior das análises desses PAPs, podemos dizer que todos eles possuem convergências, pois utilizam o ensino nos territórios da Educação do Campo, entendendo que ambos têm como ponto de partida a realidade, os sujeitos do campo e as relações sociais ali existentes. Podemos perceber essa ação novamente, conforme nos relata o Formador 12:

> As experiências desenvolvidas chegaram até a comunidade, ou melhor, foram desenvolvidas em conjunto com a comunidade. Os temas dos Planos de Ação Pedagógica surgiram da realidade das comunidades, como o artesanato em barro e a cultura da mandioca, que são temas que surgiram a partir da leitura que os cursistas fizeram da sua própria comunidade. As atividades desenvolvidas foram realizadas com pessoas da comunidade, com rodas de conversa, palestras e visitas de campo.
>
> O PAP da cursista G. O. C. tinha como tema a horticultura, e no desenvolvimento das atividades buscou entender como funciona os cálculos de gasto, lucros e divisão da renda alcançada com essa atividade a partir das quatro operações básica de matemática (Formador 12, 2020).

Por esse viés e de acordo com os propósitos desta análise, percebemos que as escolas do campo e os conteúdos matemáticos por elas transmitidos alcançam maior significado na vida do estudante se a prática pedagógica estiver inserida no contexto social das comunidades, buscando entender como eles compreendem e interpretam o seu meio, vislumbrando tal questão como condição incontestável para a construção do conhecimento matemático.

Considerações finais

Concluir um trabalho de análise como este não é algo fácil, sobretudo porque nos deparamos com uma quantidade e uma diversidade de experiências riquíssimas ao longo das três versões da Escola da Terra. Por isso, pensamos em não estabelecer um limite, ou seja, não colocar um ponto-final em discussões que merecem e necessitam ser exploradas enquanto experiências positivas da Educação do Campo.

Nos caminhos que percorremos, foi possível perceber que uma série de conhecimentos foram construídos num movimento que demarcou a tríade escola-sujeito-comunidade como ponto de partida para qualquer ação pedagógica que busque não só a especificidade cultural dos grupos, mas também a necessidade de fortalecimento das comunidades e de emancipação dos sujeitos que ali residem.

Na área de Linguagens, Arte e Literatura, a proposta apresentada é um exemplo a ser seguido na Educação do Campo, pelo seu material de formação com uma base coerente que apresentou resultados materiais e práticos.

Vimos que os Planos de Ação Pedagógica dialogaram com as áreas de conhecimento, com os temas estruturantes propostos e com os princípios da Educação do Campo. Nas linguagens, em especial, podemos dizer que o contexto de luta da Educação do Campo, o projeto de escola e de sociedade, o protagonismo dos sujeitos e o ideal de uma Escola de Direito foram contemplados enquanto texto nos materiais produzidos.

Quanto aos Planos de Ação Pedagógica que abordaram a área da Matemática, entendemos que foi possível pensá-la a partir da realidade dos sujeitos do campo. Entendemos que nas produções e relatos dessas práticas pode-se observar que a construção do conhecimento matemático alcançou maior significado porque a prática pedagógica esteve inserida no contexto social das comunidades, buscando entender como elas compreendiam e interpretavam o seu meio e, ainda, como poderiam alterá-lo.

Como consequência desse movimento, a proposta de formação do Projeto Escola da Terra por área de conhecimento favoreceu a superação do pensamento disciplinar, no sentido de pensar uma matemática articulada com as demandas dos sujeitos e das comunidades locais.

Dessa forma, ao finalizarmos este capítulo, podemos dizer que o Programa Escola da Terra demonstrou, na prática escolar e comunitária, através dos Planos de Ação Pedagógica ancorados na teoria dos cadernos de formação, que a Educação do Campo é capaz de produzir fissuras no tecido curricular das Escolas do Campo num processo com o qual, nós, educadores, temos muito a aprender.

Referências

ANTUNES-ROCHA, M. I.; SILVA, A. R.; CRUZ, V. A. S. (Orgs.). *Caderno II – Educação do Campo: histórico, princípios, conceitos e práticas*. Belo Horizonte: FaE/UFMG, 2017.

AUREK, W. A.; PAULA, M. J. A educação Matemática e a Educação do Campo. In: ANTUNES-ROCHA, M. I.; SILVA, A. R.; CRUZ, V. A. S. *Caderno VI – ESCOLA DA TERRA: Matemática nos Anos Iniciais do Ensino Fundamental*. Belo Horizonte; FaE/UFMG, 2017.

CARVALHO, C. A. S. Educação do Campo e o ensino da Arte nos anos iniciais do ensino fundamental. In: ANTUNES-ROCHA, M. I.; SILVA, A. R.; CRUZ, V. A. S. (Orgs.). *Caderno IV – Escola da Terra: Língua, Artes e Literatura nos anos iniciais do ensino fundamental.* Belo Horizonte: FaE/UFMG, 2017. p. 21-32.

CARVALHO, C. A. S.; RODRIGUES, A. P.; FERNANDES RODRIGUES, M. Língua, Arte e Literatura nas práticas pedagógicas da Educação do Campo. In: ANTUNES-ROCHA, M. I.; SILVA, A. R.; CRUZ, V. A. S. (Orgs.). *Caderno IV – Escola da Terra: Língua, Artes e Literatura nos anos iniciais do Ensino Fundamental.* Belo Horizonte: FaE/UFMG, 2017.

CARVALHO, G. T. Formação de Educadores na perspectiva da Educação do Campo – Área de Língua, Arte e Literatura (LAL). In: ANTUNES-ROCHA, M. I.;. (Orgs.). *Curso de aperfeiçoamento Escola da Terra: formação Continuada de Educadores das Escolas do Campo em Minas Gerais.* Belo Horizonte: FaE/UFMG, 2015.

CORREIA, A. *et al.* PAP – Escola Municipal de Terra Quebrada, município de Francisco Sá. Orientação de Josyane Leite (tutora) e Cristhianne Antunes David (formadora local). In: ARQUIVO DO PROJETO Escola da Terra: Minas Gerais. 2016.

D'AMBRÓSIO, U. *Etnomatemática: elo entre as tradições e a modernidade.* Belo Horizonte: Autêntica, 2001.

FERNANDES RODRIGUES, M. Educação do Campo e o ensino da Literatura nos anos iniciais do ensino fundamental. In: ANTUNES-ROCHA, M. I.; SILVA, A. R.; CRUZ, V. A. S. (Orgs.). *Caderno IV – Escola da Terra: Língua, Artes e Literatura nos anos iniciais do ensino fundamental.* Belo Horizonte: FaE/UFMG, 2017. p. 33-43.

KOCH, I. Texto e contexto. In: KOCH, I. *Desvendando os segredos do texto.* São Paulo: Cortez, 2003.

OLIVEIRA, C. A. D.; ALVES, L. C. F. (Orgs.). Experiências no Programa Escola da Terra em Minas Gerais. Entrevista concedida pelos formadores, formadoras e supervisoras do programa. In: ARQUIVOS DO PROGRAMA. Belo Horizonte: FaE/UFMG, 2020.

OLIVEIRA, C. A. D. *O ensino de Língua Portuguesa em uma escola do campo do município de Francisco Sá/MG: a proposição e uma sequência didática como incentivo para o exercício da participação de jovens educandos camponeses em suas comunidades.* Dissertação (Mestrado em Educação) – Faculdade de Educação, Universidade Federal de Minas Gerais, Belo Horizonte, 2019.

RODRIGUES, A. P. Educação do Campo e o ensino da Língua Portuguesa nos Anos Iniciais do Ensino Fundamental. In: ANTUNES-ROCHA, M. I.; SILVA, A. R.; CRUZ, V. A. S. (Orgs.). *Caderno IV – Escola da Terra: Língua, Artes e Literatura nos anos iniciais do ensino fundamental.* Belo Horizonte: FaE/UFMG, 2017. p. 7-20.

CAPÍTULO 9

Desafios da Educação do Campo no município de Mariana: a experiência do Programa Escola da Terra

Marcelo Loures dos Santos
Alexandra Resende Campos
Patriciane Xavier Moreira dos Santos
Vanessa Aparecida da Silva Cruz

Introdução

A Educação do Campo no Brasil é um braço de um dos movimentos populares mais significativos na atualidade para a elaboração de um modelo econômico, social e político contra-hegemônico, do qual são parte a Soberania Alimentar, a Sustentabilidade Ambiental e a Agroecologia, todas elas voltadas para o fortalecimento dos povos tradicionais, do campo e da agricultura familiar (Ribeiro *et al.*, 2017).

Esse movimento amplo considera que o modo de vida capitalista traz consigo não apenas uma desigualdade econômica brutal, mas um limite ecológico insuperável, dada a relação predatória que estabelece com os recursos naturais. A atenção desse movimento para os povos tradicionais, diferentemente de um desejo anacrônico de retorno a uma sociedade pré-moderna, tem por objetivo identificar elementos de um modo de vida no qual humanidade e meio ambiente busquem formas sinérgicas de convivência (Toledo; Barrera-Bassols, 2008; Ribeiro *et al.*, 2017).

No entanto, muitas frentes de atuação são abertas e não há necessariamente uma sincronia entre elas, por isso o nome *movimento* é pertinente, posto que pressupõe um processo de compreensão, elaboração e experimentação diverso sobre essa transição do modelo existente para os modelos alternativos desejáveis.

A Educação do Campo no Brasil, associada aos movimentos sociais mais organizados – cuja orientação teórica está muito próxima a esse desejo de transformação social – e alimentados pela educação popular, organiza uma frente ampla de parceiros dessas diferentes áreas de atuação no campo e faz avançar sua pauta (Antonio; Lucini, 2007).

As políticas para a Educação do Campo, portanto, definem como princípios fundamentais o direito a uma educação elaborada pelos povos que vivem no e do campo. O direito ao acesso igual em termos de qualidade e oferta, mas com respeito às suas especificidades culturais, às condições climáticas e de trabalho a que estão submetidos. Uma educação que instrumentalize, mas que esteja em diálogo com sua realidade e necessidades.

Seu diálogo com a educação popular atribui-lhe princípios e formas muitas vezes distintos dos da educação formal, encontrados na maioria das escolas, sendo essa educação popular uma educação que incida sobre a realidade, que coloque o trabalho e a pesquisa sobre a realidade concreta como instrumentos de aprendizagem e que faça dialogar os conhecimentos desses sujeitos com os conhecimentos produzidos historicamente pela humanidade (Antonio; Lucini, 2007).

O movimento pela Educação do Campo insere-se, portanto, como uma força disruptiva na história da educação brasileira, evidenciando as lacunas, os limites e as injustiças perpetrados pelo modelo anterior e a pavimentação de um percurso de transição para as escolas do campo. Tal compreensão é fundamental para enfrentar os desafios que o movimento pela Educação do Campo nos coloca, pois, para grande parte das escolas do campo brasileiras, o que se denuncia ainda é mais real que o que se propõe.

O Programa Escola da Terra é uma estratégia para esse processo de transição, e sua execução exige que cada educador realize esse movimento em sua comunidade escolar, aprofundando-se no conhecimento de sua realidade a partir de um tema, a água, exercitando a crítica em torno deste e construindo o percurso de integração dos eventos do meio para a realidade escolar. Nesse sentido, o movimento pela Educação do Campo caracteriza-se por reconhecer situações que afetam os povos do campo de uma forma geral, mas não pode prescindir de uma reflexão do sujeito sobre sua própria realidade. As ações construídas para o enfrentamento dessas situações e seu compartilhamento reforçam e corrigem o movimento da Educação do Campo.

Buscando contribuir para esse cenário, o presente capítulo apresentará o contexto da Educação do Campo em Mariana a partir de estudos acadêmicos realizados sobre o tema, demonstrando que a perspectiva e as expectativas urbanocêntricas ainda estão presentes na realidade de escolas do campo, assim como as condições de trabalho de pedagogas, que, embora melhores em relação aos demais municípios do Território dos Inconfidentes,[1] ainda apresentam dificuldades inexistentes para as pedagogas de escolas urbanas.

Este capítulo versará também sobre os impactos do rompimento da barragem do Fundão sobre as escolas do campo de Mariana, impactos estes compreendidos como parte de um processo histórico de valorização da mineração em detrimento das pessoas do campo, sendo esse, portanto, mais um gravíssimo elemento no contexto de municípios cuja base econômica é a mineração.

Ante esse contexto, emergem movimentos voltados para o fortalecimento da Educação do Campo no Território dos Inconfidentes por meio da construção de uma rede de educadores, fortalecida pela participação no Programa Escola da Terra. A experiência de implementação do Programa Escola da Terra em uma escola do campo de Mariana (Escola Municipal de Barro Branco) explicitará suas contribuições para a apropriação de sua metodologia e seus princípios educativos.

A relação entre escola e população do campo de Mariana: a difícil tarefa das famílias de educar para esquecer

A conquista da educação formal como um direito universal é um dos pilares da democracia moderna, garantindo que todos os cidadãos tenham a capacidade de participar da vida pública e tomar decisões, partindo de escolhas esclarecidas e de consensos partilhados. Verifica-se, no entanto, que a realização dessa proposta encontra-se em patamares muito distintos, não apenas entre países economicamente mais ricos e mais pobres, mas também dentro de um mesmo país. Essa realidade é evidente no Brasil, especialmente diante de suas diferenças econômicas e culturais, especialmente para a realidade dos povos do campo.

Dados do IBGE evidenciam que, ainda que entre os anos 2000 e 2010 tenha havido uma significativa redução da evasão escolar de estudantes do meio rural, passando de 10,6% para 4,6%, a comparação com os centros urbanos revela que estes são privilegiados, uma vez que essa mesma taxa passou de 4% a 2,8%. Essas diferenças se acirram ainda mais à medida que se eleva o nível de escolarização, ao passo que, no mesmo período, a população escolar entre 15 e 17 anos no meio rural passou de 34% para 21,7%, enquanto que, no meio urbano, foi de 19,6%

---

[1] O Território dos Inconfidentes engloba os municípios de Acaiaca, Diego Vasconcelos, Itabirito, Mariana e Ouro Preto e seus distritos e subdistritos. A opção pelo termo território deve-se ao sentido atribuído por Milton Santos (Santos; Souza; Silveira, 1998), segundo o qual é a apropriação social (política, econômica e cultural) de um espaço sobre o qual se pretende atuar, identificando a pluralidade de elementos que interferem na forma como um determinado espaço se organiza. O território caracteriza-se por relações de horizontalidade, referentes à proximidade espacial e verticalidades, que independem da relação de vizinhança, mas dependem de sua vinculação a partir de determinados processos sociais.

para 21,7%. Em ambos os casos, a educação no meio rural não conseguiu atingir as cifras do meio urbano 10 anos antes (IBGE, 2014).

A universalização da educação é um desafio enfrentado pelo Movimento de Educação do Campo, que busca realizá-la junto a uma outra frente: a de uma educação que reconheça, aproprie-se e dialogue com seus saberes e vivências. Trata-se, este, de um desafio ainda maior que o primeiro, uma vez que exige uma ruptura com o modo de pensar a educação no ocidente moderno, orientado pela noção de desenvolvimento.

Esse pensamento, segundo Boaventura de Sousa Santos (2007), faz com os sujeitos escolham o que devem esquecer para que sejam educados. Em outras palavras, os conhecimentos científicos, orientados por seus métodos e princípios, prescrevem uma corrente de desenvolvimento social, econômico e cultural que define os modos de vida, de leitura do mundo e classifica hierarquicamente as diferentes culturas.

O conhecimento científico, considerado, a princípio, universal, objetivo e neutro, na verdade privilegia princípios parciais, a saber, o liberalismo, o desenvolvimentismo e a produtividade predatória. A educação moderna, responsável por fazer vigorar princípios universais, organizou-se a partir deles.

As críticas a essa perspectiva etnocêntrica, embora reconheçam a importância da educação como forma de inserção na perspectiva em vigor, apresentam os limites do determinismo científico-desenvolvimentista e defendem as possibilidades de organização alternativa da sociedade em benefício de todos.

Não obstante, verifica-se que a perspectiva etnocêntrica é hegemônica dos centros cosmopolitas até as escolas do campo. O sistema escolar reproduz uma leitura preconceituosa em relação aos sujeitos do campo, considerados incapazes ou limitados para o processo de aprendizagem (Ribeiro, 2012) e para os quais o conhecimento escolar não fará falta no campo. Esta situação pode ser observada na pesquisa realizada por Reis (2017), ao estudar o sucesso escolar de estudantes do campo em um subdistrito de Mariana.

Reis (2017) evidencia que o processo de escolarização no campo exige do estudante uma adaptação e um aprendizado na lógica prevista por Boaventura (2007). Uma das hipóteses construídas pela autora, a partir do acompanhamento de 5 estudantes do campo com bom desempenho escolar e 5 em situação de baixo desempenho, é que a religiosidade pode ser entendida como uma forma de disciplinarização e docilização dos sujeitos em acordo com as perspectivas escolares. Embora seja uma pesquisa exploratória, essa interpretação tornou-se mais plausível em relação a outras categorias de análise, como o hábito de leitura em casa por parte dos alunos e/ou o acompanhamento dos filhos por parte dos pais em relação aos estudos.

Mas como interpretar essa hipótese? Reis (2017) evidencia que, para além da religiosidade, os pais dos estudantes bem-sucedidos percebem que os conteúdos e o modo de educar da escola se diferenciam significativamente de seus modos de vida, fomentando em seus filhos uma obediência às recomendações escolares. Tal postura não deve ser compreendida como uma adjudicação da responsabilidade, mas como atribuição de superioridade à educação escolar. Embora seja necessário reconhecer que a religiosidade não pode ser considerada como uma posição passiva dos sujeitos, o posicionamento verificado por Reis (2017) nas famílias de estudantes bem-sucedidos revela limites para a possibilidade de diálogo e para a construção contextualizada, ante a impossibilidade de estabelecer relações horizontalizadas.

Reis (2017) destaca ainda que os estudantes bem-sucedidos reproduzem o *ethos*[2] escolar, apoiados por pais e professoras. Os próprios estudantes parecem se identificar com essa perspectiva. No mesmo sentido, as manifestações de pais em relação à organização escolar tendem a reforçar o modelo seriado em detrimento das salas multisseriadas, ainda que estas não repercutam negativamente no rendimento dos estudantes.

No sentido inverso, a frustração da expectativa dos professores em relação ao comportamento dos estudantes está estreitamente associada à explicação de seu fracasso escolar, considerado como um reflexo da família. A partir das entrevistas com pais e professores sobre o fracasso escolar de alguns estudantes dessa comunidade, Reis (2017, p. 141) afirma que

> as famílias rurais possuem uma cultura própria e, de acordo com a visão da professora, podemos afirmar que essa cultura não se converte em capital cultural suficiente para atender às exigências da escola, pois não se pode contar com o apoio das famílias para uma pesquisa ou para conseguir algum material para as aulas, porque eles não mobilizam esforço para consegui-los. As crianças "simplesmente não levam" o material que foi pedido.

Chama atenção o fato de tratar-se de um povoado pequeno no qual as pessoas se conhecem e alguns de seus professores são moradores. O distanciamento entre a escola e a realidade das famílias, especialmente aquelas que têm menos conhecimento do *ethos* escolar, pode ser verificado no descumprimento das estratégias pedagógicas propostas pela escola.

Verifica-se, no relato das professoras entrevistadas, que suas expectativas estão relacionadas ao capital cultural apresentado pelos estudantes urbanos

[2] Para Pierre Bourdieu, o *ethos* escolar pode ser entendido como uma "atitude com relação ao futuro, [...] outra coisa além da interiorização do futuro objetivo que se faz presente e se impõe progressivamente a todos os membros de uma mesma classe através da experiência dos sucessos e das derrotas" (BOURDIEU, 1998, p. 49).

para os quais também lecionam, reforçando a tese da descontextualização dos conteúdos ministrados para os estudantes do campo.

O argumento apresentado por uma professora é emblemático dessa situação, pois, ao tentar trabalhar com estudantes os conteúdos de placas de sinalização, apenas uma aluna demonstrou conhecê-las. Segundo ela, "a gente tem dificuldade para ampliar o mundo deles [...], ele aprende, mas o mundo dele é um pouco mais limitado ali". Em síntese, a professora desconsidera os conhecimentos dos estudantes e os desqualifica pela ignorância em relação aos referenciais urbanos utilizados por ela.

Embora seu estudo seja exploratório, Reis (2017) exemplifica, a partir de uma escola bem avaliada pela comunidade e com rendimento escolar dentro das expectativas do sistema nacional de avaliação, a importância da apropriação dos princípios da Educação do Campo para o sucesso escolar desses sujeitos e o fortalecimento de suas comunidades.

Outra situação emblemática está na denúncia do professor em relação à baixa autoestima dos estudantes do campo e da necessária atenção do professor para esse aspecto. Não obstante, a saída proposta é "preparar esse aluno para viver nos grandes centros urbanos e melhorar a autoestima dele" (Reis, 2017, p. 143).

A pesquisa de Reis (2017), realizada em um subdistrito de Mariana, evidencia como a cultura urbanocêntrica está imbricada nas expectativas em relação ao papel da educação para os sujeitos do campo, mantendo um círculo vicioso na sua desvalorização e de sua cultura e ferindo gravemente a perspectiva da diversidade pressuposta pela Educação do Campo e pela Constituição Federal de 1988.

Os limites para a atuação de pedagogas em escolas do campo em Mariana

Historicamente, as escolas do campo, enfrentam desafios de ordens materiais, pedagógicas, didáticas e de formação de profissionais consonantes às suas demandas. O predomínio de uma visão urbanocêntrica nessas escolas tem se revelado como um dos problemas enfrentados pelo movimento nacional por uma Educação do Campo, mas não é o único. O isolamento dessas escolas em relação ao poder público, a rotatividade de professores e pedagogos, as dificuldades de deslocamento da equipe pedagógica, a falta de formação inicial e/ou continuada sobre os fundamentos teóricos e práticos da Educação do Campo, entre outros fatores, têm se revelado como alguns dos principais desafios. Essa realidade não é diferente nas Escolas do Campo de Mariana.

Em pesquisa realizada no Território dos Inconfidentes, Lage (2016) evidencia os desafios enfrentados por pedagogas que atuam nas Escolas do Campo atendidas pela Superintendência Regional de Ensino de Ouro Preto, a saber: Acaiaca, Diogo de Vasconcelos, Itabirito, Mariana e Ouro Preto. A autora identificou e analisou a identidade das pedagogas que atuavam nessas escolas.

Os dados levantados por Lage (2016) em 2015 mostraram que o município de Mariana possuía doze escolas do campo. Por meio de um levantamento nas secretarias municipais de educação, a autora obteve a informação de que havia uma pedagoga para cada uma dessas escolas, sendo, em número, o volume mais expressivo de pedagogos no território dos Inconfidentes, perfazendo 57% dos pedagogos atuantes no campo. Importante salientar que a coincidência na relação numérica não é a mesma coisa que dizer que há um pedagogo em cada escola, já que há escolas que poderiam ter mais de um pedagogo e que esses profissionais teriam que se deslocar entre escolas, o que exige dispêndio de tempo, dificuldades com transporte e comunicação.

Lage (2016) apresenta um cenário da situação das pedagogas que atuavam no território dos inconfidentes em 2015 e mostra que 81% delas tinham menos de cinco anos de atuação nessa função. Os pedagogos residem, em sua maioria (71%), na cidade e se deslocam para os distritos e subdistritos. A maior parte (57%) despende entre 30 e 60 minutos no trânsito para o trabalho, e 38%, entre 60 e 120 minutos. O transporte das secretarias municipais de educação é o principal meio de locomoção utilizado (70%), seja ele exclusivo para funcionários (57%), seja junto aos estudantes (13%). Os pedagogos comentaram, ao responder aos questionários, sobre a dificuldade em estabelecer uma rotina em função de ausências de professores ou outros imprevistos.

Embora 18 das 21 pedagogas tivessem realizado alguma pós-graduação voltada para as atribuições de coordenador pedagógico, nenhuma delas foi relacionada à Educação do Campo. Nas entrevistas realizadas por Lage (2016) com 10 dessas pedagogas do Território dos Inconfidentes, 9 disseram não ter cursado, durante sua formação inicial, nenhuma disciplina sobre a temática da Educação do Campo. As concepções que as pedagogas explicitaram nas entrevistas revelaram um parco entendimento sobre a história da Educação do Campo e as especificidades que a atuação nessa área exige – especificidades estas que vão desde o perfil do aluno e da comunidade, passando pela precariedade dos livros didáticos, até às estratégias pedagógicas para atuação em salas multisseriadas.

Segundo Lage (2016),

> O que os nossos interlocutores revelam são incertezas e pouco aprofundamento na problemática das escolas do campo no que se refere ao registro, currículo, localização e práticas pedagógicas, e isso repercute na maneira como enxergam os alunos do campo e desenvolvem os projetos pedagógicos com os professores (Lage, 2016, p. 142).

Por outro lado, embora os desafios colocados por seu cotidiano fossem avaliados de forma construtiva, as pedagogas entrevistadas manifestaram uma grande preocupação com o isolamento das escolas e seus profissionais em relação ao poder público. Esse isolamento repercute negativamente: 1) no atendimento a estudantes com necessidades especiais; 2) no acesso por parte de professores, pedagogas e estudantes; 3) na infraestrutura escolar, seja no tocante a equipamentos, seja no tocante às suas demandas específicas.

Embora esse seja um cenário que traz desvantagens para os estudantes e os profissionais envolvidos com a Educação do Campo, Lage (2016, p. 146) conclui que falta às pedagogas o mais elementar para o exercício de sua profissão, a saber, uma formação inicial e continuada na temática da Educação do Campo, bem como a necessidade de "instalar um fórum de discussão na Região dos Inconfidentes sobre as escolas do campo, contemplando os pedagogos do campo, de forma que se faça um debate mais coerente e real sobre a atuação dos mesmos neste contexto educacional".[3]

Educação do campo em contextos de mineração: desafios e tragédias

Embora as escolas do campo do Território dos Inconfidentes guardem características comuns às demais, espalhadas por todo o Brasil, há uma especificidade cujos efeitos são inegáveis: a presença massiva da mineração atuando na cidade, distritos e subdistritos de Mariana.

Tal presença é histórica e fundadora da cidade de Mariana, cidade mais antiga de Minas Gerais. Galeano (2013, p. 83) descreve que, em função do ouro, os comerciantes de Ouro Preto (vizinha mais jovem de Mariana, localizada a apenas 23 km), em 1733, "em matéria de poder, superavam sem termo de comparação os mais exitosos mercadores de Lisboa", para onde convergiam homens refinados e de negócios.

Apesar de tamanha riqueza – na verdade, foi exatamente esse o motivo –, não se tinha a tradição do cultivo da terra, tendo suas ações voltadas para a extração do ouro. A região padeceu com epidemias de fome em plena prosperidade, entre 1700 e 1713, uma vez que o tráfego de alimentos nesse período foi interrompido (Galeano, 2013).

[3] A construção desse fórum tem sido uma das atividades do Grupo de Pesquisa e Ação do Território dos Inconfidentes (Giracampo), vinculado ao departamento de Educação da Universidade Federal de Ouro Preto (UFOP), coordenado pelos (as) professores (as) Alexandra Campos e Marcelo Loures. Através das atividades de ensino, pesquisa e extensão, o Giracampo vem empreendendo ações de formação continuada de professores que atuam nas escolas do campo do Território dos Inconfidentes.

Já no início do século XIX, o cenário de Ouro Preto havia se transformado completamente, assombrado pela pobreza e pelo abandono ante a escassez das jazidas de ouro. O mendigo marianense imortalizado por Galeano queixava-se da mesma sorte: "[...] aqui ouro era mato [...] havia ouro pelos caminhos, crescia como pasto. [...] A morte é certa, a hora incerta" (Galeano, 2013, p. 81).

Embora a história tenha trazido uma nova interpretação sobre o fim das riquezas em Mariana, o destino, vaticinado por ele, manteria algo de verdade. A riqueza mineral de Mariana manteve sua tradição mineradora como fonte de renda. Segundo Scheller (2019), 85% da arrecadação da cidade vem da mineração. Dados do IBGE[4] sobre o ano de 2017 evidenciam essa dependência em termos de valores brutos oriundos de atividades econômicas no município. Assim, enquanto os valores da indústria – entenda-se indústria extrativa mineral (IEM) – geraram mais de um bilhão e meio de reais, a agropecuária gerou pouco mais de 9 milhões.

Essa desigualdade precisa ser compreendida no contexto dos municípios vinculados às IEMs. Segundo PoEMAS (2015),

> Apesar de Mariana ser o primeiro município brasileiro em repasses da Compensação Financeira pela Exploração de Recursos Naturais – CFEM (2015), a cidade convive com indicadores sociais comparativamente baixos, particularmente no que diz respeito à desigualdade de renda e à pobreza no meio rural. Nesse sentido, a pobreza e a desigualdade das regiões mineradas e sua dependência da IEM se retroalimentam e asseguram a sobrevivência de ambas. De um lado, a pobreza facilita a instalação das atividades extrativas e a aceitação de seus impactos; enquanto, de outro, as operações da IEM dificultam a instalação de outras atividades econômicas, contribuindo para a redução da diversidade da estrutura econômica, sendo a dependência da atividade criada e reforçada por investimentos públicos e privados. Em particular, a estrutura econômica de Mariana sustenta e reforça a minério-dependência e perpetua uma situação agravada de fragilidade ambiental e social (PoEMAS, 2015, p. 7).

Os rumores em torno de municípios mineradores como Mariana, Ouro Preto e Itabirito, todos integrantes do Território dos Inconfidentes, reproduziam a noção de que o principal interesse das populações do campo era conseguir emprego na mineração, e não o cultivo da terra.

Em 5 de novembro de 2015, a morte certa chegou em hora incerta com o rompimento da barragem de rejeitos da mineradora Samarco, localizada em Bento Rodrigues, subdistrito de Mariana, matando 19 pessoas. Segundo denúncia do Ministério Público Federal, em Procedimento Investigatório Criminal (PIC)

[4] Disponível em: https://bit.ly/39Wna8p. Acesso em: 3 abr. 2020.

sobre o caso, os registros de reuniões prévias da diretoria da Samarco evidenciam que os riscos de rompimento eram conhecidos, e que as medidas para evitá-lo não foram tomadas (Brasil, 2016).[5]

Mais uma vez, o medo do abandono se abatia sobre a população de Mariana, evidenciando os efeitos da mesma inversão de prioridades: riqueza sobre sujeitos. A lama proveniente do rompimento causou destruição nos distritos de Bento Rodrigues e Paracatu de Baixo, em Mariana, na comunidade de Gesteira e na cidade de Barra Longa. Em ambas as cidades, houve a destruição de casas, escolas, plantações, estruturas rurais e pontes, além da vegetação do entorno do rio Gualaxo do Norte, por onde a lama seguiu até a bacia do Rio Doce. Todas as cidades localizadas nessa bacia até sua chegada ao mar, em Linhares, Espírito Santo, foram oficialmente reconhecidas como atingidas pelo rompimento da barragem, somando 42 localidades. Indiretamente, sabe-se que inúmeras cidades do entorno também foram atingidas, uma vez que estabeleciam relações econômicas com as demais, como produção agrícola, sociais, em função dos serviços de atendimento público, de lazer, uma vez que a água do Gualaxo do Norte era propícia para banho, pesca e outras atividades.

Trata-se da tragédia com maior impacto ambiental e social da história do Brasil, e a maior do mundo em relação a barragens de rejeitos. Segundo Totti *et al.* (2018), com o rompimento da barragem da Samarco, houve um processo violento de desterritorialização, com seu deslocamento de uma comunidade rural para o meio urbano, desconsiderando-se aspectos relacionados aos laços de solidariedade e de identidade entre os sujeitos atingidos, mas especialmente em relação a costumes e hábitos cotidianos de sujeitos do campo. Houve danos a 90% das construções dos distritos atingidos, havendo perda de praticamente toda a produção agrícola e de criações, além da impossibilidade de reutilizar as terras para esses fins, mesmo em médio prazo.

Segundo esses autores, o processo de deslocamento compulsório a partir do rompimento da barragem impacta não apenas pela perda dos referenciais identitários, mas dos territoriais, pelas limitações físicas impostas pela contaminação das terras e do Rio Doce, essencial para seu modo de vida.

> O processo de reterritorialização, um ano e meio após tragédia, ocorre com a precarização das práticas socioespaciais comparada às anteriores, mas também de forma lenta e gradual, levando em consideração que o processo de desterritorialização conduziu a uma exclusão ou privação do território enquanto "recurso" ou apropriação,

[5] Pesquisa realizada por Adriane Hunzicker durante mestrado profissional na FaE/UFMG sobre a Escola de Bento Rodrigues e o rompimento da barragem do Fundão, mas que, em função do volume de informações compiladas e do objetivo proposto para a pesquisa, essas informações não foram incluídas na dissertação.

> seja material ou simbólica. Foi possível verificar uma confusa condição territorial da população de Bento Rodrigues em Mariana, uma vez que a população se configura de maneira complexa e descontínua neste novo espaço. Ademais, foi visto que em Bento Rodrigues as atividades feitas no subdistrito eram organizadas por moradores, e as questões espaciais levavam à facilidade de se organizar enquanto grupo, uma vez que as distâncias entre eles eram menores, e isto já não ocorre mais em seus novos locais de moradia no centro de Mariana (Totti *et al.*, 2018, p. 1.193).

Sobre a pequena comunidade do distrito de Paracatu de Baixo, composta por cerca de 140 famílias, Freitas e Oliveira (2018) descrevem as tradições culturais soterradas pelos rejeitos: a Folia de Reis, celebrada pela comunidade há mais de 50 anos, com cortejos passando por localidades vizinhas; a festa do Menino Bom Jesus, com fogueira, hasteamento de mastro, celebração em homenagem ao menino Jesus e procissão, com a presença da folia e dos grupos de congado; além da formatura dos estudantes no final do ano.

Também a relação com a escola, construída de forma bastante peculiar e participativa pelos membros da comunidade, dada a proximidade entre seus membros, houvesse ou não filhos estudando na escola, foi desterritorializada. Todo o material pedagógico e a trajetória escolar dos alunos de Paracatu de Baixo foram perdidos, e a escola se transfere para a sede de Mariana. Segundo depoimento da professora Silvany Diniz (Caldas, 2018), professora das escolas de Bento Rodrigues e Paracatu de Baixo, os moradores desses distritos sequer gostavam de ir passear em Mariana, descrevendo as atividades de lazer que desenvolviam nos distritos e as brincadeiras nas ruas após as aulas.

Os estudantes iniciaram suas atividades escolares na semana seguinte ao rompimento em uma escola na zona urbana da cidade de Mariana, a Escola Municipal Dom Luciano Pedro Mendes de Almeida. Dois anos e meio de convivência na escola para a qual foram transferidos não foram suficientes para que o processo de integração com a comunidade pudesse ser retomado. Em 2018, a pedido de pais de alunos de Paracatu de Baixo, estes mudam-se para uma escola destinada especificamente para eles. Contudo, a distância entre a escola e as casas alugadas para suas famílias trouxe uma ruptura na forma como o processo de escolarização se dava em Paracatu de Baixo, quando o cotidiano escolar fazia parte da vida de seus moradores.

A discussão levada a cabo por Freitas e Oliveira (2018) permite compreender a tragédia vivenciada por povos do campo atingidos pelo rompimento da barragem do Fundão, descrevendo a complexidade dos fenômenos envolvidos no cotidiano dos moradores e da comunidade escolar. É possível, a partir destes desenvolver uma reflexão sobre a situação cotidiana de sujeitos do campo, que cotidianamente têm sua existência transformada pela necessidade de sair do campo.

Embora a ruptura sofrida pelos atingidos pela barragem seja radical, não havendo mais para onde voltar, a falta de identificação com a escola e as dificuldades para permanência no campo para os mais jovens são indícios comuns de uma sociedade com dificuldades em absorver, integrar, compreender e reconhecer os sujeitos do campo.

Educação do campo como possibilidade de revitalização e reconstrução

Nesse cenário trágico dos impactos trazidos pelo rompimento da barragem do Fundão, a Educação do Campo, pensada em sua perspectiva teórica, prática e política, surge como uma possibilidade articuladora de fortalecimento das comunidades, pensando no resgate de suas histórias, origens, culturas, identidades e ações pedagógicas afinadas com as necessidades locais. Atrelada a esses aspectos, em dezembro de 2015 foi aprovada a Resolução da Secretaria Estadual de Educação n.º 2.820/2015, que instituiu as Diretrizes para a Educação Básica nas Escolas do Campo de Minas Gerais. A elaboração desse documento surgiu através de amplo diálogo entre diversos setores da sociedade civil, de movimentos sociais, de instituições de ensino superior e de entidades ligadas à formação docente. O objetivo desse documento foi garantir melhorias na realidade educacional dos diferentes territórios camponeses de Minas Gerais (Minas Gerais, 2015).

As escolas do campo do Território dos Inconfidentes encontram-se diante desses novos enfrentamentos: de um lado, pensar nos desafios pedagógicos perante o rompimento da barragem, já que várias escolas foram direta ou indiretamente atingidas, e, por outro lado, repensar as práticas educativas e o projeto político-pedagógico dessas instituições frente a essa nova resolução. Afinal, os questionamentos dos professores e dos pedagogos giravam em torno de duas perguntas: o que é ser uma escola do campo? O que isso implicará em nossas práticas e trabalhos desenvolvidos?

Foi nesse contexto que surgiu o Grupo de Pesquisa e Ação do Território dos Inconfidentes (Giracampo), inicialmente se constituindo como Grupo de Trabalho em Educação do Campo (GTEC). Desde 2017, através de parcerias com as secretarias municipais de educação com a Superintendência Regional de Ensino de Ouro Preto (SREOP), a Universidade Federal de Viçosa (UFV), a Universidade Federal de Minas Gerais (UFMG), a Escola Família Agrícola Paulo Freire (EFAP) e o Giracampo vêm realizando encontros formativos, palestras, cursos, grupos de estudos em Educação do Campo, oficinas em algumas escolas da região e na própria universidade. Tais atividades, entrelaçadas aos projetos de ensino, pesquisa e extensão, vêm aumentando o diálogo entre os professores dessas escolas, propiciando uma interação maior entre as equipes pedagógicas, a comunidade local e o desenvolvimento de projetos de acordo com as necessidades dessas instituições.

Um importante trabalho de formação de professores, desenvolvido na tentativa de responder às demandas educativas dessas escolas, foi a implementação do Programa Escola da Terra. A Escola da Terra chegou a Mariana como um desdobramento de parcerias já realizadas anteriormente entre a UFMG e o Giracampo, no acompanhamento das escolas atingidas pelo rompimento da barragem do Fundão em Mariana e em Barra Longa.

A diversidade de experiências das escolas do campo no Território dos Inconfidentes contrastava com a ausência de um acompanhamento sistemático destas, permitindo sua articulação e seu fortalecimento. O reencontro de educadores que já vinham de um diálogo prévio em grupos de estudos, espaços formativos nas escolas e em encontros em escolas para a discussão da Educação do Campo trouxe um sentimento de legitimidade para esse movimento de aproximação e troca de experiências.

Por outro lado, a urgência do processo de implementação da Escola da Terra em novembro de 2018, aproveitando-se da disponibilidade de um recurso que se esgotaria ao final do ano, exigiu que todas as articulações com município e com estado fossem ágeis e bem articuladas. Alterações no formato da edição anterior para esta em que se exige que as tutoras fossem professoras, e não pedagogas, inviabilizaram a participação, no processo formativo, de duas profissionais experientes, o que reduziu significativamente o número de participantes. Os limites na comunicação entre os componentes do Giracampo que participariam do processo formativo e setores públicos da educação interferiram em uma solução rápida para esse impasse. Tal fenômeno evidenciou que esse diálogo ainda estava em construção, especialmente com o município.

Participaram da Escola da Terra 34 professoras e professores da rede pública de ensino, observando-se que duas delas assumiram a função de tutoras. As professoras e os professores participantes estavam distribuídos entre as 2 escolas estaduais e as 4 municipais (de Barro Branco, Campinas, Mainart e Serra do Carmo).

A metodologia proposta pela Escola da Terra marcou um momento de transição nos processos formativos propostos pelo Giracampo, que, até aquele momento, realizava encontros para a discussão dos princípios que orientavam a Educação do Campo e o acompanhamento de escolas do campo da rede pública estadual para o alinhamento com as Diretrizes da Educação do Campo para a

Escola Básica. Esse formato, embora fundamental para conhecer mais sobre a Educação do Campo no Território dos Inconfidentes, impunha, aos integrantes do Giracampo, uma dinâmica de trabalho avaliada como muito centralizada e tutorial, pois as ações restringiam-se a uma escola por semestre e aos grupos de estudos sobre temas teóricos.

Embora as atividades de acompanhamento das escolas e a formação das professoras, desenvolvidas pelo Giracampo, sempre as considerassem como profissionais ativas que, com os conhecimentos e as ferramentas disponíveis, buscavam respostas para os desafios que a educação impunha no contexto camponês, havia uma sobrecarga sobre os formadores, que tinham que se deslocar até as escolas, sempre distantes da universidade.

Vale lembrar que a Educação do Campo não era um tema abordado de forma sistemática no contexto da UFOP, e que a "novidade" do tema assumia uma função ambígua na instituição: por um lado, despertava interesse e a sensação de urgência em sua apropriação por parte dos estudantes e parceiros que vinham a se integrar; por outro, a ausência de um acúmulo histórico e formativo por parte dos estudantes que permitisse avançar de forma segura para as várias frentes de atuação que se abriam.

Com a realização da Escola da Terra, sua metodologia descortina diferentes possibilidades formativas que respondiam aos desafios enfrentados, enumerados, a seguir, a partir da experiência vivida em Mariana:

1) A proposta formativa da Escola da Terra insere um professor-tutor para a mediação entre a universidade e as escolas.

A formação intensiva de um professor que atua na escola do campo sobre a metodologia adotada e um tema bem delineado a ser articulado aos conteúdos curriculares favorece a compreensão dos princípios da Educação do Campo na prática escolar, tornando-se uma referência fundamental no diálogo com as professoras.

2) A adoção dos princípios da alternância educativa fortalece a inserção do professor como sujeito ativo no processo formativo, confiando-lhe o planejamento e a execução de uma atividade a ser desenvolvida em sua sala de aula e integrada à escola.

A realização da "Cartografia das Águas", ainda que tenha uma estrutura comum a todas as escolas, organizou-se de forma peculiar em cada uma delas, de acordo com as informações levantadas pelas professoras participantes. Evidenciou-se a criatividade, a responsabilidade e o empenho das professoras na realização das atividades, recobrando, em alguns casos, o frescor da função docente, e envolvendo-se com o entorno da escola e de seus sujeitos.

3) O diálogo com parceiros não escolares para a abordagem de uma temática, no caso, a água, trazendo para o ambiente escolar a concretude e a diversidade de experiências obtidas para além da atividade docente.

A proposta de diálogo com profissionais que trabalham com o tratamento da água, as visitas às nascentes, as palestras e as experiências realizadas por convidados nas escolas trouxeram para as professoras universos desconhecidos e questionamentos que se transformaram em proposições para debates e reflexões junto aos estudantes e à comunidade escolar. A escola, portanto, para além dos saberes estabelecidos, apresenta-se como possibilidade de saber, constituindo-se em um saber sobre o universo vivido da comunidade escolar.

4) Os espaços formativos para os professores tornam-se possibilidades amplas de discussão e de troca entre diferentes atores, reforçando o protagonismo dos participantes.

Os encontros formativos para tutoras e formadoras, realizados conjuntamente – e que, no caso de Mariana, contaram também com a presença de bolsistas do Giracampo e de técnicos da Superintendência Regional de Ensino –, fomentaram relações de horizontalidade e de fraternidade, orientadas por um sentimento de realização e um objetivo comum: compreender e desenvolver ações afinadas com a proposta da Educação do Campo.

O pressuposto dialógico contido nessa prática permite aos sujeitos compreender o cenário comum entre as escolas do campo, apresentar suas dúvidas e fortalecer suas ações pela legitimidade conferida pelos pares. O caráter participativo das ações formativas, portanto, contribui substantivamente para o fortalecimento da Educação do Campo como um movimento, tendo fomentado, entre as professoras participantes, um sentimento de identidade e de compromisso.

As contribuições da Escola da Terra para a discussão da Educação do Campo nas escolas do Território dos Inconfidentes, certamente, são muito maiores do que podemos enumerar neste capítulo. Não obstante, a melhor forma de reconhecê-las e compreender sua complexidade indubitavelmente será por meio da apresentação da experiência de uma das escolas participantes.

A experiência de Barro Branco

O Programa Escola da Terra é uma ação do Programa Nacional de Educação do Campo (Pronacampo), que, em linhas gerais, visa a ampliar e a qualificar a oferta de educação básica e superior às populações do campo, conforme estabelecido na Portaria do MEC n.º 579, de 2 de julho de 2013, e nos termos da Resolução/CD/FNDE n.º 38, de 8 de outubro de 2013. Logo, desde 2016 é ofertado o curso de aperfeiçoamento para professores intitulado Escola da Terra: Formação Continuada de Educadores.

Esse curso é uma iniciativa do Núcleo de Estudos e Pesquisa em Educação do Campo da Faculdade de Educação da Universidade Federal de Minas Gerais (NEPCAMPO/FaE/ UFMG), em parceria com a Secretaria do Estado de Minas Gerais e a Coordenação Geral de Políticas de Educação do Campo (CGPEC), Diretoria de Políticas de Educação do Campo, Indígenas e para as Relações Étnico-Raciais (DPECIRER), Secretaria de Educação Continuada, Alfabetização, Diversidade e Inclusão (SECADI/MEC).

No primeiro semestre de 2019, uma tutora do curso, Luciana Jammal, convidou os professores, a pedagoga e a direção da Escola Municipal de Barro Branco para participar da formação "Água: princípio da vida". A tutora mencionou que a água, tema norteador da formação, surgiu em virtude de sua importância para a manutenção da vida no campo, tanto para fins domésticos quanto para fins de produção. A pedagoga e as professoras das turmas multisseriadas de 1º/2º e 4º/5º anos se interessaram e se inscreveram na formação.

A Escola Municipal de Barro Branco situa-se no subdistrito de Barro Branco, pertencente à cidade de Mariana, Minas Gerais. Localizado a 18 quilômetros do centro da cidade, Barro Branco tem 495 habitantes, que compõem 153 famílias, de acordo com os dados da agente comunitária de saúde do Programa Saúde da Família (PSF), Alene Cristina Soares Pereira.

Não se sabe ao certo quantos anos tem o subdistrito, mas uma entrevista registrada no "Memorial de Barro Branco", produzido por professores e alunos da escola no ano de 2005, oferece uma pista. Tal entrevista preserva a história oral do morador mais antigo da localidade naquele período, o senhor Augusto Mônico. A gênese do subdistrito é anterior à construção da Igreja Nossa Senhora da Glória que, segundo o ancião de Barro Branco, ocorreu no século XIX, aproximadamente em 1855.

O senhor Augusto Mônico também é questionado na entrevista sobre o motivo de a localidade se chamar Barro Branco, e ele explica que é devido a um barro farto existente na região, o barro Tabatinga, derivado do tupi *tobatinga*, que significa "barreira branca", "barro branco como cal". Esse barro era muito utilizado antigamente pela comunidade para a feitura de telhas, para o reboco de paredes e fogões a lenha. Na homeopatia, era empregado para tratamentos terapêuticos de muitas enfermidades, por meio dos emplastos de barro.

Sobre a Escola Municipal de Barro Branco, o senhor Augusto Mônico contou que ela foi construída em 10 de setembro de 1995, mas que, antes dela, houve outras três. Estas funcionavam na Casa Paroquial da Igreja Nossa Senhora da

Glória, onde ele estudou. Recordou-se de que sua professora de catecismo era a professora que o ensinou a ler e a escrever.

A escola está localizada no centro do subdistrito, na rua Nossa Senhora da Glória, e é vizinha da Igreja Nossa Senhora da Glória, a santa padroeira da comunidade. Possui 89 alunos matriculados no ensino regular, nos segmentos da educação infantil ao ensino fundamental, com atendimento no turno matutino. No turno vespertino, são oferecidas diversas oficinas do Programa Tempo Integral aos alunos de 1º a 7º anos. No ensino regular, as turmas da educação infantil, as turmas de 1º e 2 anos e as turmas de 4º e 5º anos são organizadas em classes multisseriadas, tendo em vista o número reduzido de alunos por turma.

Da equipe de professoras do ensino regular, o projeto "Água: princípio da vida" foi apresentado para as docentes do ensino fundamental dos anos iniciais, mas obteve o envolvimento apenas das professoras regentes – Aparecida Maria Ferreira e Rita de Fátima Ramos Ulhôa, das turmas multisseriadas de 1º/2º anos e 4/5º anos, respectivamente. A diretora Rosilene Henrique de Oliveira e a pedagoga Patriciane Xavier Moreira dos Santos também participaram da formação.

O projeto tinha etapas bem definidas que foram iniciadas do mês de novembro de 2018. Mas o contato da tutora com a Escola Municipal de Barro Branco foi dificultado pelas chuvas que ocorreram naquele período, interrompendo os canais de comunicação via telefone e internet. A escola tem uma linha de telefonia, mas, em períodos de chuvas, ela fica comprometida, assim como a internet. Vale lembrar também que as estradas, ainda que sejam pavimentadas, em períodos de chuvas têm seu acesso dificultado, tornando-se perigosas, pois ocorrem deslizamentos de barrancos sobre elas e surgem muitos buracos. Então, apenas no final do mês de março é que soubemos da existência do projeto e fomos cadastradas para participar.

Como iniciamos um pouco atrasadas, foi necessário otimizar nosso tempo e dividir as atividades. O percurso formativo do curso propunha ações no tempo-escola e no tempo-comunidade, de modo que nos esforçamos para desenvolver essa proposta, e a estratégia utilizada foi dividir as tarefas entre as professoras e a pedagoga, com o apoio frequente da tutora.

As atividades foram distribuídas em quatro momentos: 1) pesquisas bibliográficas, levantamento de dados locais e cartografia da água da região; 2) estudo do "Guia do Cursista", elaboração do Plano de Ação Pedagógica (PAP) e da Sequência Didática (SQ); 3) aplicação da Sequência Didática na sala de aula; e 4) escrita do relatório de apresentação dos resultados.

Esses quatro momentos foram muito proveitosos, visto que as professoras compartilharam conhecimentos a respeito da cartografia da água que abastece a comunidade, propuseram atividades para o planejamento da sequência didática e sugeriram sujeitos da comunidade que poderiam ser entrevistados. Porém, o momento mais valioso dessa formação aconteceu quando a temática estudada foi inserida na sala de aula e as crianças foram envolvidas no processo formativo.

De onde vem a água que abastece a escola de Barro Branco? De onde vem a água que abastece as casas dos moradores de Barro Branco? Esses foram os primeiros questionamentos feitos às crianças do 1º, 2º, 4º e 5º anos. E as elaborações foram as seguintes:

– Ah, professora! A água da escola brota na caixa d'água!
– Professora, a água vem da torneira...
– A água vem da terra, e antes ela veio da chuva.
– A água da minha casa sempre está lá...
– A água da escola vem do banheiro, da cantina, das pias da escola...

Nessa perspectiva, a partir das ideias e dos conhecimentos das crianças sobre o abastecimento de água em Barro Branco, foi proposto um passeio em que elas desvendariam a origem da água dessa comunidade. "Mas de onde ela vem mesmo?" Antes do passeio, foi explicado às crianças que a água da escola e de todas as casas de Barro Branco vem de uma nascente.

"O quê? Mas o que é uma nascente?" Explicamos que a nascente também pode ser chamada de olho d'água, mina d'água, fio d'água, cabeceira e fonte. E ela é o lugar onde a água nasce, onde surge esse líquido, a partir da superfície de um terreno ou debaixo da terra (lençol subterrâneo) e que dá origem a um curso d'água, que pode ser um rio, um córrego, um ribeirão. Nesse cenário, um detalhe que nos favorece é que elas são facilmente encontradas no meio rural.

Conseguimos uma guia maravilhosa para nos levar à nascente. O seu nome é Valdirene Aparecida Silva Araújo, e ela trabalha no SAAE (Serviço Autônomo de Água e Esgoto). Antes do passeio, pensamos em algumas dúvidas, perguntas que gostaríamos que a Valdirene nos explicasse quando estivéssemos lá na nascente. E pé na estrada!

O passeio aconteceu no dia 17 de abril de 2019, em uma quarta-feira. Havia chovido muito na segunda, na terça e na quarta pela manhã. Era tanta chuva que quase impossibilitou nossa ida. Mas a emoção foi ainda maior porque havia um barrinho deslizante na estrada. E, nas subidas e descidas, então, ufa! No caminho, fizemos até uma aposta de quem cairia primeiro: a professora Cida, a professora Rita, a diretora Rosilene ou a pedagoga Patriciane! Mas todas escaparam do tombo. O passeio foi fácil até esse ponto. Depois, subimos mais e mais! E mais um pouquinho... A vista lá de cima era a mais bonita!

Figura 1: Percurso da visita de campo

Fonte: Acervo escolar de Barro Branco, 17 de abril de 2019.

A Valdirene vai à nascente todos os dias. Por conhecer bem o caminho, ela nos conduziu, contribuindo para a nossa segurança, a fim de que chegássemos bem. E nós continuamos subindo, subindo. E, depois, descendo, descendo... Tinha gente achando que iria chegar a outra cidade.

Mas, aos poucos, fomos avistando a nascente. Ao chegarmos, iniciamos a entrevista com a Valdirene, e ela compartilhou com as nossas turminhas todo o seu conhecimento. Teve criança que não perdeu tempo e já chegou matando a sede com a água fresquinha! A professora registrou todos os esclarecimentos compartilhados por nossa guia.

Com as explanações da Valdirene, descobrimos que a nossa nascente se chama Nascente Barro Branco, e que a captação de água foi iniciada em 10 de abril de 2010, mas a existência da nascente é anterior ao momento em que iniciamos o seu usufruto. Descobrimos também que ela foi escolhida para abastecer a comunidade por conter uma água bem limpinha.

Antes de chegar à casa dos moradores, a água é encaminhada para um reservatório, lá no alto do morro, o ponto mais alto da comunidade, sendo depois distribuída para todas as residências e estabelecimentos. Valdirene é a responsável por verificar se a nascente se encontra em boas condições, como uma guardiã.

No entanto, de acordo com a nossa guia, ela não é a única a se interessar pela nascente. Muitos moradores da comunidade conhecem e sabem da sua importância. Eles estão empenhados em ajudar o meio ambiente e o SAAE com providências quanto à preservação dela, pois têm aparecido muitos animais, entre outras coisas, que podem sujar e prejudicar a qualidade da água.

Ela também comentou sobre a existência de um projeto de cloração da água. A cloração é um processo de adição de cloro à água, para torná-la mais pura e apta para o consumo humano, uma água que se pode beber, uma água potável. Esse processo, combinado com a filtração da água, diminui expressivamente a carga de micróbios, que são prejudiciais à saúde.

E todo esse assunto sobre água nos deu uma baita sede. Aproveitamos a oportunidade, e todos tomamos água direto da nascente. A fila para tomar água ficou grande, e, depois dessa feliz descoberta, já era hora de retornar para a escola. E pé na estrada de novo, e mais aventura, porque aquele morrinho deslizante nos aguardava!

Depois do passeio, fizemos muitas atividades a respeito da nossa nascente. Primeiro, ilustramos o trajeto percorrido e os sentimentos que foram surgindo no caminho. "Esse foi o melhor dia da minha vida", registrou um aluno, em seu desenho, recordando a frase que disparou no percurso de retorno à escola.

Figura 2: Registro da ilustração de um aluno

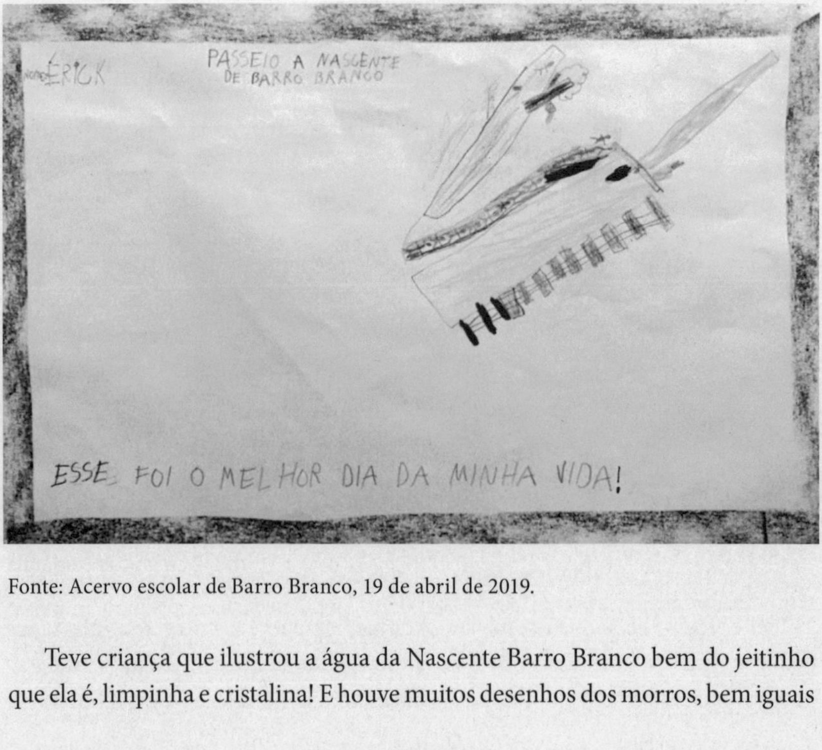

Fonte: Acervo escolar de Barro Branco, 19 de abril de 2019.

Teve criança que ilustrou a água da Nascente Barro Branco bem do jeitinho que ela é, limpinha e cristalina! E houve muitos desenhos dos morros, bem iguais aqueles do nosso passeio. Tinha morro que era tão alto que teve criança que subiu engatinhando – e sua mãe deve ter ficado brava com tanto barro nas roupas!

Figura 3: Registro da ilustração de um aluno

Fonte: Acervo escolar de Barro Branco, 19 de abril de 2019.

Também fizemos um acróstico bem legal, em que trabalhamos os valores para a preservação da água, pois ela é um bem finito, do qual devemos cuidar! Com essas atividades, aprendemos que trabalhar em equipe é muito proveitoso, tendo em vista que há o envolvimento de todos no grupo. E assim deve ser com os cuidados com a natureza e o equilíbrio ambiental, todos contribuindo, em responsabilidade compartilhada. Essa experiência foi demais, enriquecedora, que venham as próximas!

Considerações finais

As ações do Giracampo no Território dos Inconfidentes, bem como os diálogos e parcerias estabelecidos com os profissionais da educação vêm nos propiciando algumas vivências pedagógicas desafiantes, mas, ao mesmo tempo, enriquecedoras. Iniciamos os trabalhos com pequenas articulações, no sentido de conhecer as especificidades das escolas, as características culturais e sociais das comunidades e as suas demandas.

Se, por um lado, percebemos aspectos comuns com a realidade das escolas do campo de outras regiões – como o elo das escolas com as comunidades, sendo representada como a única presença do poder público nessas localidades –, em contrapartida, conhecemos pontos específicos, como a influência da mineração como principal atividade econômica e seus reflexos nos estilos de vida das famílias que vivem no campo.

Em novembro de 2015, com todos os impactos sociais, econômicos e ambientais trazidos com a lama de rejeitos da mineradora Samarco, a Educação do Campo ressurge como uma possibilidade de pensar a efetivação de seus pressupostos teóricos e práticos, atrelados ao fortalecimento das comunidades locais. Além disso, o desafio, ainda em construção, de criar uma rede de educadores do campo do Território dos Inconfidentes revelou-se como uma importante estratégia para a troca de experiências, a construção de diálogos e possibilidades de enfrentamento à quebra de paradigma de uma educação rural descontextualizada e hegemônica.

O Programa Escola da Terra, no município de Mariana, revelou a potencialidade educativa das professoras, dos professores, das pedagogas e das tutoras envolvidos no projeto. Inicialmente, o grande desafio, para a maioria, era compreender a Educação do Campo enquanto uma construção teórica, política e social. Ao compreenderem os sentidos dessa proposta educativa, tendo como tema gerador "a água", a práxis pedagógica ganhou novos contornos. A história oral das comunidades foi resgatada: moradores foram entrevistados por alunos e professoras, fortalecendo o elo entre escola e comunidade; profissionais que atuam na região, até então desconhecidos por muitos alunos e pela escola, ganharam visibilidade, tendo seus trabalhos reconhecidos; a equipe pedagógica e os alunos tiveram acesso a informações e exploraram espaços de suas comunidades até então ignorados, entre vários aspectos que deram outro sentido às práticas pedagógicas desenvolvidas.

Em seminário de encerramento, com os participantes das escolas de Mariana, foi perceptível a empolgação das professoras ao apresentarem os trabalhos que desenvolveram aos colegas de outras escolas. Ao compartilharem as dificuldades enfrentadas, os resultados dos trabalhos realizados pelos alunos e seus relatos de experiências pedagógicas, novos encaminhamentos e propostas surgiram no sentido de construção de uma rede de Educação do Campo na cidade de Mariana. O programa possibilitou um primeiro passo de articulação entre a universidade, as escolas e a Secretaria Municipal de Educação, tendo como foco as escolas do campo. Tais fatores evidenciaram a importância da implementação de políticas públicas voltadas para o fortalecimento das comunidades rurais, dos seus aspectos culturais, identitários e, principalmente, das suas escolas.

Referências

ANTONIO, C. A.; LUCINI, M. Ensinar e Aprender na Educação do Campo: processos históricos e pedagógicos em relação. *Caderno Cedes*, Campinas, v. 27, n. 72, p. 177-195, maio-ago. 2007.

BOURDIEU, P. A escola conservadora. In: BOURDIEU, P. *Escritos de Educação*. Organização de M. A. Nogueira e A. Catani. Petrópolis: Vozes, 1998. p. 39-64.

BRASIL. Ministério da Educação. Relatório Educação para Todos no Brasil, 2000-2015/ Ministério da Educação. – Brasília: MEC, 2014

BRASIL. Ministério Público Federal. Procuradoria da República nos Estados de Minas Gerais e Espírito Santo – Força Tarefa Rio Doce. 2016. Disponível em: https://bit.ly/3ngpLNE. Acesso em: 11 nov. 2019.

CALDAS, G. *Vozes e silenciamentos em Mariana: crime ou desastre ambiental?*. 2. ed. Campinas: BCCL/UNICAMP/NUDECRI, 2018.

FREITAS, K. A.; OLIVEIRA, T. A. *"Lá eu era Selma, a professora, aqui sou Selma, a atingida": as riquezas simbólicas da escola de Paracatu de Baixo antes do rompimento da barragem de rejeitos da Samarco*. Mariana: DEEDU/ICHS/UFOP, 2018. (Trabalho de Conclusão de Curso.)

GALEANO, E. *As veias abertas da América Latina*. Porto Alegre: LP&M, 2013.

LAGE, B. O. *Pedagogos que atuam na região dos Inconfidentes, em Minas Gerais: desafios na construção da escola do campo*. 2016. 158 f. Dissertação (Mestrado em Educação) – Instituto de Ciências Humanas e Sociais, Universidade Federal de Ouro Preto, Mariana, 2016.

MINAS GERAIS. Diretrizes da Educação do Campo do Estado de Minas Gerais. Minas Gerais, Governo do Estado de Minas Gerais, 2015.

PoEMAS – Política, Economia, Mineração, Ambiente e Sociedade. Antes fosse mais leve a carga: avaliação dos aspectos econômicos, políticos e sociais do desastre da Samarco/ Vale/BHP em Mariana (MG). 2015. (Relatório final.)

REIS, M. M. *A relação família-escola em contexto rural: mobilização familiar em um subdistrito de Mariana-MG*. 2017. 170 f. Dissertação (Mestrado em Educação) – Instituto de Ciências Humanas e Sociais, Universidade Federal de Ouro Preto, Mariana, 2017.

RIBEIRO, D. S. *et al*. *Agroecologia na Educação Básica: questões propositivas de conteúdo e metodologia*. 2. edição. São Paulo: Expressão Popular, 2017.

RIBEIRO, M. Educação do Campo: embate entre movimento camponês e Estado. *Educação em Revista*, Belo Horizonte, v. 28, n. 1, p. 459-490. mar. 2012.

SANTOS, B. S. *Renovar a teoria crítica e reinventar a emancipação social*. São Paulo: Boitempo, 2007.

SCHELLER, F. Mariana agora vive temor do colapso econômico. *Estadão*, Caderno Economia, 13 abr. 2019.

TOLEDO, V. M.; BARRERA-BASSOLS, N. *La memoria biocultural: la importancia ecológica de las sabidurías tradicionales*. Barcelona: Icaria, 2008.

TOTTI, B. *et al*. Desterritorialização e reterritorialização da população de Bento Rodrigues. In: I SINAGGET e XXXIV SEMAGEO. *Anais [...]*, v. 1, 2018.

CAPÍTULO 10

A implementação da formação continuada Escola da Terra na comunidade do Vale Bom Jesus: uma proposta investigativa

Elisangela Gonçalves Almeida

Janaína Grasiela Silva Perácio

[...] Se eu sou gente, e se eu ainda
estou vertendo água nos olhos ou no suor,
isto me mostra que sou humana e que me importo com o
meio onde vivo e posso plantar uma semente
de água. Afinal, árvores vertem água.
Elisangela Gonçalves Almeida

Introdução

O presente capítulo irá realizar uma descrição e análise de uma experiência prática do Programa Escola da Terra no município de Esmeraldas, em Minas Gerais, em uma turma multisseriada de 4º e 5º anos do ensino fundamental da Escola Municipal Olegário Maciel, sob o olhar da professora Elisangela Gonçalves Almeida.

Elisangela é docente há 12 anos, pós-graduada em Alfabetização e Letramento, em Psicopedagogia Institucional e também em Gestão Escolar. A professora está em constante aperfeiçoamento profissional e foi uma das principais responsáveis por conduzir e reproduzir os conhecimentos recebidos no Programa Escola da Terra na realidade da Escola Municipal Olegário Maciel.

A revisão das práticas e a sistematização das experiências são fundamentais para a análise da implementação da política, bem como para o seu aprimoramento.

É da práxis e para ela que as políticas públicas devem ser analisadas, revisadas e monitoradas. Os resultados e impactos são produzidos a partir da implantação das ações, de modo que estas devem conformar parte importante da análise e revisão das experiências.

Os resultados do Programa de Formação Escola da Terra se materializaram na escola pesquisada por meio do projeto Plantando Sementes de Água no ano de 2019, por iniciativa da professora Elisangela. Segundo a docente, a turma era "composta por 13 alunos, sendo crianças alegres, participativas, que apresentam grande interesse pelo ensino e aprendizagem, de peculiaridades próprias, em sua maioria de origem campesina, o que foi determinante para o desenvolvimento do atual projeto". Ainda sobre o histórico e a caracterização dos discentes, a professora conta que "A turma se constitui a mesma desde a educação infantil com poucas alterações, assim são conhecidos por todos os professores e profissionais e comunidade escolar desta instituição".

No âmbito da escola, a professora Elisangela se inscreveu na capacitação continuada do Programa Escola da Terra, em conjunto com outros docentes e também com a gestora da escola. Na ocasião, a formação dos professores teve como tema central a água. No entanto, o olhar da docente vai além da água como elemento a ser estudado de maneira convencional – como abordando os estados físicos da água, produção e interpretação textual, ou tão somente levantando-se as situações-problemas sem uma intervenção efetiva na comunidade. Era preciso ir além. Segundo ela, "era necessário valorizar a cultura local, tendo em vista a riqueza que existe no entorno da escola". Na seção que trata mais especificamente das práticas e conhecimentos constituídos a partir do Programa Escola da Terra, o projeto será detalhado.

Com as aulas presenciais, trocas de experiências entre cursistas e também com a rotina em sala, a professora introduziu a prática investigativa, o que, em sua concepção, foi determinante para o sucesso do projeto. Barbosa e Horn (2008) também realizaram trabalhos pedagógicos sob a ótica coletiva, e, nesse sentido, a professora Teresa Vasconcelos, no prefácio do livro das autoras, relata que

> As autoras fundamentam a metodologia de trabalho de projeto em uma perspectiva socioconstrutivista e sociointeracionista, apontando para uma perspectiva de pós-modernidade e para uma visão global para os problemas da educação. Nesse contexto, fundamentam o trabalho de projeto em teorias ligadas ao pensamento complexo e às perspectivas interdisciplinares como forma de resolução de problemas. Centram a aprendizagem em uma experiência coletiva, cooperativa, em que um elemento do grupo pode ir mais longe porque é sustentado pelos outros elementos desse mesmo grupo (Vasconcelos, 2008, p. 9).

Elisangela se inspira na perspectiva do coletivo de alunos, das experiências, vivências e costumes presentes na comunidade escolar e também no seu entorno para a construção dos conhecimentos, e utiliza desses elementos para colocar em prática o projeto Plantando Sementes de Água. Como participantes fundamentais no projeto, ela contou com professores das outras turmas e com a coordenadora da escola, e os parceiros externos são compostos pelas famílias dos estudantes, vizinhos, fazendeiros e também pela Secretária Municipal de Educação, além da Universidade Federal de Minas Gerais (UFMG), instituição que promoveu a formação do Programa Escola da Terra. A estruturação do ensino-aprendizagem a partir do coletivo são aspectos imprescindíveis para a Educação do Campo.

O exercício da Educação do Campo enquanto movimento emancipatório não pode prescindir de aplicação contextualizada dos conhecimentos para os sujeitos. Tal feito é possibilitado, entre outras práticas, pela pedagogia da alternância. A formação produzida no âmbito do Programa Escola da Terra lança mão de tal pedagogia, o que significa dizer que há momentos de estudos presenciais dos cursistas com a tutora – intitulados tempos-escola – e em outros momentos se estabelecem práticas no chão da escola – os tempos-comunidade. No tempo-escola são realizados estudos, pesquisas científicas e empíricas e aulas tradicionais. Já o tempo-comunidade é utilizado para aplicar os Planos de Ação Pedagógica (PAPs).

O PAP é um documento onde são organizadas as atividades didáticas planejadas para a consolidação dos objetivos propostos. Para o desenvolvimento do plano, tutores devem acompanhar os cursistas nos processos de ensino-aprendizagem sobre a metodologia de trabalho da Educação do Campo. Na seção seguinte, será elucidado e analisado como ocorreu a implantação do PAP no âmbito da escola estudada.

O projeto Plantando Sementes de Água: descrição e análise da sua implementação

O tema abordado na edição do Programa Escola da Terra do qual Elisângela foi participante foi a água. A professora relata que

> as dúvidas que carregava acerca do desenvolvimento da temática da água se avolumavam ao longo de [sua] atuação como profissional de uma turma multisseriada, campesina, pois, por mais que [ela] buscasse respostas para elas, encontrava, entre os educandos, afirmativas básicas e superficiais com relação ao tema água.

Para ela, a temática era demasiado complexa para ser reduzida a estudos do campo das Ciências da Natureza. Para ela, tal abordagem "não [lhe] satisfazia, por ver esse conteúdo tão complexo, atual e universal ser tratado com tanta irrelevância, dentro de uma zona de conforto. Era necessário trazer para dentro da carreira profissional outras importantes competências". Tais competências a que se refere a professora são retiradas de Perrenoud (2000):

a) Organizar e dirigir situações de aprendizagens;
b) Administrar a progressão das aprendizagens;
c) Conceber e fazer evoluir os dispositivos de diferenciação;
d) Envolver os alunos em suas aprendizagens e em seu trabalho;
e) Trabalhar em equipe;
f) Participar da administração da escola;
g) Informar e envolver os pais;
h) Utilizar novas tecnologias;
i) Enfrentar os deveres e dilemas éticos da profissão;
j) Administrar sua própria formação contínua.

Ainda segundo o autor, a escola não é construída a partir do zero, nem o aprendiz seria uma tábula rasa, uma mente vazia. E assim foi a construção da trajetória como educadora de Elisangela. A professora relata que, ainda no início de sua carreira, indagava-se sobre como seriam suas aulas, quais concepções pedagógicas pautariam sua postura frente a problematizações do cotidiano escolar.

Diante disso, com o início da formação do Programa Escola da Terra e a aplicação prática em sala, foram surgindo indagações que permearam o decorrer do projeto, algumas continuando até hoje. Nesse sentido, tais indagações são o eixo que norteia a prática investigativa.

No contexto da Escola Municipal Olegário Maciel, há um grande percentual de alunos que, embora habitem na zona rural, não têm contato algum com rios, minas, cachoeiras e até mesmo com a terra. Não conhecem e não sabem de onde vêm e nem para onde vão os rios que passam em suas moradias. Ainda, não conheciam o trajeto da água, sua distribuição e se era realizado o tratamento da mesma. Esse foi o ponto inicial da investigação.

Paralelamente a este quadro, a comunidade demonstra uma resignação frente ao triste cenário da situação hídrica rural, especificamente na comunidade do Vale do Bom Jesus, uma vez que se trata de um bairro sem atendimento da Companhia de Saneamento de Minas Gerais (COPASA).

A docente relata que a vida contemporânea de muitas crianças moradoras do campo se assemelha muito à daquelas que vivem em grandes cidades. Elas perderam o contato com a terra e com o lugar de ser do camponês. Em troca de vivências com o campo e no campo, as crianças passam suas horas em frente à televisão, enquanto os pais trabalham.

Muitos desses pais não vivem do campo, o que empobrece a troca de saberes e, também, contribui para minar as relações do camponês com a terra e seu tradicional amor às nascentes. Nesse sentido, é impreterível apoderar-se das tradições campesinas e da identidade local.

Por outro lado, pelo fato de os alunos morarem em fazendas, sítios e terrenos onde não há transporte público, eles não têm contato direto com acontecimentos nas cidades e no mundo. Esse contato é dado somente por meio da televisão e, em alguns casos, pelas redes sociais. Nesse sentido, expande-se a possibilidade e a imperatividade de a escola ampliar a sua importância na vida e no desenvolvimento integral desses alunos.

Com o Programa Escola da Terra iniciado, a escola abordada nesta pesquisa nomeou o projeto Plantando Sementes de Água com o objetivo de promover, junto aos alunos, investigações sobre a água que abastece a comunidade, descobrir para onde ela vai e quais as consequências, para o ecossistema, de quebrar o ciclo dessa água.

Na perspectiva da professora Elisangela, o contato com a natureza, por si só, não faz com que as crianças percebam as consequências das ações humanas no ambiente e aprendam a ter uma postura ecologicamente correta. Surge, então, a importância de realizar-se projetos com o intuito de promover problematização das questões sociais, rodas de conversa, vídeos, leitura de livros e aulas de campo intencionais, ações integradas, educação ambiental formal e não formal, técnicas de plantio e manejo de água. Nesse sentido, deve-se criar nas crianças um acervo de memória, para que, assim, elas se aproximem da realidade, o que fará com que os alunos e a comunidade campesina sejam mais críticos e criem hábitos sustentáveis e ecologicamente corretos.

Essas técnicas coadunam com o que propõe Lima (2010), uma vez que a aprendizagem trata-se de uma modificação biológica na comunicação entre neurônios, formando uma rede de interligações que podem ser evocadas e retomadas com relativas facilidade e rapidez. Criar novas memórias implica em educação da percepção e da memória, aspectos trabalhados pelo projeto Plantando Sementes de Água. Ainda segundo Lima (2010, p. 31),

> A neurociência nos mostra como se efetuam as aprendizagens em intervalos de tempo. A formação de memória de longa duração depende da retomada sucessiva do conteúdo para que se fortaleçam as conexões que garantem a formação do conceito. Estabelecer um cronograma de ação é importante. Na verdade, só há aprendizagem dos conhecimentos formais pelo ser humano se houver ensino planejado e intervenção a cada atividade realizada.

O projeto foi desenvolvido durante o primeiro bimestre ano de 2019, em 4 etapas, a saber:

- 1ª etapa: Início do projeto com literaturas, rodas de conversa e levantamento de algumas indagações principais sobre a água e comunidade.
- 2ª etapa: Entrevistas com as famílias, croquis dos trajetos da água na escola, as relações que a comunidade tem com essas águas, bem como confecção de maquetes.
- 3ª etapa: Estudo de conteúdos do livro didático, elaboração de comparativo com as pesquisas de campo, organização dos croquis e maquetes para apresentação oral do projeto para a comunidade escolar.
- 4ª etapa: Finalização com o Seminário Final do Programa Escola da Terra, no qual o projeto foi apresentado para todos os presentes (cursistas de outras escolas, tutores, Secretaria de Estado de Educação de Minas Gerais, Secretarias Municipais de Educação, UFMG, entre outros).

A seguir, serão detalhadas as etapas e a discussão será pautada na implementação do projeto e nas discussões e reflexões geradas por ele, bem como se houve algum impacto em mudanças de pensamentos, hábitos e concepções dos sujeitos – em especial, dos estudantes – acerca do tema central: a água.

A professora Elisangela relata que, ao iniciar o projeto com o tema água, não sabia ao certo por onde começar. O tema água é continuamente abordado pela escola todo ano, especialmente no Dia da Água. Quase sempre o caminho é o mesmo: estuda-se o ciclo da água, realiza-se um painel, e o resultado é apenas um novo conteúdo analisado sem questionamentos, sem pesquisas e sem muito trabalho. No entanto, no ano de 2019, essa temática veio com algo que instigou a ir mais longe. A formação Escola da Terra provocou na professora a aspiração a fazer questionamentos que antes não se fazia: era necessário romper e ir além.

Então, para a primeira etapa, foram levantadas as perguntas iniciais do projeto: de onde vem a água que abastece a escola e a comunidade? Como essa água é armazenada e descartada? Como ocorre o ciclo da água no entorno da escola e nas casas das famílias?

Os alunos não possuíam muitos conhecimentos a respeito dessas indagações. No segundo momento, foi proposta a leitura e discussão do livro *Rubens, o semeador*, da autora Ruth Rocha, em formato de roda aberta de leitura pela turma. O livro conta a história de um menino que, ao passar por uma rua repleta de árvores e se sentir encantando com sua beleza, começa a plantar árvores em praças, ruas, calçadas. Esse livro é um ótimo instrumento para se trabalhar conhecimentos sobre a natureza e relacioná-los com a água.

Figura 1: Apresentação da obra *Rubens, o semeador*

Fonte: Capturada pelos autores, arquivo pessoal.

Logo após esses dois momentos, a COPASA foi convidada a oferecer uma palestra aos alunos, na qual foram fomentadas indagações, tais como:

- A água que chega à comunidade recebe algum tratamento?
- Qual a empresa responsável pela distribuição e tratamento da água da comunidade?
- De onde vem e para onde vai a água da comunidade?
- Como a água que chega à comunidade é captada?
- Quando a água é descartada, ela vai para alguma estação de tratamento?

A docente esclarece que

> Após todos estes questionamentos, estávamos claramente diante de um projeto de pesquisa extremamente importante para os alunos, familiares, comunidade e região como um todo. Seria necessário sair para fora dos muros da escola para captarmos as informações necessárias, e, para isso, precisaríamos entrevistar moradores antigos da comunidade, iniciativa proposta pela tutora como forma de resgate e registro. Em suas falas, verificarmos a situação atual dos recursos hídricos disponíveis na comunidade. Estávamos diante de uma metodologia

> centrada em problemas, e seria imprescindível ir a campo, aos livros e a pesquisas e entrevistas.

Elisangela relata ainda que os recursos metodológicos, didáticos e pedagógicos costumeiramente empregados se tornaram obsoletos e não cumpriam com o papel de emancipação, uma vez que não envolvem elementos necessários para promover o real pensamento crítico e analítico.

> [...] enquanto professora, entendi a necessidade de ser autorresponsável pelo nosso trabalho e de fazermos, de forma intencional, um trabalho que relacionasse a realidade da comunidade, o conteúdo escolar e a temática água, levando em consideração a importância social da mesma, visto que a comunidade tem grandes problemas com o manejo da água.

Desse modo, o ponto de partida do projeto estava diretamente ligado a um problema identificado na comunidade: o do manejo da água. A partir disso, o estudo desse elemento transborda os conteúdos didáticos rotineiramente ensinados em sala de aula, como estudos de ciência, interpretação de texto etc. A água é estudada em várias dimensões possíveis: a social, a ambiental e a política.

Dando prosseguimento ao projeto, os docentes envolvidos realizam junto dos alunos uma investigação de todo o conteúdo no livro didático que poderia ser relacionado com a pesquisa. Verificou-se que o livro didático abordava a água no planeta, propriedades da água, ciclo da água, tratamento da água, água e cobertura vegetal, estação de tratamento, saneamento básico, ecossistemas.

Então, para a segunda etapa, foi proposta uma atividade junto aos alunos: eles deveriam levar para a escola sementes oriundas de suas casas/propriedades e pesquisar seu nome, a qual fruto pertence, como se dá o seu processo de crescimento e a importância dessa semente no ecossistema e no ciclo da água. Ao carregar sementes cultivadas em seus lares, é possível fomentar nos alunos a valorização da cultura e do modo de vida camponês, propiciando que eles enxerguem as contribuições que suas famílias oferecem para o meio ambiente, para o ciclo da água e para a vida.

Foi realizado o registro e a confecção de um painel com cores simbolizando os elementos trabalhados: marrom para as sementes e a terra; azul para as águas; e verde, representando as árvores. Esse processo lúdico de associação de cores aos elementos naturais é uma importante técnica para frisar a conexão que estes possuem com a identidade dos alunos enquanto camponeses. Esse (re)conhecimento precisa ser fomentado no contexto das escolas do campo.

Além disso, como tarefa de "para casa", os estudantes foram incumbidos de observar, pesquisar e descobrir mais detalhes dos recursos hídricos que chegam até suas casas, de onde vêm e para onde vão, bem como confeccionar croquis e maquetes, as quais foram feitas somente com itens e objetos já existentes nas casas dos alunos.

Essa atividade é bastante representativa ao promover o conhecimento e a valorização do entorno e do território dos alunos, dos modos de vida de seus pais e avós e ao perceber o campo como um lugar completo, onde são produzidos os elementos necessários para a vida.

Figura 2: Roda de conversa com as sementes

Fonte: Capturada pelos autores, arquivo pessoal.

Figura 3: Mural com símbolo do projeto.

Fonte: Capturada pelos autores, arquivo pessoal.

Figura 4: Execução do projeto no pátio

Fonte: Capturada pelos autores, arquivo pessoal.

Figura 5: Mural do Projeto Plantando Sementes de Água

Fonte: Capturada pelos autores, arquivo pessoal.

Figura 6: O caminho da água na escola

Fonte: Capturada pelos autores, arquivo pessoal.

Na terceira etapa, houve uma aula de campo no rio Macacão e na nascente. Na oportunidade, os estudantes deveriam relacionar a aula e as experiências com conteúdos do livro didático. O objetivo dessa atividade foi observar os tipos de adubo, plantio, sementes e de árvores, bem como canteiros, erosão, florestas e estradas. Foi realizada uma roda de conversa em conjunto com os pais dos alunos, onde foram discutidos e observados no ambiente a mata ciliar, a erosão, o trajeto percorrido pela água, as nascentes com água e as sem água, rios com águas caudalosas, poluídas e mesmo rios que secaram. Ao fim da atividade, foram feitas ilustrações e textos em conjunto.

Ao extrapolar os muros da escola para educar, bem como ao trazer a comunidade para o ambiente da escola, o projeto foi capaz de sensibilizar os sujeitos. Essa sensibilização se deu a partir da valorização do camponês enquanto classe necessária para a produção da vida e também da conservação de seus espaços para que a vida seja mantida. Houve também a valorização dos saberes tradicionais – aqueles conhecimentos que não são tidos como científicos ou oficiais por muitas instituições e pessoas. No entanto, esses saberes ocupam um lugar central para o campesinato: é através desses ensinamentos que o camponês reproduz seu modo de vida, é assim que ele se relaciona com o mundo e com a terra.

O nível político também foi alavancado na comunidade, uma vez que os pais dos estudantes, a partir do projeto, iniciaram a demanda pelo tratamento de água pela COPASA na comunidade, ao descobrir que o Vale do Bom Jesus era o único bairro destituído desse direito.

Nesse sentido, o pertencimento dos sujeitos à comunidade ganhou uma nova dimensão, e a apropriação da cultura do campo foi um forte elemento provocado pelo projeto. Ao fazer com que se reconheçam como cidadãos com direitos e iniciando a luta política pela efetivação destes, o projeto implementado se prova como um verdadeiro trunfo da Educação do Campo.

Figura 7: Aula de campo no rio Macacão

Fonte: Capturada pelos autores, arquivo pessoal.

Na quarta etapa, houve o Momento da História. Foi realizado a recontação do livro *Rubens, o semeador* e também a sua reescrita. Após esse trabalho, foram exploradas e apresentadas formas de "plantar água" – como reflorestar as nascentes, tirar o gado e cercar essas nascentes, construir caixas secas, fazer curvas de nível, fossas sépticas e terraços de contenção. Ainda, foram distribuídas sementes para reflorestamento e restauração das matas ciliares na comunidade. Essa intervenção efetiva na comunidade demonstra a necessidade que a escola e os alunos têm de promover a mudança. A Educação do Campo no ambiente escolar passa a ser enxergada como um instrumento prático, como uma maneira de imprimir o lugar de ser do camponês.

Outra mudança percebida, e que foi provocada pelo projeto, diz respeito ao papel conscientizador dos estudantes. Ao tomarem conhecimento das boas práticas ambientais e da importância do camponês para a conservação dos espaços de produção da vida, os alunos passam a implementar e a cobrar tais práticas de seus familiares. A mudança de mentalidade se materializa em mudanças de práticas.

Para finalizar o projeto, houve apresentação do projeto Plantando Sementes de Água para a comunidade escolar e no município de Esmeraldas (MG). Na apresentação, houve a declamação do poema "O cântico da terra", de Cora Coralina, no qual se realiza uma ode ao campo e à natureza, o verdadeiro lugar de ser e estar do homem. Além disso, foram exibidos os materiais confeccionados durante o projeto pelos alunos, tais como cartazes, desenhos e maquetes.

Figura 8: Exposição de murais

Fonte: Capturada pelos autores, arquivo pessoal.

Figura 9: Declamação do poema "O cântico da terra", de Cora Coralina

Fonte: Capturada pelos autores, arquivo pessoal.

Conclusão

O projeto Plantando Sementes de Água nasce a partir de provocações feitas pelo Programa de Formação Continuada Escola da Terra, do qual a professora Elisangela foi cursista. A expansão e consolidação da Educação do Campo enquanto caminho para empoderamento dos sujeitos do campo deve perpassar por experiências práticas nas escolas, pois é nesses locais que a educação acontece. É nesse sentido que o Programa Escola da Terra é implementado, e a Escola Municipal Olegário Maciel é um exemplo exitoso dos resultados da formação.

O projeto trouxe vida e oportunidades de voz para a comunidade e os alunos da escola. Barbosa e Horn (2008) descrevem com precisão os pressupostos e intenções da docente Elisangela ao propor o projeto Plantando Sementes de Água:

> Os projetos são um dos muitos modos de organizar as práticas educativas. Eles indicam uma ação intencional, planejada coletivamente, que tem alto valor educativo, com uma estratégia concreta e consciente, visando à obtenção de determinado alvo. Através dos projetos de trabalho, pretende-se fazer as crianças pensarem em temas importantes do seu ambiente, refletirem sobre a atualidade e considerarem a vida fora da escola. Eles são elaborados e executados para as crianças aprenderem a estudar, a pesquisar, a procurar informações, a exercer a crítica, a duvidar, argumentar, a opinar, a pensar, a gerir as aprendizagens, a refletir coletivamente, e, o mais importante, são elaborados e executados, com as crianças e não para as crianças (Barbosa; Horn, 2008 p. 34).

Todos os conteúdos produzidos no âmbito do projeto foram registrados em portfólio e apresentados para a escola e a comunidade. Nesse sentido, um grande trunfo do projeto foi realizar a mudança de comportamento dos alunos e da comunidade, que, a partir do reconhecimento de seus modos de vida, conseguem compreender o papel central do camponês na reprodução da vida.

Ao concluir as pesquisas teóricas, aulas em campo, pesquisas orais na comunidade, apresentação na escola, na comunidade e na Secretaria Municipal de Educação, o projeto deixou como legado uma inquietação questionadora nas crianças. Segundo Elisangela, "é visível que, ao abordarmos assuntos relacionados ao tema (água), os alunos evocam memórias e podemos perceber como o vocabulário lexical aumentou de forma significativa. O olhar também, para a forma de manejo da água".

Essa proposta de trabalho através de projetos, partindo de situações-problema e investigações, envolve o aluno em seu próprio desenvolvimento cognitivo, social e gera uma aprendizagem significativa. O projeto resultou impactante para todos os atores envolvidos, destacando-se a escola do campo Escola Municipal Olegário Maciel, onde direção, educadores e educandos mudaram seus modos de pensar e de ver todos os seus recursos naturais, não somente a água, apesar de essa ter sido a temática central do projeto.

Despertou-se, assim, um olhar crítico e investigativo em direção a todos os conteúdos; as relações sociais amadureceram, pois agora os alunos se preocupam com o outro, com o coletivo. São esses os pontos fortes que fizeram desse projeto um estudo rico, repleto de experiências exitosas, que foi capaz de gerar conhecimentos não somente técnicos, mas também o (re)conhecimento da comunidade, das vivências, das experiências e dos saberes tradicionais dos moradores antigos, da historicidade da comunidade e da importância dos recursos naturais para a produção e reprodução do modo de vida camponês.

Referências

BARBOSA, M. C. S.; HORN, M. G. S. *Projetos pedagógicos na educação infantil*. Porto Alegre: Artmed, 2008.

GUIA DO CURSISTA "Água: princípio da vida". Belo Horizonte: FaE/UFMG, 2018.

LIMA, E. S. *Neurociência e aprendizagem*. São Paulo: Inter Alia, 2010.

PERRENOUD, P. *Dez novas competências para ensinar*. Tradução de Patrícia Chittoni Ramos. Porto Alegre: Artmed, 2000.

ROCHA, R. *Rubens, o Semeador*. São Paulo: Richmond, 2011.

VASCONCELOS, T. Prefácio. In: BARBOSA, M. C. S.; HORN, M. G. S. *Projetos pedagógicos na educação infantil*. Porto Alegre: Artmed, 2008.

POSFÁCIO

Salomão Antônio Mufarrej Hage

Com muita emoção recebi o convite para escrever o posfácio do livro *Escola da Terra: desafios e possibilidades para a formação continuada de professores*, organizado por Maria Isabel Antunes-Rocha e Érica Fernanda Justino e que apresenta e reflete sobre os desafios e possibilidades que emergiram com a experiência de três edições do curso de Formação Continuada de Professoras e Professores do Campo, desenvolvidas no âmbito do Programa Escola da Terra da Universidade Federal de Minas Gerais, atingindo mais de 2.000 professoras e professores que atuam em 32 municípios localizados em diferentes regiões do estado de Minas Gerais.

Esta produção se soma às muitas outras obras que estão sendo elaboradas nos vários estados brasileiros onde o Programa Escola da Terra se efetiva, expressadas por meio de dissertações, teses, artigos, livros e capítulos de livros, monografias concluídas, relatórios de execução do programa, cadernos e outros materiais pedagógicos que subsidiam a formação das educadoras e dos educadores nos estados, carecendo ainda de um minucioso levantamento que expresse a abrangência e a riqueza desse acervo de contribuições teórico-práticas que se encontram, hoje, disponíveis para serem utilizados e, ao mesmo tempo, fortalecer o campo da formação permanente e continuada das educadoras e educadores do campo.

Todo esse acervo, e este livro em especial, são demonstrativos da relevância e da potencialidade do Programa Escola da Terra, que, com a continuidade de sua existência, tem se fortalecido e se consolidado enquanto inspiração e motivação dos educadores e educadoras do campo, especialmente daquelas/es que atuam nas pequenas comunidades do campo, dos formadores que atuam no programa, assim como de inúmeros pesquisadores que com seus estudos e intervenções primam pela articulação teoria-prática e pela produção de conhecimentos implicados com a transformação das precárias condições de vida e das escolas existentes nos territórios rurais e com a afirmação da escola pública do campo que queremos construir e fortalecer.

É muito bom acompanhar, ao longo da leitura deste livro, a experiência que o Programa Escola da Terra tem protagonizado no estado de Minas Gerais para articular a Educação do Campo como matriz formativa do curso de formação continuada dos educadores, como referência para organizar o trabalho pedagógico nas escolas do campo, traduzindo os princípios, conceitos e práticas construídos coletivamente pelo Movimento da Educação do Campo desde 1998, em estratégias, procedimentos e instrumentos que garantam a coesão e a consistência da formação dos educadores.

Outra questão interessante e peculiar do Programa Escola da Terra de Minas Gerais tem a ver com suas contribuições para o fortalecimento da construção da Escola de Direito no campo, articulada ao compromisso com a produção e reprodução sustentável da vida nesses territórios. Fundamentalmente, uma escola que esteja em diálogo com as realidades, com as demandas e com os projetos de futuro dos sujeitos do campo, na qual as práticas pedagógicas desenvolvidas na perspectiva da Educação Rural sejam alteradas pela criação das condições que emergem de práticas educativas na perspectiva da Educação do Campo.

Todas essas especificidades são protagonizadas, em meu entendimento, porque o Programa Escola da Terra – diferentemente de outras políticas de formação continuada atualmente ofertadas pelo MEC, com suas diretrizes e orientações que o conformam como uma política nacional de formação continuada – não confisca a autonomia e a liberdade das equipes estaduais quanto à elaboração de suas propostas pedagógicas próprias, e com a participação dos diversos coletivos e instituições que implementam o programa em nível local.

Ao contrário, o programa entende esse processo como uma estratégia de valorização da heterogeneidade que configura as dimensões sociopolítica, territorial, pedagógica, cultural e administrativa específicas resultantes das relações e interações conflitivas e consensuais que se estabelecem entre as universidades, os entes federados nas esferas federal, estadual e municipal, e os movimentos sociais e sindicais populares do campo durante a execução do programa em cada um dos estados brasileiros (Hage *et al.*, 2018, p. 16).

O Programa Escola da Terra, desde a sua criação, assumiu os princípios da Educação do Campo como estruturantes do processo formativo das educadoras e dos educadores, e com isso reconhece e se propõe a afirmar a diversidade que constitui os territórios e as territorialidades do campo existentes no país, nos estados e municípios, como também a complexidade que configura as relações sociais nesses territórios.

O programa aposta na construção da *unidade na diversidade*, quando oportuniza o protagonismo dos coletivos que executam suas ações em cada um dos estados e estimula esses mesmos coletivos a definirem suas metodologias e referências teórico-metodológicas próprias, com o acúmulo de experiências das universidades em diálogo com o Movimento da Educação do Campo nos estados.

O Programa Escola da Terra se soma, portanto, à ação coletiva de reconstruir as escolas existentes nos territórios do campo que vem se afirmando desde a criação do Movimento da Educação do Campo, em 1998, com a realização da I Conferência Nacional por uma Educação Básica do Campo, em Luziânia.

A memória coletiva do Movimento da Educação do Campo expressa por meio da Coleção Por uma Educação Básica do Campo esclarece que a identidade da escola do campo que queremos afirmar com esse processo de reconstrução não se vincula ao fato de essa ser uma escola nucleada, polarizada, anexa, seriada, multisseriada, multietapa, isolada, ciclada ou de outra natureza de organização do ensino que ela venha a assumir. Numa perspectiva diferenciada, o movimento entende que:

> [...] A Escola do Campo
> Não é um tipo diferente de escola,
> É a escola em movimento,
> Reconhecendo e ajudando a fortalecer os povos do campo como sujeitos sociais,
> Que também podem ajudar no processo de humanização do conjunto da sociedade,
> Com suas lutas, sua história, seu trabalho, seus saberes, sua cultura,
> Seu jeito próprio de ser, de viver e de se reproduzir socialmente.
>
> [...] A Escola do Campo
> É aquela que trabalha desde os interesses, a política, a cultura e a economia dos diversos povos do campo,
> Ela possui o jeito do campo,
> E inclui neste jeito as formas de organização, de vida e de trabalho dos povos do campo,
> Porque são construídas política e pedagogicamente pelos sujeitos do campo;
> Porém, ela somente será construída nessa perspectiva,
> Se os povos do campo, em sua identidade e diversidade, assumirem este desafio,
> Não sozinhos, mas também não sem sua própria luta e organização.
> (Kolling; Néry; Molina, 1999).

Importa que a gente compreenda que, nos territórios do campo, as escolas estão sempre em movimento, estão sempre em marcha, elas nunca estão paralisadas ou mesmo estagnadas como muitas vezes tentam nos fazer crer. Porém, nem sempre as escolas se movimentam ou estão em marcha para a afirmação de uma escola que *tenha a cara do campo, seu jeito próprio de ser, de viver e de se reproduzir socialmente*. Nem sempre o movimento que acontece nessas escolas toma a direção do *fortalecimento dos povos do campo como sujeitos de direitos ou da valorização de suas lutas, de sua história, de seu trabalho, de seus saberes, de suas culturas e de seus projetos sociais*, como pretende o Movimento da Educação do Campo.

Roseli Caldart (2020), com suas sábias reflexões, nos adverte que em meio a essa nova realidade que se desenha nos territórios do campo, de fortes contradições e conflitos nas disputas de projetos/lógicas de produção e reprodução da vida, há um reposicionamento também nas finalidades da educação, e se projeta, ao mesmo tempo, a reconstituição e o redesenho da função social das escolas do campo. Ela nos diz que há uma escolha radical a fazer, escolha esta que imprime a direção do movimento que as escolas do campo podem tomar: colocar a escola a serviço das demandas de produção e reprodução do capital na agricultura, conforme sinaliza insistentemente o agronegócio com suas manifestações na grande mídia, que sempre apequenam o horizonte formativo e fomenta o fechamento das escolas no campo. Ou inserir a escola na construção – que exige/possibilita trabalhar pelo desenvolvimento multilateral do ser humano – da vida humana e social das comunidades camponesas, fortalecida com a relação entre agroecologia e a luta pela transformação do sistema social.

Em nosso entendimento, somos chamados com a formação continuada das educadoras e dos educadores do campo, promovida pelo Programa Escola da Terra, justamente a contribuir para que as escolas do campo, aquelas que estão localizadas nas pequenas comunidades do campo ou que estejam localizadas nos territórios urbanos atendendo os sujeitos do campo (Brasil, 2010a), com as suas práticas educativas, coloquem-se em movimento na direção *dos interesses, das políticas, das culturas e da economia dos diversos povos do campo*, se coloquem em marcha para *possuir o jeito do campo* e para incluir em suas dinâmicas e ações cotidianas as formas de organização, de vida e de trabalho dos povos do campo.

Roseli Caldart (2020) ainda nos ajuda a compreender com mais clareza a direção do movimento que pretendemos que as escolas do campo tomem para que sejam pensadas como um ambiente educativo: espaços, tempos, relações sociais que compõem o dia a dia da escola na relação com o seu entorno, território de disputa ideológica. As escolas do campo podem ajudar muito no cultivo de relações sociais de igualdade, de participação democrática, de respeito à diversidade e de tratamento multidimensional da vida. E farão isso melhor se conseguirem captar e potencializar pedagogicamente formas de trabalho e de sociabilidade que têm sido cultivadas nas lutas sociais do campo e no trabalho de resistência das comunidades camponesas, bem como se se problematizar as tradições de dominação e de conservadorismo presentes nessas comunidades, pelo cultivo da liberdade fraterna de crítica e pela familiarização com o desenvolvimento cultural da humanidade – em suas diferentes expressões estéticas artísticas, filosóficas, científicas, em suas contradições e sua riqueza histórica.

Também é preciso ter sensibilidade para compreender que a direção do movimento que as escolas do campo tomam é marcada continuamente por contradições que predominantemente dão visibilidade ao quadro dramático de precarização e abandono em que as escolas se encontram, reflexo do descaso com que tem sido tratada a escolarização obrigatória ofertada às populações do campo – assim como são invisibilizadas as resistências e possibilidades construídas coletivamente por educadores, gestores e sujeitos do campo, no cotidiano de suas ações educativas, que evidenciam as situações criativas e inovadoras que desafiam suas condições adversas e configuram a realidade existencial dessas escolas.

Nesse sentido, com as ações que realizamos nos processos formativos das educadoras e educadores, ao incidir na direção do movimento que as escolas do campo têm tomado, pretendemos justamente renovar a visão predominante, que fortalece nossas representações sociais negativas, pejorativas e depreciativas com relação à escola rural, que leva grande parte dos sujeitos que ensinam, estudam, investigam ou demandam a educação no campo e na cidade a conceber as escolas localizadas nas pequenas comunidades do campo como responsáveis pelo fracasso escolar dos sujeitos do campo – reforçando, assim, o entendimento "naturalizado" de que a solução para o problema seja o fechamento dessas escolas com a implantação da política de nucleação vinculada ao transporte escolar, seguindo *o modelo seriado urbano de ensino*.

Nos estudos que realizamos no âmbito do GEPERUAZ, desde 2002, temos recorrentemente apontado que o *modelo seriado urbano de ensino*, embutido nas propostas de nucleação escolar hoje defendidas por grande parte dos gestores públicos que atuam na educação municipal, estadual e federal e por eles apresentado como solução para os graves problemas que permeiam as escolas do campo, representa, em nosso entendimento, o pilar de sustentação dessa visão hegemônica, de caráter urbanocêntrico, que incide na direção do movimento que as escolas do campo têm feito rumo à cultura do negócio, padronizada, homogeneizadora, orientada por um processo de modernização conservadora, exatamente como prescreve a Base Nacional Comum Curricular.

Ao fragmentar os tempos/espaços/conhecimentos na escola e na relação que ela estabelece com os demais espaços educativos existentes na sociedade, o *modelo seriado urbano de ensino* contribui para a afirmação de uma visão "escola-centrista" que dissemina e fortalece uma perspectiva hierarquizante na qual o tempo/espaço/conhecimento escolares são superiores aos demais, sendo o que vale, o que conta, o que é legitimado na sociedade e, por isso, são denominados "educação formal" – porque certifica a mão de obra com suas ações formativas, e suas credenciais são incorporadas no capital humano que constitui a empregabilidade, requerida pelo mercado na atualidade (Hage, 2014).

Essa visão escola-centrista é muito perversa. Ela fortalece o darwinismo social, a meritocracia, a discriminação dos saberes tradicionais, resultando na intensificação das desigualdades educacionais e sociais, das desigualdades entre o campo e a cidade, e, por conseguinte, entre a educação do campo e aquela que se realiza nos territórios urbanos. Ela se torna ainda mais nociva quando associa o *modelo seriado urbano de ensino* a um "sistema regular" e nomeia com essa expressão somente os processos escolares que assumem a *relação idade-série* como critério de agrupamento dos estudantes.

A naturalização desse entendimento considera estudantes como de "segunda categoria" todas as experiências escolares e educativas que não assumem a relação idade-série na enturmação dos estudantes, desqualificando sua eficiência e seus resultados e tratando-as como inferiores quando comparadas aos processos escolares seriados. Isso é o que comumente acontece com a Educação de Jovens e Adultos, a Educação Especial, a Educação do Campo, a Educação Escolar Indígena, a Educação Escolar Quilombola e a Pedagogia da Alternância. Estas são recorrentemente discriminadas e deslegitimadas quando não se referenciam estritamente pelo critério de correspondência idade-série na organização do ensino que ofertam aos estudantes, assim como quando consideram o "respeito aos educandos e a seus tempos mentais, socioemocionais, culturais e identitários como um princípio orientador de toda a ação educativa [...] [que], com sua diversidade, tenham a oportunidade de receber a formação que corresponda à idade própria de percurso escolar" (Brasil, 2010b, artigo 20).

Esse também é o caso do Programa Escola da Terra, seja em sua execução no estado de Minas Gerais como nos demais estados brasileiros. Temos, com o processo formativo realizado com as educadoras e os educadores do campo, procurado fortalecer a educação diferenciada, assegurada pela legislação educacional quando esta reconhece a Educação do Campo como uma Modalidade de Educação Básica. E o livro que está sendo lançado, ao longo de todos os seus capítulos, compartilha significativas reflexões sobre as ricas experiências dialógicas de afirmação da diversidade e complexidade que vão com-formando a Escola de Direito no campo mineiro e brasileiro.

Que os conhecimentos, práticas, experiências, informações, atividades, metodologias e muitos outros que-fazer humanos que nos são presenteados com a produção deste livro possam encantar as nossas narrativas, as nossas memórias, as nossas imaginações, as nossas místicas, as nossas epistemologias, as nossas criações, as nossas militâncias, as nossas ousadias, as nossas resistências e (r) existências, as nossas liberdades, as nossas esperanças, as nossas utopias – coletivas, sempre, sozinho não dá!

Gratidão por me permitir ler este livro antecipadamente e poder compartilhar minhas reflexões, inspiradas na práxis educativa do coletivo do Programa Escola da Terra do Estado de Minas Gerias.

Educação do Campo: direito nosso, dever do Estado!

Referências

BRASIL. Decreto n.º 7.352, de 4 de dezembro de 2010. Dispõe sobre a política de Educação do Campo e o Programa Nacional de Educação na Reforma Agrária – PRONERA. *Diário Oficial da União*, Brasília, 5 nov. 2010a. p. 1.

BRASIL. Conselho Nacional de Educação (CNE). Câmara de Educação Básica (CEB). Resolução n.º 4, de 13 de julho de 2010. Define Diretrizes Curriculares Nacionais Gerais para a Educação Básica. *Diário Oficial da União*, Brasília, 14 jul. 2010b. Seção 1, p. 824.

CALDART, R. S. Função social das escolas do campo e desafios educacionais do nosso tempo. Texto preparado para a aula inaugural do semestre do curso de Licenciatura em Educação do Campo, da Universidade Federal do Rio Grande do Sul, Campus Litoral, realizada em 9 de março 2020. (Digitalizado.)

HAGE, S. M. *et al. Programa Escola Da Terra: cartografia da diversidade e complexidade de sua execução no Brasil.* Curitiba: Editora CRV, 2018.

HAGE, S. M.; REIS, M. I. A. Tempo, espaço e conhecimento nas escolas rurais (multi) seriadas e transgressão ao modelo seriado de ensino. *Em Aberto*, Brasília, v. 31, n. 101, p. 77-91, jan./abr. 2018.

KOLLING, E. J.; NÉRY, I.; MOLINA, M. C. (Orgs.). *Por uma Educação Básica do Campo (Memória)*. Brasília: Articulação Nacional Por Uma Educação Básica do Campo, 1999. (Coleção Por Uma Educação Básica do Campo, n. 1.)

SOBRE OS AUTORES

Alexandra Resende Campos

Doutora e mestra em Educação pela Universidade Federal Fluminense (UFF) na linha de pesquisa Diversidade, Desigualdades Sociais e Educação (DDSE) e graduada em Pedagogia pela Universidade Federal de São João Del-Rei (UFSJ). Atuou de 2014 a 2018 no curso de Licenciatura em Educação do Campo da Universidade Federal do Maranhão (UFMA). Atualmente é docente no Departamento de Educação da Universidade Federal de Ouro Preto (UFOP), desenvolvendo pesquisas e projetos nos campos da Sociologia da Educação e da Educação do Campo. Contato: alexandra.campos@ufop.edu.br.

Álida Angélica Alves Leal

Doutora e mestra em Educação pela Universidade Federal de Minas Gerais (UFMG). Licenciada em Geografia pela mesma instituição, é docente do Departamento de Métodos e Técnicas de Ensino da Faculdade de Educação da UFMG (DMTE/FaE) nos cursos de Licenciatura em Educação do Campo, Geografia e Pedagogia. Atuou como vice-coordenadora do curso de Licenciatura em Educação do Campo da UFMG (LECampo) e como coordenadora do Programa Institucional de Bolsa de Iniciação à Docência para a Diversidade (PIBID-Diversidade). Desenvolve pesquisas nas áreas de Educação do Campo, condição docente e formação de professores. Contato: alidaufmg@gmail.com.

Ana Paula da Silva Rodrigues

Doutora e mestra em Educação pela Universidade Federal de Minas Gerais (UFMG). É especialista em Revisão de Textos pela Pontifícia Universidade Católica de Minas Gerais (PUC Minas) e graduada em Letras (Licenciatura em Português e Espanhol) pela Faculdade de Letras (FALE) da UFMG. Técnica em Assuntos Educacionais do Instituto Federal de Minas Gerais (IFMG), atua como professora do LASEB

(Pós-Graduação Especialização Lato Sensu em Docência na Educação Básica) e do curso de Aperfeiçoamento em Letramento Profissional, ambos da Faculdade de Educação (FaE) da UFMG. É orientadora de aprendizagem da Licenciatura em Educação do Campo (LECampo) e professora formadora do curso de aperfeiçoamento Escola da Terra (MEC/SECADI/SEE-MG), também da UFMG. Tem experiência na área de Letras e Educação, atuando principalmente com os seguintes temas: formação de professores, escrita, leitura, letramentos, gêneros acadêmicos, metodologia científica, políticas educacionais, Educação a Distância, Educação do Campo e livros didáticos. Contato: professoraanapaularodrigues@gmail.com.

Bruno César Resende

Graduado em Geografia pela Universidade Federal de Minas Gerais (UFMG), possui mestrado em Educação pelo Programa de Pós-Graduação em Educação (PPGE) da mesma instituição. Atualmente, é professor nos ensinos fundamental e médio. Tem experiência na área de Geografia, com ênfase em Geografia Agrária, especialmente na formação de professores e em Educação do Campo. Atuou como formador de apoio técnico no projeto Formação e Prática dos Professores que Trabalham com Crianças, Jovens e Adultos do Campo em 2010. Participou como auxiliar de pesquisa na II Pesquisa Nacional do Programa Nacional de Educação na Reforma Agrária (PNERA) na Universidade Federal de Minas Gerais em 2013. Participou como professor conteudista e formador no programa Escola da Terra entre 2015 e 2019. Contato: brunofull@gmail.com.

Cristhianne Antunes David-Oliveira

Mestra em Educação e Docência na linha de Educação do Campo pela Universidade Federal de Minas Gerais (UFMG). Graduada em Letras (Língua Portuguesa) pela Universidade Estadual de Montes Claros (Unimontes), em Direito pelas Faculdades Unidas do Norte de Minas (FUNORTE) e em Pedagogia pelo Instituto Superior de Educação Elvira Dayrell (ISEED). É pós-graduada em Direito Constitucional pela AVM Educacional e tem especialização em Educação Especial e Inclusiva e em Biblioteconomia pela Faculdade Verde Norte (FAVENORTE). É professora de educação básica efetiva na rede estadual de Minas Gerais e, atuando no Núcleo de Estudos e Pesquisa em Educação do Campo (NEPcampo), fez parte da equipe do programa Escola da Terra (FaE/UFMG) entre 2015 e 2017 como professora formadora nos municípios de Francisco Sá e Coração de Jesus. Contato: cristhiannedavoli@gmail.com.

Cristiene Adriana da Silva Carvalho

Doutora e mestra em Educação pela Universidade Federal de Minas Gerais (UFMG). Especialista em Métodos e Técnicas de Pesquisa em Educação pela Universidade Federal de Ouro Preto (UFOP) e em Planejamento, Implementação e Gestão da Educação a Distância pela Universidade Federal Fluminense (UFF). É graduada em Artes Cênicas pela UFOP e em Pedagogia pela Universidade de Uberaba (Uniube). Atuou como orientadora de aprendizagem do curso de Licenciatura em Educação do Campo da (FaE/UFMG) e como coordenadora pedagógica do curso de aperfeiçoamento Escola da Terra (MEC/SECADI/SEE-MG). Desenvolve pesquisas nas áreas de representações sociais, Educação do Campo, práticas pedagógicas e ensino de arte. Contato: cristienecarvalho@gmail.com.

Cynthia Souza Ramos

Graduada em Pedagogia pela Universidade Federal de Minas Gerais (UFMG), é especialista em Design Instrucional pelo Centro Universitário do Serviço Nacional de Aprendizagem Comercial (Senac) de São Paulo. Mestra em Educação e Docência na linha de Trabalho em Educação pela UFMG, atuou na área de Educação a Distância, exerceu apoio e assistência a grupos de pesquisa e projetos e contribui, desde 2015, na área de gestão administrativa, financeira e pedagógica de projetos, no Núcleo de Estudos e Pesquisas em Educação do Campo (NEPCampo). Desenvolve pesquisa nas áreas de trabalho e educação, trabalho docente e formação continuada de professores. Contato: cynthiaufmg@gmail.com.

Elisangela Gonçalves Almeida

Graduada em Pedagogia pelo Centro Universitário Estácio de São Paulo, possui especialização em Gestão Educacional Contemporânea, Psicopedagogia, Alfabetização e Letramento. Atuou como gestora educacional na rede municipal de ensino de Sete Lagoas, Minas Gerais. Atualmente é professora efetiva nas redes municipais de ensino de Sete Lagoas e Esmeraldas. Também é palestrante e tem experiência na área de Educação, com ênfase em Ensino-Aprendizagem. Contato: elisanwal@yahoo.com.br.

Érica Fernanda Justino

Graduada em Normal Superior pela Universidade Estadual de Montes Claros (Unimontes), é especialista em Educação Básica pela Universidade Castelo Branco (UCB), em Alfabetização pela Universidade Estácio de Sá e em Educação do Campo pela Unimontes. Mestra em Educação do Campo pela Universidade Federal de Minas Gerais (UFMG) e doutora em Educação pela mesma instituição. Exerceu a docência em escolas do campo nos anos iniciais do ensino fundamental por 15 anos. Atuou como professora supervisora do Programa Institucional de Bolsa de Iniciação à Docência (PIBID) da Universidade Federal dos Vales do Jequitinhonha e do Mucuri (UFVJM). Exerceu a função de coordenadora da Educação do Campo e Educação Escolar Indígena em âmbito estadual na Secretaria de Estado de Educação em Minas Gerais; coordenou em âmbito estadual o programa Escola da Terra (MEC/SECADI/SEE-MG) da UFMG entre 2015 e 2019. Atua como supervisora pedagógica e professora na educação básica e na formação continuada de professores do campo desenvolvendo palestras, cursos e ações de intervenção. Contato: erica.justino@educacao.mg.gov.br.

Filipe Santos Fernandes

Graduado em Licenciatura em Matemática pela Universidade Federal de Juiz de Fora (UFJF) e doutor em Educação Matemática pela Universidade Estadual Paulista "Júlio de Mesquita Filho" (UNESP, Rio Claro). É professor adjunto da Faculdade de Educação da Universidade Federal de Minas Gerais (FaE/UFMG), onde atua em cursos de licenciatura voltados à formação de professores que ensinam Matemática e no Programa de Pós-Graduação em Educação: Conhecimento e Inclusão Social (PPGE). É membro do Grupo de Pesquisa História Oral e Educação Matemática (GHOEM) e do Núcleo de Estudos e Pesquisas em Educação do Campo (NEPCampo). Atua em projetos e pesquisas sobre a história da Educação Matemática no Brasil e sobre as interfaces entre Educação Matemática e Educação do Campo. Contato: fernandes.fjf@gmail.com.

Janaína Grasiela Silva Perácio

Graduada em Pedagogia pela Pontifícia Universidade Católica de Minas Gerais (PUC Minas) e pós-graduada em Educação Infantil pela Universidade Castelo Branco (UCB). É professora nomeada (2008) e pedagoga nomeada (2014). Participou como coordenadora local do curso de Formação Continuada de Professores Alfabetizadores no âmbito do Pacto Nacional pela Alfabetização na Idade Certa (PNAIC) de 2016, promovido pelo MEC/CEALE/FaE/UFMG. Atuou como formadora local no curso de atualização intitulado Formação Continuada de Professores Alfabetizadores no âmbito do PNAIC de 2017 a 2018, promovido pelas mesmas instituições. Atuou no programa Escola da Terra como tutora da formação continuada de professores do campo. Atua na formação continuada de professores, desenvolvendo cursos e ações de intervenção pedagógica. Atualmente, é professora alfabetizadora e pedagoga na educação básica pública. Contato: janainaperaciopedagoga@yahoo.com.br.

João Batista Begnami

Doutor em Educação pela Universidade Federal de Minas Gerais (UFMG), mestre em Educação e Desenvolvimento Sustentável pela Universidade NOVA de Lisboa e graduado em Teologia pelo Instituto Santo Tomás de Aquino (ISTA). É especialista em Pedagogia da Alternância pela Universidade Federal do Espírito Santo (UFES), graduado e licenciado em Filosofia pela Pontifícia Universidade Católica de Minas Gerais (PUC Minas). Atua como professor de Filosofia em Minas Gerais, como assessor pedagógico da Associação Mineira das Escolas Família Agrícola (AMEFA) e nos seguintes temas: Pedagogia da Alternância, Formação por Alternância, Educação do Campo, ensino de Filosofia e formação de professores. Contato: jobabe63@gmail.com.

Leila de Cássia Faria Alves

Doutoranda em Educação pela Universidade Federal de Minas Gerais (UFMG), mestra em Educação pela mesma instituição e licenciada em Ciências e Matemática pela Universidade do Estado de Minas Gerais (UEMG). É professora assistente do Instituto de Engenharia, Ciência e Tecnologia da Universidade Federal dos Vales do Jequitinhonha e do Mucuri (IECT/UFVJM). Atuou como professora no curso de Matemática da Fundação Educacional do Vale do Jequitinhonha e na Licenciatura em Educação do Campo da UFVJM, onde coordenou o curso de Ciências da Natureza e Matemática e ministrou disciplinas ligadas às áreas das Ciências Humanas e Ciências Exatas. Interessa-se, sobretudo, pelos seguintes temas: formação de professores, Educação do Campo, Educação Matemática, transdisciplinaridade, etnomatemática, desconstrução, combate às desigualdades sociais e epistêmicas, movimentos sociais, direitos humanos e educação emancipatória. É pesquisadora do Núcleo de Estudos em Literatura, Artes e Saberes e coordenadora do projeto Nos trilhos do conhecimento: diálogo entre a Arte e a Ciência, a Memória e a Tecnologia. Contato: leila.alves@ufvjm.edu.br.

Luiz Paulo Ribeiro

Graduado em Psicologia pela Pontifícia Universidade Católica de Minas Gerais (PUC Minas), mestre em Promoção de Saúde e Prevenção da Violência pela Faculdade de Medicina da Universidade Federal de Minas Gerais (UFMG), doutor em Educação: Conhecimento e Inclusão Social e pós-doutor em Educação, ambos pela Faculdade de Educação da mesma instituição. É professor adjunto no Departamento de Ciências Aplicadas à Educação da FaE/UFMG, coordenador adjunto do programa Escola da Terra e subcoordenador da Licenciatura em Educação do Campo da UFMG. Contato: luizpr@ufmg.br.

Marcelo Loures dos Santos

Graduado em Psicologia pela Universidade Federal de Minas Gerais (UFMG), mestre em Psicologia Social pelo Instituto de Psicologia da Universidade de São Paulo (USP) e doutor em Psicologia pela Pontifícia Universidade Católica de Campinas (PUC-Campinas). Atua como professor universitário desde 2000, tendo iniciado como professor na rede privada de ensino e ingressado no serviço público em 2009 como docente do Departamento de Educação da Universidade Federal de Viçosa (UFV), onde coordenou, entre 2012 e 2015, o programa extensionista Observatório dos Movimentos Sociais. Passa a atuar em 2016 como docente do Departamento de Educação da Universidade Federal de Ouro Preto (UFOP), desenvolvendo atividades de extensão e pesquisa sobre a Educação do Campo no Território dos Inconfidentes, participando da fundação do Grupo de Pesquisa e Ação em Educação do Campo no Território dos Inconfidentes (GiraCampo). Atualmente, participa de projetos de pesquisa e extensão relacionados à temática da Educação do Campo e da formação de professores em parceria com o Núcleo de Estudos e Pesquisa em Educação do Campo (NEPCampo). Participa do projeto interinstitucional Soberania Alimentar, com professores do Departamento de Educação da Universidade Federal de Viçosa (UFV), voltado para a formação de professoras das escolas estaduais do campo que atuam no Território dos Inconfidentes. É professor colaborador do Mestrado Profissional em Educação e Docência (Promestre) da UFMG. Contato: marceloloures@ufop.edu.br.

Maria de Fátima Almeida Martins

Graduada em Geografia pela Universidade Federal do Ceará (UFCE), mestra e doutora em Geografia Humana pela Universidade de São Paulo (USP). Coordenou o curso de Licenciatura em Educação do Campo entre 2018 e 2020. Atualmente, é professora associada da Universidade Federal de Minas Gerais (UFMG) e desenvolve pesquisa sobre Educação do Campo, Territórios e Comunidades Tradicionais. Tem experiência na área de Geografia, com ênfase no ensino de Geografia, atuando principalmente nos seguintes temas: Educação do Campo, Geografia e ensino de Geografia. Atuou como formadora do programa Escola da Terra, edições I, II e III. Contato: falmartins.ufmg@gmail.com.

Maria Isabel Antunes-Rocha

Doutora em Educação pela Universidade Federal de Minas Gerais (UFMG). Atua como professora titular da mesma instituição. Contato: isabelantunes@fae.ufmg.br.

Marina Coimbra Ferreira Batista

Pós-graduada em Políticas Públicas pela Faculdade Internacional Signorelli e graduada em Administração Pública pela Fundação João Pinheiro (FJP). Atualmente, é servidora da carreira de especialista em Políticas Públicas e Gestão Governamental na Secretaria de Estado de Planejamento e Gestão de Minas Gerais. Tem experiência na área de planejamento, monitoramento e análise de políticas públicas. Atuou na equipe da Coordenação da Política de Educação do Campo da Secretaria de Estado de Educação de Minas Gerais no período de 2016 a 2018, em que acompanhava a gestão e a execução dos projetos. Contato: marinacoimbra@gmail.com.

Nayara Carneiro

Mestra em Educação na linha de Educação do Campo do Mestrado Profissional Educação e Docência da Faculdade de Educação da Universidade Federal de Minas Gerais (Promestre/FaE/UFMG) e graduada em Ciências Socioambientais pela Faculdade de Filosofia e Ciências Humanas da mesma instituição (FAFICH/UFMG). Técnica em Meio Ambiente pelo Instituto Educacional de Belo Horizonte (IEB), é graduanda em Geografia pela Universidade Federal de Ouro Preto (UFOP). Atua como formadora do curso de aperfeiçoamento Escola da Terra (MEC/SECADI/SEE-MG). Desenvolve pesquisas nas áreas de Educação do Campo, egressos e Vale do Jequitinhonha. Contato: formadoranayaraterra2018@gmail.com.

Patriciane Xavier Moreira dos Santos

Mestra em Educação pelo Programa de Pós-Graduação em Educação da Universidade Federal de São João Del-Rei (UFSJ) e graduada em Pedagogia pela mesma instituição. Atua nas áreas de história da educação, psicologia da educação, didática e práticas pedagógicas. Foi coordenadora pedagógica da Escola Municipal de Barro Branco em 2019 e também do ensino fundamental dos anos iniciais na Secretaria Municipal de Mariana. Contato: patriciane.xavier@gmail.com.

Penha das Dores Souza Silva

Doutora em Educação pela Universidade Federal de Minas Gerais (UFMG), licenciada e bacharel em Química, especialista e mestra em Educação pela mesma instituição. Atualmente é professora associada da UFMG, trabalhando no Departamento de Métodos e Técnicas de Ensino (DMTE/FaE) nos cursos de Licenciatura em Educação do Campo e Licenciatura em Química. Foi professora de Química e Ciências para os ensinos fundamental e médio durante 29 anos nas redes pública e particular de ensino de Belo Horizonte. Participou de vários projetos na área de ensino de Química, tais como Projeto de Educação a Distância: Produção de Material Didático (CECIMIG/FaE/UFMG); Programa-Piloto de Inovação Curricular e Capacitação de Professores do Ensino Médio do Estado de Minas Gerais (SEE-MG); Secretaria Estadual de Ciência e Tecnologia (SECT-MG e SEE-MG), Subprograma de Melhoria e Expansão do Ensino Médio no estado do Espírito Santo (Educativa e SEE-ES); Programa de Formação de Professores de Química – FOCO (CECIMIG/FaE/UFMG). Orientadora de Grupos de Desenvolvimento Profissional (GDP) da Secretaria de Estado de Educação de Minas Gerais (SEEMG), Programa "Imersão", atuou durante dois anos como orientadora de GDPs da área de Feiras e Mostras em Cultura, Ciência e Tecnologia da SEE-MG. É uma das elaboradoras do Conteúdo Básico Comum (CBC) de Química para Minas Gerais. Foi coordenadora da equipe de elaboração de itens de Química para a SEEMG. Atuou como coordenadora no programa Escola da Terra em 2013, 2014 e 2015. Contato: penhadss@gmail.com.

Salomão Antônio Mufarrej Hage

Doutor em Educação pela Pontifícia Universidade Católica de São Paulo (PUC-SP) e bolsista de produtividade em pesquisa. Atua como professor associado III da Universidade Federal do Pará (UFPA). Coordenador do programa Escola da Terra no Estado do Pará. Contato: salomao_hage@yahoo.com.br

Vanessa Aparecida da Silva Cruz

Doutoranda e mestra em Educação pela Universidade Federal de Minas Gerais (FaE/UFMG), pós-graduada em Ensino de Ciências com Caráter Investigativo (ENCI/UFMG) e em Biologia – Meio Ambiente pelo Instituto Prominas, e graduada em Pedagogia pela Universidade de Franca (Unifran), e em Ciências Biológicas e em Normal Superior pela Universidade Estadual de Montes Claros (Unimontes). Trabalha na rede pública de ensino da Prefeitura de Betim (MG) e como professora da educação superior na Universidade do Estado de Minas Gerais (UEMG). Pesquisa temas relacionados ao Ensino de Ciências, à alfabetização e letramento e à Educação do Campo. Contato: wanessa_25silva@hotmail.com.

Xavier Carvalho de Sousa Neto

Graduado em Estudos Sociais com Licenciatura em História pelas Faculdades Integradas da União Pioneira de Integração Social (UPIS), é especialista em Docência de Educação Superior pela Universidade Cândido Mendes (UCAM) e mestre em Educação na linha de Política Pública e Gestão de Sistemas Educacionais pela Universidade de Brasília (UnB). Cursou disciplina de doutorado da UnB e exerceu docência nas séries finais do primeiro grau (ensino fundamental) e do segundo grau (ensino médio) da educação básica no Colégio Polivalente de Mutuípe, Bahia, em 1987. Nestes mesmos ano e local, atuou no Programa de Alfabetização de Adultos (PEB) e trabalhou em ações de coordenação do Censo Demográfico de Luziânia, Goiás (IBGE, 1991). Exerceu a função de assistente de administração na Rede SARAH de Hospitais do Aparelho Locomotor em Brasília de 1992 a 2005. É servidor público efetivo do Ministério da Educação (MEC), ocupando o cargo técnico-pedagógico para o qual foi nomeado em 2005. No MEC, entre outros, atuou nos seguintes programas/projetos: Programa Nacional de Acompanhamento e Avaliação do Plano Nacional de Educação (PNE) (2006-2008); Programa Semiárido da Secretaria de Educação Básica (SEB) (2006-2008); Plano de Ação Articulada (PAR) (2008-2009); análises técnicas destinadas à validação, convalidação e revalidação de cursos/diplomas de educação superior (Câmara de Educação Superior/ Secretaria Executiva do Conselho Nacional de Educação) (2009-2011); assessoria técnica e acompanhamento das ações voltadas para aprovação do PNE vigente da Secretaria de Educação Continuada, Alfabetização, Diversidade e Inclusão (SECADI) (2011-2014). Desde 2014 está lotado na coordenação geral de Políticas para a Educação do Campo do MEC, sendo a coordenação técnico-pedagógica do programa Escola da Terra sua principal atividade. Contato: xaviernetodf@hotmail.com.

FSC
www.fsc.org
MISTO
Papel | Apoiando o manejo florestal responsável
FSC® C092828

2021
CARBON NEUTRAL
SAVE cerrado

Este livro foi composto com tipografia Minion Pro e impresso
em papel Off-White 80g/m² na Formato Artes Gráficas.